小堀桂一郎 著

「國家理性」考

――國家學の精神史的側面――

錦正社

目次

「國家理性」考

——國家學の精神史的側面——

第一章　「國家理性」考
——日本史に於ける「理性」の役割——

一　F・サヴィエルの日本人體驗

天文十五年十二月（A.D.一五四七・一月）の或る日、東洋での布教活動のためのイエズス會の根據地の一であつたマライ半島の西岸マラッカの聖母敎會で、イエズス會士フランシスコ・デ・サヴィエルは不意に一人の日本人を紹介された。紹介者はかねて親しくしてゐたポルトガル商船の船長ジョルジオ・アルヴァレスであり、引合された日本人は薩摩藩の武士池端彌次郎である。

この彌次郎については、學界ではサヴィエルの書簡が用ゐてゐるローマ字表記から推してアンジロウと呼ぶのではないかとされてゐた時期もあつたが、現在では諸家の研究(一)の結果、その姓をも含めて池端彌次郎と呼ぶ人物であることは確實とされてをり、その生涯の事蹟もかなり詳しく判明してゐる。

サヴィエルが彌次郎との邂逅に至るまでの雙方の側の前史は、なか〳〵に面白い史談の趣を呈してゐるのだが、「話せば長くなる」ことでもあり、その經緯は既に幾種類もの研究書を通じて廣く知られてゐると思はれる（本稿の筆者も一度ならずその經過を筆にしてゐる(2)ので、本書では一切省略し、直ちにここに掲げた主題に沿つて話を進めたいと考へる。

主題といふのはかういふことである。——卽ちサヴィエルは突如として眼前に現れた彌次郎といふ日本人のうちに、彼がそれまでのインド、マライ半島、モルッカ諸島等での傳道布敎の旅の途上で接觸した現地住民のいづれの種族とも全く異なる型のアジア人を發見して大いに驚いた。そしてその日本人が東南アジアのどの土地の住民とも決定的に異なつてゐるその獨自性を「日本人には豊かな理性が具はつてゐる」故である、と判定を下した。

イベリア半島はリスボンの港から東アジアへ向けてのサヴィエルの航海の旅は、何分十六世紀の半ば、大航海時代の最盛期のことであつたから、一五四一年四月リスボンを出航、カナリア諸島を經て一路南下し、アフリカ大陸南端の喜望峰の沖を回り、ダーバン、モザンビーク、メリンデと寄港し、アラビア海を横切つてインド半島西岸のゴアに到着、ここまでに一年以上を費し、インド內部ではバセイン、コチン、サントメ等に滞溜した後、一五四五年八月にマラッカに到る、といふ長い行程だつた。

アフリカ南部のモザンビークでも便船を待つ都合上約半年の滞在を餘儀なくされた。從つてアフリカ大陸の住民とも一應の接觸はあつたであらう。インド到着後、マライ半島及びジャワ、モルッカ諸島での布敎活動に於いては、當然現地のイスラム系住民、小乘佛敎系住民との接觸を有してゐたと推測される。それらの地で彼が知つたアジア人達のいづれとも違つた精神類型の持主が日本人彌次郎であつた。彼はサヴィエルが西洋キリスト敎文明圈を離れて地球半周の旅を了へて以來、遍歷してきたこの廣い東方世界で初めて遭ふことができた、西洋的知性を具へ、理知の言葉を發する人物だつた。

サヴィエルは彌次郎といふ人物のどの様な點を捉へて彼等キリスト敎徒と同様の理性的人間であるとの判定を下し

たのだつたらうか。その事情を窺ひ見るべき最も重要な史料は、言ふまでもなくサヴィエルがヨーロッパのイエズス會本部及び同會所屬の同僚・知友に宛ててアジアから發信した多くの書簡である。

彌次郎との邂逅とその前後の事情を語り、謂はば彼の「日本人發見」の感激を具さに記録したものである記念的な書簡から検討にかからう。

ゲオルク・シュールハンマーの編纂・解説に成る浩瀚なサヴィエル書簡全集の「支那・日本」の部[3]が刊行されたのは一九四五年（昭和二十年）のことだが、それから間もない昭和二十四年には、米軍占領中で出版界の經營事情も未だ至つて苦しい時期であつたが、この全集本の抄錄翻譯である『聖フランシスコ・デ・サビエル書翰抄』上下二巻がアルーペ神父・井上郁二共譯といふ形で岩波文庫に收められて刊行された。原書收錄全百三十七通の書簡のうち四十六通を抄錄譯出したもので、サヴィエルの傳道活動とその精神を窺ひ見るには分量の上でも十分な善本と評し得るものだが、それでも日本近世史の側面史料として譯出しておいて頂きたかつたと思ふ何通かの書簡が收錄から洩れてゐるといふ例もある。

而して昭和六十年にはイエズス會の河野純德司祭による上記書簡集の「日本」の部の原典からの全譯が『聖フランシスコ・ザビエル全書簡』として平凡社から刊行された。この出版の實現により、スペイン語・ポルトガル語の文獻を解讀する便宜を有たない歴史研究者にも、國語文獻のみを以てサヴィエルの事蹟の細かい事項までをも研究資料として參考する道が拓けたわけで、全書簡の邦譯が出現したことの研究史上の意義は大きい。

＊　＊　＊

扨、サヴィエルが日本人彌次郎に於いて「理性的人間」を發見したことの始終を、感激をこめて報告してゐる記念的書簡は、全集での書簡番號第五九、一五四八年一月十二日付、コチン發、ローマのイエズス會宛のスペイン語文であるが、そこから引用するに當り、本稿の筆者はスペイン語を自ら解讀するだけの語學力を有せぬ故、主としてアルーペ・井上共譯、河野譯の譯文に依據し、從として必要に應じて檢證した原文の字句を添へて參照に供するといふ方便を取ることを御諒承願ひたい。この方式は本稿に引用するサヴィエル書簡の全てに適用するものとする。

書簡第五九より（頭記算用數字は原典の節番號）

16 もし全ての日本人が彌次郎と同じ様に知識欲の旺盛な人々であるとすれば、日本人は新たに發見された諸地域の中で最高級の國民であると思はれる。彌次郎は私の聖敎講義に出席した後、信仰箇條の全てを自分の國語で書き留めた。彼は度々敎會に來て祈禱を捧げ、それからいろ〳〵と私に質問した。彼は知識欲の旺盛な人間だから、進步は早いだらうし、やがて短時日のうちに眞理の認識（conoscimiento de la verdad）に到達するであらう。（後略）

彌次郎にはその弟らしき人物を含めて二人の從者が同行してゐたのだが、この從者達のことについてはサヴィエルの書簡は殆どふれてゐない。彼の關心は專ら彌次郎にのみ向けられてゐた。或いは二人の從者は謂はば分を守つて常に彌次郎の陰にゐて行動するといふ姿勢だつたのかもしれない。

17 私は彌次郎に尋ねてみた。――もし私が彼と共に彼の國に行つ（て布敎に努め）た場合、日本人はキリスト敎信者になるだらうか?と。彼の答へたところでは、彼の鄕里（シュールハンマーは〈九州島薩摩地方の鹿兒島〉と注する）では人々は直ぐには信者にならないだらう。先づ先きに私にいろ〳〵と質問をし、私の知識の程を測るだらう。

殊に私の生活態度が私の言ふところと合致してゐるかどうかを觀察する。もし私がこの二つの事項で試驗に及第するならば、つまり彼等の質問によく答へて滿足させ、且つ私の生活態度に非難すべき點がなかつたならば、斯樣な試驗期間の半年後くらゐには、國主〈シュールハンマーは〈薩摩王島津貴久〉と注する〉、貴族階級、知識人達もキリスト教信者になることを決心するであらうと言ふ。彼が言ふには彼等〈日本人〉は理性に據らずして行動する樣な人間ではないとのことだ〈diziendo que ellos no son gentes que se rigen sino por razón. アルーペ・井上譯〈日本人は、理性のみに導かれる國民だといふ〉〉。

この結びの一節が、サヴィエルの書簡集中で「日本人の理性」にふれてゐる最初の箇所である。サヴィエルは同じ書簡の第15節で〈彼はかなりのポルトガル語を話すので、私達は互ひに了解することができた〉と書いてゐるのだから、此處に引かれてゐる彌次郎の言明もポルトガル語で語られたのであらう。それならば彼は「理性」に當る語としてrazãoといふ單語を口にしたはずである。サヴィエルはこの書簡をスペイン語で認めてゐる故にrazónとなつてゐるのであり、言ふまでもなくこれは同じ語である。ともかく彌次郎はサヴィエルに向かつて、日本人は理性に從つて行動する民だ、といふ趣旨の事をポルトガル語で表現・傳達できたことがわかる。

サヴィエルに「日本人の理性」を證言した人物が當時もう一人居た。商船を指揮して度々日本に通航し、彌次郎をサヴィエルに引合せるのに積極的な役割を果したポルトガル商人のジョルジオ・アルヴァレスである。サヴィエルの曰く、

18　私の友人なる或るポルトガル商人は、彌次郎の鄕里の地に何日も滯在したことのある人だつたから、私は彼に、

其の土地と其處の人々について、彼自身の見たこと、事實を語つてゐると信じられる人々から聞いた話を文書にした報告を私に送つてくれる様に頼んだ。彼は私に甚だ詳細な報告書を書いてくれたので、それをこの書簡に同封して送る。日本に行つて來たポルトガル商人達は全員が私に言ふのだが、私がもし日本へ行けば、住人は皆理性豊かな人々であるから（por ser gente de mucha razón）、インドの異教徒達を相手にして得るよりも遙かに多く、我等が主デウスに對する奉仕をなす事ができようと言ふ。（後略）

卽ち日本人との交渉に於いて十分の經驗を積んだと思はれる商人のアルヴァレスも亦、サヴィエルに向かつて日本人が「理性豊かな人々」であることを保證したわけである。

この記念的書簡が書かれてより一年半後のことになるが、サヴィエルは彌次郎を案內者として日本渡航計畫を實現に移す決意を固め、インドに於けるイエズス會本部の所在地ゴアから、再びマラッカに移り、そこで日本向けの商船に便乗する機會を待つことにする。その船待ちの期間に彼は一五四九年六月二十二日付でヨーロッパのイエズス會宛に書簡第八五を草してゐる。その中にも彌次郎（この時は入信受洗してパウロなる靈名を付けてもらつてゐた）の言葉と或るポルトガル人（前記のアルヴァレスを指すのか否か、編注無く不明）の書簡の記述だとしての「日本人の理性」への言及がある。この書簡第八五はポルトガル語で草されてをり、引用者には全く讀解の力無きため河野譯を殆んどそのままに引いておく。

書簡第八五より

4 ……私は幾度も、私達の敎の中で最もよいと思ふのはどの部分かと（パウロ達に）質問した。すると彼等はその度に、告解と聖體拜領であると答へた。そして、理性を有する人であれば誰一人として（nenhum homem de rezão）、信者であることをやめることはありえないと思ふ、と言ふのである。（後略）

7　ポルトガル人達が日本人について私によこした書簡によれば、（日本人は）非常に賢く、思慮分別があつて、道理に從ひ、知識欲旺盛であるので（por ser a gente muyto avisada e discreta, achegada à rezão e desejosa de saber）、我等の聖なる信仰を廣めるにはたいへんよい狀況にあるといふ。（後略）

上引の文中の rezão は現代表記では razão となる樣であるが、これを河野譯では4節では理性と譯し、7節では「道理」としてゐる。どちらでもよいと言へるのだが、此處に圖らずも、ポルトガル人の理解してゐる「日本人の理性」の性格が偶然乍ら的確に注疏されてゐることが面白い。その所以は後述する。

この書簡はアルーペ・井上譯には收錄がないのだが、一方やや古い昭和十八年刊の村上直次郎譯注『耶蘇會の日本年報』第一輯（日葡協會、日葡通交四百年記念出版）の「序說・耶蘇會士の渡來」の章に譯載がある。

これが四百年前の古文書であることを意識したらしい古風な格調のその譯文から、上引の河野譯に該當する部分を次に引いてみよう。

4……我等の教の中の最も善きものと彼等が考へる所を屢〻尋ねしが、之に答へて懺悔及び晩餐禮なりと言ひ、道理を解する人は皆我が聖教を說き聽かせられたる後、キリシタンとならざるを得ずと思はるる由答へたり。（後略）

7ポルトガル人が彼地より通信せる所によれば、我が聖教は大口弘布すべき形勢にして、國民は思慮深く、道理に服し、知識を求むるが如し。（後略）

マラッカからこの書簡を發して二日後の六月二十四日にサヴィエルの乘つた明人の商船は出帆し、非常に難儀な五十三日の航海の後一五四九年八月十五日（天文十八年七月三日）といふ聖母被昇天の祝日に彌次郎の故郷である鹿兒島に入港することができた。

サヴィエルが自ら直接に日本の地に身を置いての生活を開始してから約二箇月半、同年十一月五日（キリスト暦）付で鹿兒島からインド・ゴアのイエズス會に宛ての第一信はスペイン語により全六十節から成る長文のもので、サヴィエルの日本通信中「大書簡」と呼ばれてゐる二通の中の初めのものである。この中で彼は今や自らの體驗に基いて自らの言葉で「日本人の理性」を語ることになる。書簡番號第九〇の第15・16節から該當部分を抄出してみよう。

15　彼等はデウスの事を聞けば喜ぶ。特に話がよく理解できた時にさうである。これまで私は諸々の地域を見てきたが、キリスト教信者の住む地にせよさうでない地方にせよ、盗みといふ行爲について言へば、これほどまでに信用できる人々を私はかつて見たことがない。（中略）彼等は理性に適つた話（cosas conformes a razón）を聽くことを喜ぶ。そして彼等の間に行はれてゐる不德と罪について、それが如何に惡しき結果をもたらすかを根據を擧げて（dar razones）説明してやるならば、彼等は理性（razón）を守る側に立つ様に思はれる。

16　世俗の人々の間には、彼等がボンゾと呼ぶ僧侶階級に比べると、自然の理法に反する様な罪人（引用者注、男色者）を眼にすることは少ない。大多數の人々は理性に從つて（a la razón）暮してゐると私は見てゐる。ボンゾ達は自然が忌み嫌ふ罪を犯す傾向があり、又それを告白し、否定もしない。

右の第九十番と同じ日付で鹿兒島からゴア駐在の舊知の神父達に宛てた書信が四通、マラッカのスペイン人居留地長官であるポルトガル人ドン・ペドロ・ダ・シルヴァに宛てたものが一通ある。その書簡第九四の受取人ダ・シルヴァは有名なヴァスコ・ダ・ガマの四人の息子の一人で、自身は軍人的商人團の統率者であつたが、サヴィエルの日本渡航を純粋な布教目的の壯擧として熱烈に支持し、親身な庇護と援助を與へた人物だつた。彼がサヴィエルから終始深い感謝を捧げられるといふ關係にあつたことはサヴィエル書簡の文面からも窺はれるのだが、そこでも亦サヴィエルは「日本人の理性」について、この親身な支援者に宛てての眞情の籠つた調子で語つてゐる。これは當然ポルトガル語である。

3　此の國は、靈的に豐かな果實を結び得る肥沃な土地です。今までの處、人々は誰かがキリスト教徒になることについての違和感を懷いてはゐません。國民は理性に聽從する人々です（Hé gente chegada à razão）。彼等は無知なるが故に多くの誤謬の中に暮してゐるのですが、然し彼等の間では理性が權威を有つてゐます（a razão entre elles tem valia）。もし彼等を支配してゐるのが惡であるとするならこの様なことはあり得ないでせう。

4　（前半略）來年は自分で經驗した結果に添つての御報告ができるでせう。そしてイエズス・キリストにかけて言へることですが、日本人の大部分がキリスト教徒になるでありませう。何故ならば彼等は理性に從ふ人々だからです（porque hé gente de razão）。

右の〈理性に從ふ人々〉なる拙譯の表現は多少シユールハンマーの獨譯に引摺られてゐる。ポルトガル語原文では端的に〈理性の人〉であらう。

サヴィエルが當初抱いてゐた希望に反して彼の日本での布教活動は必ずしも期待したほどの成果を擧げ得なかつた。彼はそれを、日本人に對する支那人の思想的影響力の强さの故であると見、日本教化のためには先づ支那人への布教を進めることを優先すべきだと考へ、折からゴアのイエズス會本部からの召喚に接したこともあつて意外に短い期間で日本滯在を切り上げ、支那渡航の準備を整へるために、一旦インドへ歸る。そのインド再滯在の間に、一五五二年一月二十九日付でコチンからヨーロッパのイエズス會員に宛て長文の書簡第九六がポルトガル語で書かれてゐる。これが第二の「大書簡」と呼ばれる全五十六節の詳細な報告書なのだが、彼の日本滯在の總括記錄とも呼ぶべき興味深い內容の數々も本稿では考察の對象とはせず、引續いて主題に添つて〈理性〉なる語が出てくる部分のみの抄出のみにとどめておく。既出のアルーペ・井上譯、河野譯の譯文をそのまま引く。

13　〈日本人は特に賢明であり、理性的な國民である〉（アルーペ・井上譯）
〈日本人はたいへん立派な才能があり、理性に従う人たちなので、……〉（河野譯）
原文〈porque os japões são homens de nuito symgulares emgenhos e muito obediemtes à rezão〉

18　〈(坊さん達は改宗したキリシタン信者に向つて) その時まで信賴してゐた敎を棄てて、何故デウスの掟に從ふのかと言つて戒めた。それに答へて、信者や要理の硏究者達は、デウスの掟が坊さんの宗旨よりも、遙かに理性の法則に適應してゐるが故に、この敎に服するのだといふ。〉（アルーペ・井上譯）
〈信者たちや聖教を學んでいる人たちは、ボンズの教えよりもデウスの教のほうがはるかに理にかなっていると思うので信者になったのだと答えました。〉（河野譯）

原文〈Respondião-lhes os cristãos, e os outros que estavão pera ho ser, que, se eles se ffazião cristãos, hera por lhes parecer que a lei de Deus hé mais chegáda à rezão que as suas leis;〉

21〈デウスの御憐れみの大いなる事を示すためには、日本人は、私の見た他の如何なる異教國の國民よりも、理性の聲に従順の民族だ〉（アルーペ・井上譯）

〈デウスの慈しみをより深く説明するにあたって、私は、日本人はよりいっそう理性に従う人びとであり、これは今まで出合った未信者には決してみられなかったことだと思いました〉（河野譯）

原文〈e pera mayor manifestação da misericordia de Deus, são os japões mais sujectos hà rezão, do que nunqua jamais vy gemte infiel.〉

25〈この説明は、良い人々に完全に落付きを與へて彼等を大いに幸福にした〉（アルーペ・井上譯）

〈この道理をすべての人たちが十分理解して、たいそう滿足しました〉（河野譯）

原文〈Quadrou-lhes tamto esta rezão a todos que ficarão muito satisfeitos.〉

二　「道理」と「理性」

サヴィエルの用ゐてゐる razón, razão は（英語の reason, 佛語の raison も同じであるが）ラテン語の ratio に由來し、これを國語に翻するとすれば「理性」とも「道理」とも譯し得る概念である。日本にやつて來たイエズス會士達（後續のフランシスコ會その他の會派も同じ事だが）は主としてスペイン語、ポルトガル語を母國語とする人々で、主流ではないがヴァリニャーノの如きイタリア語を母語とする人も居た。つまりはラテン系の民族である。そこで彼等は、日本人が何事につけ「道理」の聲に耳傾けて己の進退を決するほどの「理性」を具へた民族であるとの認識を持つた時、その相手の據つて立つ原理を、ラテン語で言へばratioの一語になる概念を以て理解したのであり、それは尤もなことだつた。

而して日本人の側からすれば、我々の先祖達は確かに鎌倉時代の初期、慈圓、泰時、明惠、道元の一統が拓いた「道理」なる世界解釋の原理を指標として歴史の過程を判斷し、己が行動の格率としてはゐたのだが(4)、彼等の思惟をその方向に導いたのは、人間の身に具はる思慮分別といふものだと至つて日常的次元で考へてゐた。但し彼等鎌倉時代人は、それが卽ち彼等の腦裡に內面化した道理そのもの＝理性である、と自ら意識し揚言する如き驕慢な人間觀を生む發想とは無緣だつた。その點でサヴィエルの下した日本人評價と日本人の自己認識との間には實は相容れ難い喰ひ違ひがあつたと見るべきであらう。

それ故にキリシタンの宗門に近づき、敎徒として十分の修行を積んだ者といへども、彼等が日本人である限り、道理に深く聽從する畏れ愼しみの姿勢が、やがてドイツ理想主義哲學の祖師たるカントにその典型を見る如き「理性の傲り」に反轉してゆく樣な事態は生じなかつた。それは日本人信徒の筆になる敎義・敎理書の本文の中での「道理」の語が帶びてゐる含蓄をみれば解ることである。本書の著者が旣に別著で稍詳しく論じた如く(5)、人間存在を所詮四大化合の六尺にして五蘊無我の穢れた糞袋にすぎないと見る佛敎哲學の人間觀に鍛へられてゐた我が近世人は、自らの內部に道理の根據を探り當ててそれを誇るといつた驕傲とは遠く離れた位置に身を置いてゐた。

考へてみれば、キリスト教徒なら唯一語ratioを以て把握するところの「道理」と「理性」とは、國語では必ずしも同一概念ではない。第一「道理」の內面化としての「理性」といふ詞は、室町時代末期には未だ生れてゐない。「理性《りしよう》」の語ならば佛教語として存した。道元の『正法眼藏』中「佛教」の章に〈しかあれば、教は赴機の戲論なり、心は理性の眞實なり〉なる一句があつて、その現代語譯を見るに、增谷文雄氏譯では、〈だから、教といふのは機に應じてのたはむれの論議であつて、その一心こそ眞實の道理である〉と翻され、石井恭二氏譯では〈さうであるから、教典の文字化された言語によつて衆生を佛法に導くのでは直《ぢ》かに佛法は傳はらない、心から心へと傳はるものこそが萬象の不變の本性なのだ〉とやや說明的に釋される。〈眞實の道理〉と言ひ換へるにせよ〈萬象の不變の本性〉と解するにせよ、佛教語としての「理性《りしよう》」はラテン語ratioに由來する西洋近代諸語の「理性」とは別の概念であり、傳統的な「道理」とも意味の上でそのまま重なり合ふものではない[6]。

サヴィエルの日本人理解の字眼であつたrazónは、シュールハンマーの獨譯では正《まさ》しくVernunftに他ならず（Vernunftgründeと充てた例もあるが）、それは言ふまでもなくカントに於ける「理性」と全く同じ內包の語である。そしてこの意味での「理性」を意味する國語は道元の語彙を借りて言へば「思量分別」（「安居」の章）であり、一般的には思慮分別でよい。多胡辰敬の獨特の修辭を借りるならば、和辻哲郎の烱眼[7]が着目し稱揚した「算用」でもある。因みにラテン語のratioはオックスフォード及びルイス・ショートの羅英大辭典によつてもランゲンシャイトの羅獨辭典によつても、語釋の筆頭に揭げられてゐるのは「計算」（calculation, reckoning etc., Rechnung usw.）であり、計算的思考の驅使（卽ち「算用」）である。

日本人の發想では北條泰時の「式目」に關する「消息」に〈ただ道理の推すところを被記《しるされ》候者也〉とある如く、人間の外なる道理に聽從すれば人は安んじて良心に恥ぢざる行動ができたのであり、それには道理の所在を見定める

「分別」があれば足りるのだつた。人間の內面に、外なる道理に呼應するその鏡としての崇高なる「理性」がなくてはならぬ、などと考へる思考回路はなかつた。從つてイエズス會士の言ふ如き意味での「理性」の自覺も生じなかつた。

之に對しイエズス會士達の奉ずる聖教では、人間とは全知全能なる宇宙主宰の主デウスの被造物であるとされてゐる。卽ち造物主デウスによつてその掟を心の內面に書き付けられて生まれてきたのが人間なのであるから、人間の內面に於いて主の掟（道理）に感應する器官として造物主から分與されてある理性の具備は當然自明の前提である。觀察の結果として、日本人には道理に聽從する分別が彌次郎の如き素朴な武士にも十分に具はつてゐるのを見た故に、サヴィエルは日本人を天賦の理性豐かな民と判定した。これはサヴィエルがその身に帶びてゐる精神文化から言へば至つて當然なる論理の歸結である。

この觀察結果に深い自信を有してゐたサヴィエルは、そこから溯つての歸納推理として、日本人といふ人種も亦デウスの創造になる輝かしき被造物の一類に他ならず、彼等が己の造り主たるデウスの存在を知らないのは（これはイエズス會士にとつては實に不思議な事實だつた）、ただ直接それと敎へられてゐないためか、佛法といふ邪敎に一時惑はされてゐる故にすぎない、と判斷した。「道理」と「理性」を同じ razón の一語で把握し、この二つの概念の間を區別してゐない言語文化の中に生きてゐるサヴィエルは、日本人が己の奉じてゐる所の「道理」に與へてゐる尊重の念を見て、彼等をキリスト敎的な文脈に於いての「理性」豐かな民であると見た。それは誤解であつたか？

單純に「誤解であつた」と言へば、今この樣な考察を進めてゐる著者自身が日本人に於ける「理性」の現成を否定することになつてしまふ。さうではない。室町・戰國時代の日本人は、その名に就いて言へば「思慮分別」（その特異な一類型である多胡辰敬の「算用」をも含めて）といつたあまり輪廓の判然としない呼び方をしか適用してゐなかつたが、實質的には立派に「理性」を具へてゐた。卽ち人間の外に、或いは人界を超えたいと高き次元に在り、超越的な性格を有する「道理」（その究極の相が「天道」である）を感得し、それに聽從する心性を人々は有してゐた。それならばそれを現在の我々の手持の語彙から借りてきて「理性」と呼んでよいのである。ただ我々の先祖がキリスト教文化圈の民と決定的に違つてゐたのは、日本人は自らの內に有する理性に就いて海彼の彼等の如き「理性の傲り」を有たなかつたといふことである。

三　「國家理性」とは何か

以上の考察から日本人の理性の歷史とその意味に就いて、幾つかの所見を抽出することができるのだが、その一に以下の如き事項がある。

卽ち、上記の一往の結論として、――室町・戰國時代の末期、キリスト敎といふ一神敎文化と初めての緊張に滿ちた異文化間接觸を經驗した時代の日本人は、鎌倉時代初期以來の三百年の合理的思惟の傳統に鍛へられて、世界と歷史を解釋する原理としての「道理」といふ鍵鑰を堅實に驅使するほどの知的成熟を遂げてゐた。その成熟ぶりは、當時のキリスト敎文化圈の最高級の知識人集團たるイエズス會士達をも感嘆せしめるほどの高い水準であつた。そこで彼等は自分達に優るとも劣らぬ（道德的次元では明らかにスペイン人を凌駕すると彼らの方で恥づかし乍ら認めざるを得なかつた）「理性人」（gente de razão）としての日本人は、造物主により豐かに「理性」を賦與されてある種族なのだ、と判斷した。この判斷は〈造物主により〉の部分を除けば客觀的に言つて正しい。然しそれにも拘らず、當の日本人自身には、我等は理性的民族なり、との自覺がなかつた。日本人は北條泰時流に言へば〈ただ道理の推すところ〉に從つて行動することが己の格率なのであつて、造物主から賦與された〈內なる道德律〉の根據なる「理性」などといふものは己の與り知らぬところであつた。

日本人自身が與り知らぬものであつても、外なるキリスト教徒から見れば日本人にはデウスにより「理性」が賦與されてある種族なりと映る。この相互の認識の喰ひ違ひの在り様は少々奇妙なものだが、ともかくも現實にこの様な關係が成立してゐたことは認めないわけにはゆかない。そして、これと同じ關係が「理性」概念の系の一である「國家理性」についても成立する。

以下の考察は「キリシタン文化研究會」刊行の『キリシタン研究』第十三輯（昭和四十五年）所載の **J. L. Alvarez-Taladriz** 原著・佐久間正譯「十六・七世紀の日本における國是とキリシタン迫害」といふ論文の標題の中の一語「國是」に觸發されて出たものである。卽ち「十六・七世紀の日本」といひ「キリシタン迫害」といふところから、この論文の扱ふ時代範圍は、その標題を見ただけで、豐臣秀吉から德川三代將軍家光までの治下に於ける諸事件を指すことと自然に推測できたのだが、問題は、あの時代に生じたキリシタン彈壓（敎徒の側から見れば受けた迫害）は果して「國是」に基いて、といふ性質のものであつたのか、といふ疑念を覺えたことによる。

譯者佐久間正氏の前書によれば、この論文は、一九六七年（昭和四十二年）十一月大阪の英知大學刊 **SAPIENTIA** 第二號に掲載されたもので、譯者は論文の原題を記してゐないが、この論文に言及してゐる井手勝美氏の別の論考(8)から **La Razón de Estado y la Percusión del Cristianismo en Japon Los siglos XVI y XVII** であると判る。卽ち原文はスペイン語である。

そこで筆者の疑念の端緒となつた **razón de Estado** なる詞であるが、なるほど現行の標準的な版と思はれる辭典（小學館版『西和中辭典』一九九〇）によるとこの成語に對しては唯一語「國是」なる譯語が與へられてをり、その場合の razón は、理由、根據、動機といつた脈絡内にあるものの如くである。

だが一般的文脈で考へてみて、原文の razón de Estado は西洋近代語としては ragione di stato（伊）、raison d'Etat（佛）、Staatsräson（獨）等と同義であり、それならば本來「國家理性」と譯すべき語である。（英語の reason(s) of state のみは意味論的にやや評價が低く[9]、屢ゝ爲政者の强引な政策の口實、言ひ遁れに用ゐられる語とされる。）譯者は端的にスペイン語辭典に依據してその譯を採用されただけといふことなのか、それとも原著者の論旨を踏まへた上での自らの選擇として「國是」の譯を用ゐられたのであらうか。

問題は但スペイン語で書かれたこの論文の中の razón de estado なる語を「國是」と譯すのが正しいかどうかといふ、譯語の適否のみにあるのではない。その原語がとにかく「國家理性」の概念を指す語であると見てよいとして、それでは十六・七世紀の日本人の心性に既に國家理性と呼ぶことが妥當な理念があつたのか、少なくともイエズス會士乃至フランシスコ會に屬する南歐文化圈の知識人、俗にいふキリシタンのバテレン達から見てその樣に解し得る日本人の思考回路が存したのか、といふ問を問うてみることである。

＊　＊　＊

この設問に取りかかるに當つて、前提とも豫備作業ともして、いつたい「國家理性」とは何なのか、十六・七世紀に日本で布敎・傳道事業に從事してゐたバテレン達はそれを如何なるものと理解した上でこの語を用ゐてゐたのか、その脈絡を認識しておくことが先づ必要だと思はれる。それに着手してみよう。

この豫備作業としてはフリードリヒ・マイネッケの高名な著作『近代史における國家理性の理念』（Friedrich

Meinecke: *Die Idee der Staatsräson in der neueren Geschichte*, 1924. 邦譯は菊盛英夫・生松敬三、昭和三十五年、みすず書房）を參照することが是非必要で且つそれでほぼ十分であらう。原書の標題なる neuere Geschichte は慣例として近世史を指すが、この場合マイネッケが取り扱つてゐるマキアヴェリからヘーゲル、フィヒテ、ランケあたりまで、といふその內容がまさにその「近世」の範圍を的確に示してゐる。〈卽ち十六・七世紀に於ける〉といふ本稿の視野と甚だ都合よく重なつてくれるのである。

　マイネッケの生涯の業績を代表する三篇の著作（他の二篇とは『世界市民と國民國家』*Weltbürgertum und Nationalstaat*, 1908.『歴史主義の發生』*Die Entstehung des Historismus*. 1936.）の二番目に當る本書は何分浩瀚な大作であり、如何に簡約に摘要しようともそれが全巻に亙るとすれば本稿の主題から見て均衡を缺いた長大な紹介になつてしまふ恐れがある。そこで同書の主題たるヨーロッパの近世史に於けるマキアヴェリズムの歴史と稱してもよい國家理性の理念の必然的な展開の跡を辿るといふ主要な脈絡は敢へて切り捨て、十六・七世紀のカトリック文化圏に於ける聖職者階級、具體的に言へば、イタリア、ポルトガル、スペイン人のイエズス會士やフランシスコ會士達が傳道事業の基盤の中に取り入れてゐたであらうと推測される限りでの、國家理性論の哲學の系譜の瞥見にこの作業を限定することとする。

　マイネッケの甚だ高潮した語調の序論たる「國家理性の本質」の書き出しによれば、先づ〈國家理性《シュターツレゾン》とは國家行動の格率であり、國家の運動法則である〉と定義される。國家の〈理性《フェアヌンフト》〉は（と稍〻擬人化した表現で）、國家自身とその環境を認識し、その認識に基いて國家の行動を決定する格率を創造する機能である。もう一刻み敷衍すれば、國家理性とは國家にとつて何が眞に必要であるかといふ深刻且つ遠大な問題に解答を與ふべき價値判斷の能力である。

　この判斷力は當然諸種の選擇に直面するが、その選擇に際しては常に〈權力衝動による行動〉と〈道德的責任による行動〉（マイネッケはこれをクラートス＝力とエートス＝德といふギリシァ語を用ゐて定式化する）との二元的な力の相剋が作動する。

マイネッケは本論第一章「マキアヴェリ」の導入部で、この相剋は古代に於いてもツキュディデスの『歴史』、アリストテレスの『政治學』、キケロの『義務論』等の中にも明白に讀みとれるものであつたと述べ、殊にタキトゥスの『年代記』は全篇が國家理性の理念に滲透されたもので、それは十六世紀後半のタキトゥス研究者ユストゥス・リプシウスの政治學教程の著作を通じて、古代的思惟の中での國家理性についての知識の寶典とされた古典だ、と記してゐる。

中世初期、アウグスチヌスの『神の國』を頂點とするカトリック教會の掲げる普遍的道德律は、國家も亦それに服從すべき高位の格率として、エートスのクラートスに對する優越を宣言した。更に中世盛期にはゲルマンの法律思想が教會のキリスト教倫理と手を結んで、法を國家より上位に置くといふ價値觀の定立に貢獻した。

文藝復興といふ精神運動は、この脈絡に於いても亦、古代の復活であつた。古代にももちろん國家が行使する「力」によつて生ずる罪業への認識はあつたけれども、それは中世キリスト教會が說く如き深刻な良心の不安や劫罰への恐怖を與へるものではなかつた。そして教會の掲げる神學的秩序の壓迫への反感が激しくなるにつれて、古代的國家理性が帶びてゐた氣概・力量への想起は熱烈なものとなり、その本質を徹底的に思索し、中世に於ける善と惡との相剋の悲劇性を超克せんとする努力は眞劍なものとなつた。この精神的鬪爭に敢然と着手し、それを畢生の事業としたのが、近代に於ける國家理性理念の創設者ニコロ・マキアヴェリ（一四六九―一五二七）だつた。

マキアヴェリがその國家理性論を展開したのは高名な『君主論』（一五一三年、公刊は著者の死後一五三二年）及び『ローマ史論』（ティトウス・リヴィウスの『ローマ史』を注解する形の論考、『政略論』の譯名もある。一五一七年）に於いてであり、著述の動機は、敢へて一言で言へば、諸侯割據狀態のイタリアを强力な統一國家として統合し維持するだけの力量を具へた英雄的な君主の出現待望論である。

近世政治學の古典たるこの著作の最重要部分の諸章を貫流する三つの字眼の中で第一に打ち出されてくるのがvirtù である。これは現代の邦譯者達によつて、力量、武德、氣概、德性等の譯語を與へられてゐるが、一人の譯者が、その語の置かれてゐる文脈によつて複數の譯語を使ひ分けてゐる例もあり、それが適切でもある。森鷗外は明治三十四年に、『人主策』[10] の題で、この〈文章迂曲、證例冗漫〉と評する論著の極めて簡約な摘要・抄録を作つてくれてゐるが、彼はこの語の〈他力〉を排する意味での〈自力〉といふ含意に注目して〈自力の智能〉と意譯してゐる事がある。此も周到な配慮と稱し得よう。

もう一つの字眼が fortuna で、これは多くの譯者が〈運〉〈運命〉を採ることで共通してゐるが、鷗外はこれを〈機會〉と解して〈機〉なる一語で處理する。それは彼一流の簡潔硬質な文語體の譯文でこそ效果を發揮するもので、一般的には〈運命〉なる譯で原著者の理論を解することができよう。

この二つの鍵鑰語《キイワード》の相關關係については、やはりマイネッケの解説に依據するのがよき方便であらう。卽ち——敵對者は互ひにその相手の武器の使用を學ぶ。virtù は fortuna を打倒せんと圖る。fortuna は陰險である。それ故、已むを得ないとなれば virtù も陰險であつてよい。率直に言へばこの關聯こそがマキアヴェリのあの有名な（或いは惡名高い）理論、國家が自らに必要な權力を獲得乃至維持しなければならない時は、國家の行動が不當・悖德な手段を取ることも正當化される、といふ主張の內的根據である——と。

これはおそらく『君主論』第十五章から導き出される論理の釋義だと思はれるが（原著ではそこで必ずしも virtù と fortuna の對抗關係を出してゐない樣であるが）、鷗外による『人主策』でのその部分の摘要譯は甚だ見事であるから敢へてここに引いてみよう。

〈爰に行の必ず善ならんことを欲する一人ありて、許多の善惡を顧みざる人の間に立たば、その滅亡は踵を旋さずして至らん。乃ち知る、人主の國を保たんと欲する者は、機に臨みて敢て惡を爲さざる可からず、而して是の如き惡行は、人主のその必要に應じて、自在に或は爲し、或は已むべきものなることを〉

ここに、君主は己の國家の存續のためには「必要」とあらば惡行を爲すの自由を有する、との强烈な「力」の思想が語られてゐるわけであるが、茲に謂ふ「必要」がマキアヴェリの政治學の第三の字眼たる necessità である。彼の「力」の思想からすれば「力」は「運命」と鬪ふためにはあらゆる武器を手にする內的權利を持つてゐるのだが、この「力」に對する對抗勢力と映ずる「運命」とても、中世キリスト敎乃至ゲルマン法時代の道德的責任や國家に對する「法」の優位といつた思想に由來する力の制御役なのではなかつた。それは古典時代の〈例へばキケローの義務論に於ける如き〉共同體の理法としての正義及びその根柢にある信義 fides への尊重に發する、人間の强欲への天罰といつた意味すら持つてゐなかつた。謂つてみれば人爲に對する自然の如きもので、「力」はこの「運命」に對して勝つか負けるかの關係に立つだけである。卽ちマキアヴェリの政治學には善と惡と、正と邪との二元論的對立構造は含まれてゐない。根柢にあるのは生命力の十全な發言を贊美する一元論である。この一見素朴な構造を支へてゐるのが、「力」の「運命」に對する鬪爭を正當化する「必要」であり、この三つの字眼が出揃つた時に、卽ちマキアヴェリの國家理性 ragione di stato の哲學はその基礎工事を完了したと言へよう。

少し立ち入つて考へてみるならば、政治思想史的に或いはむしろ精神史的に輝かしい發見とも言へるはずの國家理性なる概念の創唱が、マキアヴェリズムといふ非難の意味を込めた名を以て呼ばれることになつてしまつたのは、マイネッケによれば、マキアヴェリにとつての祝福であつたnecessitàへの着目が、人々がむしろnecessitàの咀ひと感じた、近代國民國家成立のための「必然性」＝Notwendigkeitといふ脅迫的な相貌を帶びてゐたからであつた。（話が飛躍する様だが、現在の共産黨獨裁政府の支配する中華人民共和國では、何らかの國家行動を決定する場合の最高の規範が、國内にも國外に對しても一切の反論を認めない「政治的必要」といふ魔語であるとの事實をここで聯想することになる。）

國家理性論を中核とした『君主論』(11)は著者の生前には寫本で行はれてゐただけであり、その公刊は著者の死後五年を經た一五三二年の事だつたが、彼の若き盟友F・グッチャルディーニ（一四八三—一五四〇）の努力もあつて國家理性の概念は十六世紀のイタリアで政治學の語彙として定式化し順調に流布して行つた。

兩者の歿後のこと、イエズス會の司祭ジョヴァンニ・ボテロ（一五四〇—一六一七）が正面から『國家理性論』を名告る*Della ragione di stato*（一五八九）を著して多くの愛讀者・追隨者を獲得し、政治的な一派を形成した。マイネッケによれば、ボテロはマキアヴェリと比べては凡庸な思想家であつたが、それだけにマキアヴェリのシニシズムや反教會性の毒素を中和して提供されたその學説は、イエズス會の聖職者達やスペイン國王を始めとするカトリック教團の諸君主に大いに氣に入られた。

實際、マイネッケによるボテロの引用を菊盛英夫氏の邦譯で讀んでみても、〈ragione di statoとは、國家を建設し維持し、かつ大ならしめるにふさはしい手段の認識にほかならぬ〉との定義は至つて穩當もしくは平凡なもので、そこには創唱者マキアヴェリに見る如き悲劇的とも言へる緊張は消失してゐる。ボテロは壯年期に當る一五八一年頃まで自身イエズス會員であつたらしいから、彼の學說が現實にイエズス會の積極的な世界布教政策に影響することはあつたであらう。一般的な政治學の次元に定着し、現實の政治現象の說明に有效だと看做された彼の國家理性理論が、日本駐在のイエズス會のパードレ（バテレン）達の言說に影を落してゐる痕跡はやがて以下に見てゆくことになる。

十六世紀中葉のイタリアに成熟した國家理性の理論は、マイネッケの第五章「イタリアおよびドイツにおける國家理性説の流布」に詳しいが、それによれば、十七世紀の初めの三・四十年間にイタリアでは國家理性の理念からマキアヴェリ固有の毒を抜いた様な、或いはそれを人文主義的教養の衣で粉飾した様な、〈良き〉國家理性についての至つて無害な書物が多數現れた。その思想的潮流は、イタリアと同樣の領邦國家の分立割據狀態、ハプスブルク帝國の衰頽・形骸化、民族統一のための中核の缺如といふ現實に惱むドイツに當然流入し受容されたが、その中核理念は十八世紀末から十九世紀初頭にかけて、フィヒテやヘーゲルの國家哲學の系譜の中で、むしろ普遍的自然法に優越する上位概念であるかの樣に扱はれ、やがて國家主義にゆき着く方向でのナショナリズムの確立に寄與することになる。

然し元來、「國家理性」の概念は、マキアヴェリの創唱した段階では、通常道德に發する合法性の論理と、國內の政治的統一のため一切の倫理的理由に優先する緊急なる政治上の必要性の論理と、この兩者の間には實踐面での辨別が存してゐた。放恣なる權謀術數の意味で端的に惡名を馳せてしまつたマキアヴェリズムと雖も、創唱者の本來の所說としての退引ならぬ必要性の論理は、實際には國家非常の際の一時的な超法規措置の適用例なのである。それは、平時の安定した秩序の中で國家百年の大計といつた見地から熟議を凝らして構想される、多分に理想主義的な政策目標であり外交方針であり、普遍的道德的性格の濃い標語としての「國是」とはやはり區別して扱はねばならない、固有の語史的制約を負つた術語と見るべきものである。

四　イエズス會士の見た徳川將軍の國家理性

前節の冒頭に擧げたアルヴァレス＝タラドリス氏の論文の標題に於いて、筆者はスペイン語原文 razón de estado（イタリア語なら ragione di stato で兩語ともラテンの ratio status に還元できる）に、日本人研究者によつて「國是」なる譯語が與へられてゐることへの疑念から筆を起した。

この譯語の選擇は該論文の譯者たる佐久間正氏にのみ見られた偶發的な事例といふわけではない。先行研究者としての佐久間氏の昭和四十五年の譯文に多くを負うてゐると見られる髙瀬弘一郎氏の髙名な大著『キリシタン時代の研究』（昭和五十二年、岩波書店）に於いてもこの譯語は引用者がそれを異議無しと見た故か、そのままの形で踏襲されてゐる。

その佐久間正氏譯アルヴァレス＝タラドリス氏の論文によれば、キリシタン時代の日本の國策について razón de Estado の語が用いられた極めて早い例（最も早い例であるかどうかは未確認と見るべきだらうが）として、慶長三年に着任した司教ルイス・セルケイラが長崎から一六〇七年（慶長十二年）十一月十日付でフェリーペ三世宛に發した書簡の中に、次いで同人が一六一三年（慶長十八年）三月二十日付で教皇パウロ五世宛に發した書簡の中にそれが見られるとのことである。[12] 興味深いことに、教皇宛の該書簡に見るこの詞は徳川家康に重用されたイギリス人ウィリアム・アダムスの口に上つたものだつた由。佐久間正氏譯文ではこの語の譯は全て「國是」となつてゐるが、本稿では上記の理由により、原語の原意に卽して「國家理性」に置換へて引用・言及する。

パウロ五世宛セルケイラ書簡によると、金銀島探險の野心を有して來航し、支倉常長の遣歐にも役割を果したセバスティアン・ヴィスカイーノが大御所家康の許可を得て東北地方の港灣の測量・地圖作成を企てた（慶長十六年 A.D.一六一一）ことがあつたが、この時現將軍秀忠はウィリアム・アダムスに對し、歐洲では國王の名の下に他國の港を測量してもよいといふ習慣があるのか、と尋ねた。アダムスは否と答へ、それは國家理性に反する行爲だ、との説明を加へた、といふのである。

ヴィスカイーノは布教事業と關係のないメキシコ在住の世俗のスペイン人で、航海・探險家の型と見てよい人物である。慶長十四年九月（一六〇九・一〇）前フィリピン臨時總督ドン・ロドリーゴの乘つた船がマニラからアカプルコに向ふ途中房總半島の岩和田（現在の御宿町）付近で難船し、ドン・ロドリーゴは思ひがけぬ日本國見聞の滯在を經驗した後、翌十五年六月に日本船でメキシコ（ノビスパニア）に送還してもらふのだが、この扱ひに對する答禮の使節として、又日本列島沿岸の探險・測量の目的を以てメキシコから派遣されてきたのがヴィスカイーノである。彼の乘船は慶長十六年二月（一六一一・三）アカプルコを出航して五月初めに浦賀に入港できた。彼はノビスパニア副王（總督）の遣した使節との資格であつたから、既に慶長八年に日本に入國し、日本語に習熟してゐたフランシスコ會修道士ルイス・ソテロを通譯として、江戸で將軍秀忠に、駿府で大御所家康に謁見することができた。（その後仙臺で伊達政宗に、大坂では豐臣秀頼にも會つてゐる。慶長十八年九月、支倉六右衞門常長と同船し伊達藩の船でメキシコに歸航する。）セルケイラ書簡が觸れてゐるのは此時の將軍秀忠との會見の時の話なのだが、その場の詳細の情景は傳へられてゐない。レオン・パジェスの『日本切支丹宗門史』は年代記的といふよりむしろ日錄的に詳しく刻明な彼我の折衝の記錄であり、使節の駿府城訪問については（日付が違ふ樣であるが）華美な描寫を殘してゐるが、秀忠の下問の件についての現場の情報は得られなかつた樣であり、記載はない。

一方高瀬弘一郎氏の著作の第三章「キリシタン宣教師の軍事計畫」が紹介してゐる、同じセルケイラの一六一二年十一月十五日付長崎發スペイン國王フェリーペ三世宛書簡には、おそらくセルケイラの觀測が妥當なのだらうと思はれる次の様な記述がある。卽ちこの年（慶長十七年）四月に發せられた將軍秀忠によるキリシタン禁敎令の動機について、それは〈ノヴァ・エスパーニャの副王の命令をうけその使者として昨年同地から日本に渡來した船の或るスペイン人カピタン（ヴィスカイーノを指す）が、（中略）先年フィリピンから渡來したフランシスコ會修道士の一人でフライ・ルイス・ソテロという者を伴って、この諸島の南岸に位置する殆どすべての港についてその水深を測量したからである。ノヴァ・エスパーニャ又はフィリピンの船が必要な場合に安全にそこに避難できるように水深を知りたいし、また標示をしたいからだという觸れこみであった。國王（秀忠）はそれに許可を與えはしたが、しかし宮廷に入りこんでいた或るオランダ人またはイギリス人が、尋ねられて、それは戰爭と征服の前兆であると彼に語ってからは、この件について不愉快そうに不滿をもって語った〉といふ一節である。

文中のオランダ人かイギリス人といふのが言ふまでもなくウィリアム・アダムスのことである。このアダムスの役割をもう一目盛重く見て同じ關聯を述べてゐるのがパジェスの『宗門史』である。曰く、

〈迫害の第二の動機（引用者注、第一の動機は岡本大八の贈賄事件に發するキリシタン大名有馬晴信への幕府の怒り）は、前年イスパニヤ人に與へられた、帝國の邊海を測量する許可であつた。屢々ヨーロッパの事情を公方様（家康）に語つたアダムスは、イスパニア人が測量したのは、含むところがあるのであつて、新イスパニア、ルソン、その他イスパニア王によつて征服された國々は皆さうであつたと、公方様に言葉巧みに說いた。公方様は、アダムスの暗示によつて、豫て疑ひをかけてゐたイスパニア人やポルトガル人に對して憤慨した。（中略）彼は、上方《カミ》の地方の天

主堂を悉く破毀せよとの命令を發した。既に彼の子たる將軍（秀忠）も、同じ禁令を出してゐた〉

以上二つの史料は、結局、慶長十七年三月の幕府によるキリシタン宗布教禁止の發令及び京都の教會破壞といふ迫害開始の背後には、當時ウィリアム・アダムスとオランダ商人が家康・秀忠に吹きこんだカトリック教會の日本侵略意圖への警告（教會側としては此を謀略的中傷と看做しておきたかつたであらう）が大きな役割を果してゐた、との觀測が行はれてゐたことを示すものである。その際、セルケイラ書簡が述べてゐるといふことではあるが、アダムスが「國家理性」といふ概念を實際に使つたかどうかは實は疑問なのでる。今から四百年の昔のことになる或る歴史的な場面での登場人物の發言を、直接史料の無い所で再現してみようといふのは元來物語作家の發想でしかないことではあるが、敢へて想像を働かせるとすれば、アダムスの幕府への忠告といふのは、右に引いた二つの史料から讀みとれる如く、それはスペイン人の日本國土侵入のための豫備調査かもしれないから氣をつけよ、といふほどの意味だつたのではなかつたらうか。

實はセルケイラ司教のフェリーペ三世宛の報告書は、高瀬氏の著書から直接引くならば、〈現在この日本教界がこうむっている迫害と、この異教徒の國王（秀忠）がキリスト教徒に對して立腹するに至った迫害の直接の原因について、十月陛下に書送った。卽ち、それは二人の高貴なキリスト教徒（有馬晴信と岡本大八）が起した或る不祥事（前記の贈賄事件）があって、彼（秀忠）はこれを非常に惡くとり、嚴しく處罰した。しかし今では、彼（秀忠）がキリストの法に對してこのように激怒した原因はこれだけではなく、日本の國是（傍點引用者）もこれにからんでいるということが判ってきた〉との書き出しの直ぐ後に、前引のヴィスカーノの水深測量行爲とそれについてのイギリス人（アダムス）の秀忠への警告を、將軍の怒りの原因として擧げる、さういふ文脈になつてゐるのである。

付加へて言へば、注(9)に述べた如く、イギリス人アダムスの語彙の中に、イタリア語・スペイン語で當時既に通用の政治學用語になつてゐた「國家理性」があり、彼がそれを大御所や將軍に向けての警告の中で用ゐたとまでは考へにくいのである。それはむしろセルケイラの語彙としてあつたものが、アダムスに假託されて用ゐられたまで、といふことではなかつたであらうか。

而してこの推測が當つてゐようとゐまいとそれは大した問題ではない。問題としたいのは、スペイン人の司教セルケイラ、ポルトガル人でイエズス會日本管區長マテウス・デ・コウロス、同じくポルトガル人で棄教者として有名なクリストヴァン・フェレイラ（澤野忠庵）と、現在のところこの三人だが、この人々の故國への報告書の中に、日本人研究者の邦譯引用ではいづれも「國是」とされてゐる單語が、原文では「國家理性」である、乃至はそれに違ひないと推定できる、この現象である。この現象が注目を引くのは本節の冒頭に述べた如く、誤譯もしくは譯の不適切を論はんとの意圖によるものではなく、十六・十七世紀に於いて多分に有名であつたこの政治學用語を以て解すべき爲政者の知的・政治的行動が、日本に於いて現實にイエズス會宣教師達の眼に映じてゐたといふ、その事實の方である。

五　對決する東西の國家理性

本稿の考察の發端をなしたアルヴァレス゠タラドリス氏の論文は、本書の著者の見地から捉へ直してみるならば、假に「キリシタンの布教攻勢に對處した日本の國家理性」と標題するか、或いは少くともこれを主題とした一種の「文明の衝突」への考察だと看るべきものである。そしてその考察のための主要な史料は、これまで見てきた一六一三年のセルケイラ書簡ではなく、それより八年後に書かれた、一六二一年（元和七年）三月十五日付、日本イエズス會管區長マテウス・デ・コウロス神父からイエズス會總長宛に長崎から發せられた數通のポルトガル語で草された報告書に係るものである。

その數通は、まとめて「日本に於けるキリシタン迫害の諸原因に關する報告」と題された未刊の寫本として保存されてあるといふことであるから、日本人の研究者にはなか〳〵近づき難い貴重な史料と見られる。その寫本群の總題に、迫害の「諸原因」としてあるところからも推測できる通り、迫害を惹起したと思はれる樣々の（教會側の）意圖的な及び偶發的な事件を十項目に分けて列記し、それに對する日本側官民の反應の種々相を至つて詳細・緻密に報告し、分析を加へてゐる（その多くは別の史料を通じて既に我々の知識となつてゐるものではあるが）、興味深い報告書の紹介である。

マテウス・デ・コウロス（一五六七―一六三三）神父は、史料に不一致があり、確實なところは不明だが、一六〇二年（慶長七年）頃に日本に入國し、イエズス會日本管區長を二度務め、日本に於ける末期のイエズス會の長老として信者達の支柱となる重要な存在であつたが、その日本での活動を開始して十年後の一六一二年には禁教令に遭遇し、キリシタン全體が受難の時代に入るのであるから、所謂南蠻時代のバテレン達の樣な華々しい活動の事蹟は傳へられてをらず、後半生は苦難と辛勞の連續だつた。然し大量の殉教者の發生してゐた寛永十年に長崎で病死した。拷問の擧句に殺されたのではない。日本キリシタン史の中ではあまり名を知られてゐない存在であらう。

一六二一年三月のコウロスの日本報告の中で殊に我々の興味を惹くのが、キリシタン迫害の主要原因を日本の國家理性に歸してゐる立論である。A＝タラドリス氏が扱つてゐる複數のコウロス報告書の第一の書簡は、佐久間正氏の譯によつて引けば、〈キリシタンに對する迫害は進められていて、早急にこれがやむという期待は人間の手段によっては望むことができません。何故ならば、この迫害は主として國是に基づいているものであり、私たちを恐れているということを表わすまいとして、表面では別の口實を設けてはいますが、神の教えは諸國を征服するために作り出された手段であるという考えが将軍やその家臣たる爲政者の心の中に根をはっているからであります〉と書き始められてゐる。

この部分は高瀬氏の著作に於ける引用でもほぼ同じであり、「國是」の譯語が踏襲されてゐること前記の通りである。前記の井手勝美氏の論文のみが「國是」に Razão de Estado といふポルトガル語の原語を添へて引用してゐる。

コウロスは上に引いた書簡と同じ時期に當時のキリシタン迫害の主要な原因について、論文といふに近い様式の詳細な報告書をやはり書簡體で論述してゐる。その書き出しは上引の第一書簡と殆ど同じであるが、それも念の爲に佐久間氏譯を借りて引いておく。曰く、〈いま日本において見られる神の教えに對する迫害の主要な原因は〔この日本國の〕國是に基づいているのであって、神の教えはこの國をイスパニアに服従させるためにパードレ達が取っている手段・計畫である、と天下の主（将軍）が考えているのであり、それは私がこれから述べることによってお解りになります〉と、切り出して、以下にその原因の究明結果を拉列してゆく。

それによれば、キリシタンの傳道・布教はスペイン王國による日本征服・占領の豫備工作である、との爲政者の思ひ込みが最初に看て取れたのは、一五八七年（天正十五年）に太閤秀吉が筑前博多で俄かに發令したバテレン追放令であると見る。此は當然のことである。

次に一五九六年（文祿五年）のサン・フェリーペ號の土佐海岸漂着事件を發端としての秀吉の疑念と怒りがある。

そして秀吉の死後の事になるが一六一一年（慶長十六年）ヴィスカイーノの日本沿岸水深測量事件と此についてのアダムスの家康・秀忠に向けての警告がある。

主としてこの三つの事件によつて日本の代々の爲政者の腦裡にある、侵略者スペインに對する疑惑は深まり、やがて決定的となるのであるが、注目すべきことは、このスペインの侵略的野心に對する疑惑が、やがてキリスト教の布教活動そのものに對する猜疑として、謂はば內面化してゆく傾向が生じたことである。

この事は自らが純粹で熱烈な信仰者の多かつたイエズス會士達にはなか〳〵氣付かれず、彼らはそれをフランシスコ會修道士達の輕率で高慢な言動が招いた災禍の、自分達への不當な飛び火であるか、もしくは全能の主の與へ給ふ試煉の一環であるかと考へた。それ故、自らの奉ずる教義自體が災厄の原因ではないかとの關聯に思ひ到ることは謂はばなかつた。

極めて少數の者が迫害の原因の「內面性」に氣付いた。その痕跡は髙瀨氏が史料群中から發掘・紹介してゐる、後の轉びバテレン澤野忠庵が棄教前のクリストヴァン・フェレイラとして長崎からイエズス會總長宛に發した書簡の中に看て取ることができる。髙瀨氏の譯を借りて檢證してみる。發信は偶々か、それとも申し合せの上でか、コウロス報告書と同じ一六二一年（元和七年）三月である。曰く、

〈イエズス會やキリスト教界は以前と同じ迫害の中にあるばかりか、この迫害は段々きびしさをましている。そしてわれわれは將軍が迫害を行う理由を知って大變遺憾に思う。卽ちそれは、國是（傍點引用者）によるものであって、われわれが福音を宣布することによって將軍から王國を奪うことを企てていると確信している。將軍は既に以前からこのような危惧を抱いていたが、それに加えてオランダ人異端者達がこの點彼（秀忠）に確信を與えた〉(13)

このあとフェレイラはファビアンといふ或る背教者の著した一論著が、幕府官憲におけるキリシタン教義そのもの

への疑惑を深めたのだ、と述べてゐるが、此は言ふまでもなく不干齋ハビアンの猛烈な論駁書『破提宇子』のことである。それはコウロスやフェレイラのイエズス會本部宛の緊急事態報告書が發せられた年の前年（元和六年）の暮に書かれてゐる。是に由つて見ればハビアンの戰闘的駁論はキリシタン教界一般にとつてやはり相當の衝撃だつた。そしてそのフェレイラだが、一六三三年（寛永十年）十月、天正遣歐少年使節の一員だつた中浦ジュリアンと共に長崎で苛酷な拷問を受け、中浦が死んでフェレイラが棄教轉宗したのは、同地でコウロス神父が衰へ果てて病死する一週間ほど前のことである。そんな數奇なめぐり合せになつてゐる。

コウロス神父の論文で最も注目すべき點は、その結論として、幕府の「國家理性」に基くキリシタン迫害を、日本の國益にとつての必要上已むを得ない國權の發動だつたと認めてゐることである。そして日本人の國家理性に對抗するための唯一の手段は、スペイン國王も亦、自らの國家理性に基いて解決を圖るべきであつて、それは卽ちスペイン人の修道士全員に日本からの退去を命ずることだ、といふのである。

日本人の方でも、スペイン人修道士達が日本に居坐り續けるのはスペインの國家理性を奉じてのことであらうが、それは日本にとつて有害であるとの判斷を有してゐた（と、コウロスには思はれた）。そしてこの判斷はポルトガル人にとつても同樣であり、スペインの現在の國策はポルトガルにとつて有害である。スペイン國王は、日本へのキリスト教傳道事業が、フランシスコ・サヴィエル、コスメ・デ・トルレス、ジョアン・フェルナンデスといふ三人の賢明なスペイン人によつて開始されたのだといふ輝かしい傳統に思ひを致すがよい、さうすれば、現在のこの段階でのスペイン國王による正しき國家理性の發動が如何なる方向に向ふべきかは判斷がつくはずである――。

コウロス神父の思考と論理は必ずしも明晰判明といふものではないし、それを辿るA＝タラドリス氏の行文に、又殘念ながらその日本語の譯文にも今一步明確ではない點が殘るのであるが、ほぼ以上の如くに解してよい樣である。

特にA＝タラドリス氏が論考の結論部で述べてゐる國家理性概念についての或る注釋には注目すべき學識が示されてゐる。

卽ち、氏によれば一五四七年九月にスペイン國王カルロス一世（ドイツ皇帝カール五世）に宛てた敎皇廳大使ジョヴァンニ・カーザの書簡の中に國家理性 razón de Estado に訴へて物を言ふ文脈が見られる。それはミラノの東南約六十粁にあるピアチェンツァの領有の放棄を求めるに際して國王に「國家理性」に基いての決斷を促したものなのだが、これはマキアヴェリの死後二十年、この政治學的概念が普及し始めた初期のことに屬する（ボテロの論説は未だ現れてゐない）。この書簡に對する回答の中で、カルロス一世は、その答がキリスト敎でも人道的でもないことを承知の上で、「國家理性」に基いてピアチェンツァ返還の要求には應じられない、と拒否した、といふのである。A＝タラドリス氏はこのカルロス一世の「國家理性」解釋を自然法に添つたものである（主權者としての良心に従つたまでである、の意であらうか）との、謂はば物解りのよい評價を與へてゐるが、この見解は十七世紀初期の日本駐在のイエズス會の上層部に居た神父達の「國家理性」解釋が、まさしくこのカルロス一世流の方向に沿つたものであること、卽ち權力者の認定による自然法的な解釋の延長線上に足場を据ゑて、その傳統に則つての公正な判斷を、現國王のフェリーペ四世に求めたものだとの結論に收斂してゆく。

ここで本稿の著者の結論めいた意見に入るとすれば、『君主論』に見る如き過激性が多分に緩和された形に於いてであるにせよ、マキアヴェリの政治學の正系の學統を踏まへて思考してゐる、セルケイラやコウロスの如きイエズス會士の眼から見て、秀吉、家康、秀忠と續く日本の爲政者達の峻嚴にして苛酷な對キリシタン政策は、國家理性の觀點からして已むを得ざるもの、むしろ當に然かあるべきものと映つた、といふ事態が注目すべき事なのである。

言ひ換へれば、スペイン國王（一五八〇年から一六四〇年まで、スペイン國王のポルトガル國王兼攝の期間、ポルトガル人も亦スペイン國民だつた）が身につけ、行使してゐる國家理性の下に身を處してゐるキリシタンのバテレン、イルマン達に對し、太閤も將軍も同じ樣に日本の國家理性を以ての嚴正な對處に終始した。バテレン側の行動の根柢にマキアヴェリに發源する自然法的「力」の政治哲學があつたとすれば、受けて立つ日本側には天正十五年の秀吉によるバテレン追放令に謳ふ如き神國思想があり、元和六年の不干齋ハビアンによる『破提宇子』は旣に國家理性の哲學たるの面目を具へた確乎たる反擊であつた。バテレン達もハビアンの操る理性の論理を以てしての抵抗の激しい力に強い衝擊を受けた。

＊　＊　＊

結論の第二段に進んでみよう。從來の日本史學は鎌倉時代に始まる日本の近代を見るに當つて、そこに現れ出た幾多の傑出せる個人に於ける理性の働きに然るべき認定を與へようとしなかつた。その時代の個人の活動の動力源は、專ら各自の上位にある權力者（その最上位に天皇及びその權威の代行者達があつたが）の意向であつて、例へば武士階級ならば主君の御恩に對する奉公が個人の行動の格率であつて、個人の內面に在つて機能する理性の存在に注目しようとしなかつた。下つて室町時代末期に視線を移してみても、イエズス會士達には見えてゐた日本人の理性が何故か歷史家達の眼に映らなかつた。

その結果何が起こつたか。簡單に言へば、歷史家達は日本に於ける理性の時代としての近代の開始を見過ごした。自稱近代人である自分達とは別の、つまりは近代以前の論理に從つて日本の歷史が動いてきたかの如き歪んだ認識が長く續いた。其の弊害は、いま具體的に例を擧げてゐる紙幅の餘裕がないが、頗る大きい。

全く同じ樣に、歷史家達は、國家理性の概念が彼らの思考と語彙の中に無かつた故に、鎌倉期以降の日本の國家行動の格率の中に爲政者達の內面なる國家理性の法則への認識があつた、とは考へなかつた。

その結果何が起つたか。最大の過失が、二度に亙る元寇を克服した執權北條時宗以下の鎌倉幕府の國家防衞・維持の行動への評價の歪みである。蒙古襲來を擊退し得た日本の國家行動こそが、日本に於ける國家理性の覺醒とその發動を硏究する恰好の資料であつたのに、實に皮肉なことに神風といふ天佑神助の發生が、歷史家達全てとは言はぬまでも後世の國民の眼を眩惑した。人々は幕府の驅使した國家理性への十全な分析をおろそかにし、國難の克服を神風といふ天賚の恩惠に歸して答としてしまつた。このことの遺弊も亦大きい。

本稿の文脈に引つけて言ふならば、天正十五年・十七年の秀吉の重ねての禁敎・バテレン追放令、慶長十七年の秀忠の禁敎令、家康による、金地院崇傳にキリシタン禁壓の宣言文を書かせた上での慶長十八年の再度（實は三回目）の禁敎令、そのいづれについても、これらがイエズス會宣敎師中の學識ある者の眼から見れば、日本國王の「國家理性」に發する、國家公益上の理由による非常の措置と映つてゐた、この興味深い事實への認識は是非必要である。

更には三代將軍家光による寬永十年から十六年にかけての五回に亙る所謂「鎖國令」の斷行は、もはやイエズス會士による考察の記錄の遺るべくもない段階のものであつたが、この鎖國體制の完成から約五十年後に長崎オランダ商館の囑託醫師として來日し、二年間の綿密なる日本事情調査に盡瘁したドイツ人エンゲルベルト・ケンペルは、將軍によるこの海禁措置を當に理性的なる賢明な政策として稱讚を惜しまなかつた(14)。三十年戰爭の終結後間もなく生れてゐるケンペルの修業時代の荒廢したドイツには、マキアヴェリの學統に列る國家學政治學はまだ學界の論題となつてはゐなかつた。然し、一七〇〇年代の初め頃にはほぼ成稿を見てゐたと思はれるケンペルの『日本誌』中、日本の鎖國を肯定的に論じた論文の基調になり、評價基準の根柢をなしてゐるのは、當に ratio status の理念と見るより他ないものだつた。

ケンペルの提出した、日本國の鎖國狀態が〈極めて妥當なる根據に出でたる（aus sehr guten Gründen）ものなることの論證（Beweiss）〉は、現在の學界で一往十分な評價を得てゐる樣であるが、他方、セルケイラ、コウロス、フェレイラ等のイエズス會士が指摘してゐる太閤及び德川幕府の政策の基盤に存した國家理性の機能は、謂はばキリシタン史家達による「國是」の譯語の陰に隱されて見えなくなつてしまつてゐる、と看ることができよう。此は殘念な事態である。

そこで一種の補說として、それでは「國是」とは元來どの樣な性格のものをいふのか、一言費しておく必要はあるであらう。既に重ねて述べた如く、「國家理性」は國家の直面する狀況に對應するための政治的必要性から論理的歸結として生じてくるものであつて、その要請を現實政治の時運の中に看て取るのは、例へばマキアヴェリの如き卓越した知性的個人の洞察力である。之に對して「國是」には緊急避難的非常措置の性格は無く、國家百年の大計といつた見地から構想される、多分に理想主義的な政策目標であり外交方針であり、普遍妥當的道德的性格の濃い標語として認識される。それを決定するのは歷史的狀況の已むを得ざる要請ではなくて、國家の首腦部が或る種の餘裕を以て討議し合意して得た衆知の所產である。歷史上に實例を求めるならば明治維新前夜、文久四年一月から三月にかけての元治國是會議（文久四年二月二十日元治と改元）である。(15) これは計八回開催され、孝明天皇親臨の下、公家と武家の代表二十人近くが京都御所の一室で今後國家の執るべき基本方針を議題に延々たる長談義に耽つたといふ。

元治國是會議は朝廷側にとつても武家側にとつても夫々が一往滿足できる形での合意形成に成功したのであるから、之を以て理性的な國是の樹立と評價することはできるであらう。國是はかうした成立經過を辿るのが本來の姿であつて、そこに一般道德的顧慮や合法性を制壓してまで特殊な或いは緊急避難に類する政治的必要性が顏を出すことはない。實際には此の時に國是の一項として打ち出された橫濱鎖港といふ方針は實行に移すべくもない非現實的な政策だつたのだから、結果として國是の面目は潰れた形であり、歴史にひそむ皮肉に感慨を禁じ得ないが、國家の最高の意志決定が斯様な合議によつて成立したことを以て大きな政治的成功と見る視點も存するわけである。

維新期の政治でより明快で且つ結果的にも成功だつた國是の樹立は言ふまでもなく五箇條の御誓文を以てしての國家基本政策の策定である。この五箇條の基本政策綱領は國是會議を開催してといふ如き整然たる成立經過を有するものではなく、土佐の坂本龍馬の「船中八策」に發し、同藩の藩主山內容堂、越前の由利公正等による「議事之體大意」に更に長州藩士木戸孝允の改訂を經て成立してゐることは周知の史實であるが(16)、之を以てやはり衆智を集めての合議の所産と見ることは許されるだらう。王政復古といふ體制變革の要請に卽應しての緊急性に促されてゐた側面はもとよりあるけれども、そのために普遍的合法性の論理を押し枉げる如き無理は冒してゐない。實は幕末維新期のこの様な事例に於いてこそ、詞の本來の意味での「國家理性」の發揮によつて、危機に立つ國家の姿勢の選擇が合目的に行はれてきたのだと論ずべきところなのだが、それは又本稿の主題とは別の脈絡に屬する。

同樣に本稿の射程外に存する問題であるが、尊皇攘夷から開國和親への國論の急旋回の經過、更に進んでは二十世紀に日本帝國が經驗した歐米列强相手の大戰爭に於いて、その時々の日本の決斷を國家理性への視角を加へた上での再檢討の試みがあつてもよいと思はれる。例へば大東亞戰爭の開戰とその收拾のための終戰工作に於いて、國民主義的な色彩の影響を避けるために故意に古典語を借りて言つてみるならば、日本帝國の有してゐた virtus, 立ち塞《ふさが》つてゐた fortuna, 直面した necessitas の三因子の相關作用についての冷靜な分析を加へてみる作業である。誰に向けてといふわけでもないこの一つの提案を以て本稿を閉づることにする。

注

（1）海老澤有道「ヤジロウ考」昭和十五年十二月「史學」第十九巻第三號、現在同氏『切支丹史の研究』（昭和四十六年五月、新人物往來社刋）所收。梅北道夫『ザビエルを連れてきた男』（平成五年、新潮選書）など。後者が決定版といへるものだが、同書は事情により現在絶版。

（2）小堀桂一郎「普遍主義の挑戰と日本の應答」同人編『東西の思想闘爭』（平成六年、中央公論社）所收。同「キリスト教創造主と日本の神々」（西尾幹二編『地球日本史1』平成十年、扶桑社）所收。同『日本に於ける理性の傳統』（平成十九年、中央公論新社）。

（3）Epistolae S. Francisci Xaverii aliaque eius scripta / ediderunt Georgius Schurhammer et Iosephus Wicki : T. 1 : 1535-1548, T. 2 : 1549-1552. —Nova editio. — Apud "Monumenta Historica Soc. Iesu", 1944-1945. —(Monumenta historica Societatis Iesu ; v67-68. Monumenta missionum Societatis Iesu ; v. 1-2. Missiones orientales).

（4）小堀桂一郎「道理の世紀を拓いた人々——慈圓『愚管抄』とその時代——」明星大學日本文化學部共同研究論集・第五輯『古典と先達』（平成十四年、同大學發行）。

（5）前掲（2）の『日本に於ける理性の傳統』中第四章「「道理」貫徹の苦闘」。

（6）佛教語としての「理性」については同じく右記の書中第七章「イエズス會士サヴィエルの發見—日本人の「理性」」の項參照。

（7）和辻哲郎『埋もれた日本』（昭和二十六年、新潮社）中の同名の主章、同『日本倫理思想史』（昭和二十七年、岩波書店）中「戰亂の間に醸成せられた道義の觀念」等。

（8）井手勝美『キリシタン思想史研究序說』（平成七年、ぺりかん社）所收「不干齋ハビアンの生涯」中、コウロス書簡の引用に付した注。

（9）この關聯によき參考となるのが、Hans J. Morgenthaw: *In Defence of the National Interest, A Critical Examination of American Foreign Policy,* 1951. の邦譯『世界政治と國家理性』（鈴木成高、湯川宏譯、昭和二十九年、創文社）である。本書に付せられた譯者の解說によると、生まれから言へばドイツ人であるモーゲンソーの腦裡の語彙には當然國家理性＝Staatsräson なる術語はあつたはずである。現に該書の中で、標題の national interst を reason of state に等しいものと示唆してゐる個所があり、又譯者から見て明らかに Staatsräson の意味で reason of state の語を用ゐてゐる例が幾つかある由である。然しともかくも原著者は national interest を標題に用ゐ、そしてそれを邦譯者が、本文中では「國家的利益」と譯し、標題としては「國家理性」なる譯語を選んだといふ面白い關係がある。但この事態は、「國家理性」といふ、語史的にはマキアヴェリズムの色彩の強い概念も現代の政治的現實の中では要するに「國益」なのだ、との注解にもなつてゐよう。

（10）『鷗外全集』第二十五卷（昭和四十八年十一月、岩波書店）所收。もとは明治三十四年五月から六月にかけ二十四回「二六新報」に「無名氏」の署名で連載。その時の編述原本は *Buch vom Fürsten*, Niccolo Machiavelli: Deutsch von A. W. Rehberg. レクラム文庫本で刊年の記載は無い。また該篇の編述の樣態については、小林惺「『人主策』（『君主論』梗概）成立の周邊」（東大比較文學會「比較文學研究」第十三號、昭和四十三年十一月）といふ、鷗外の抄譯に原文と獨譯とを對比して檢證した好研究がある。

（11）『君主論』の代表的邦譯としては河島英昭譯の岩波文庫版（平成十年第一版）があり、該書の譯注と解說は最新の研究成果として貴重すべきものである。それ以前に定評があつた中央公論「世界の名著」シリーズのマキアヴェリ篇（『君主論』は池田廉譯）には「マキアヴェリの生涯と思想」といふ會田雄次氏の懇切な解說がついてゐる。なほ該書收錄の『政略論』（永井三明譯）は、本來大岩誠譯で出てゐた三卷本の岩波文庫版『ローマ史論』（昭和二十四―二十五年）と內容は同じで、譯題を變更したものである。

（12）アルヴァレス＝タラドリス原著、佐久間正譯「十六・十七世紀の日本における國是とキリシタン迫害」の注（二）は〈一六一三年三月二十日に司教（セルケイラ）はパウロ五世に、「セバスティアン・ビスカイーノの地圖作成の仕事の際に、將軍秀忠はウイリアム・アダムスに、ヨーロッパには國王が他の國の港を測量する習慣があるのかと訊ねると、アダムスは、否「國是に反するから」と答えました」と報告している〉といふものである。

（13）髙瀨弘一郎『キリシタン時代の研究』（昭和五十二年、岩波書店）第3章「キリシタン宣教師の軍事計畫」所引。

（14）小堀桂一郎『鎖國の思想―ケンペルの世界史的使命』（昭和四十九年、中公新書、絕版）

（15）佐々木克『幕末の天皇・明治の天皇』（平成十七年、講談社學術文庫）に要を得た記述がある。

（16）各種史書の觸れる所であるが、例へば本書の著者も神社本廳編『日本を語る』（小學館スクウェア、平成十九年二月）所收「帝室の德は國民精神を動かす大きな力」の中で改訂の跡を辿つてゐる。

第二章　慣例法の生成過程
――「關東御成敗式目」誕生の意味――

一　古代に於ける法の姿

慣例法・慣習法の定義

「慣例法」といふ呼び方は、或いは慣習法としてもよいのではないかと思はれるが、ここはやはり瀧川政次郎氏の『日本法制史』(1)(昭和三年初版)が採つてゐる命名に倣つて「慣例法」の名を以て考察を進めてゆく事とする。但、瀧川氏が慣例法と呼ぶ法體系には、氏の構築した法制史の文脈に於いてこそその意味が明白となる獨特の含意がある。即ち、我が國の法制の歴史には、上代に呪術宗教的な色彩の濃い固有法の時代といふ段階があり、その次に氏が支那繼受法時代と呼ぶ唐からの移入による律令體制整備の段階があつた。この法制移入の段階で實は新制度に對し往古の固有法の發想を以て少しづつ法文と現實との間の不整合に對して修正を加へて行つた、それが結果として慣例法の成立を促した、といふ發展經過の中での慣例法なのである。我が法制史上での慣例法はこの様な歴史的段階の一階梯としての法制の在り方であつて、いま歴史的制約を離れた抽象的次元に於いて慣例法なる概念を檢討の俎上に上せるといふわけではない。

法的次元での前例といふ意味と切離して、一般的意味での法源と實定法との關係を問ふといふ場合は慣習法といふ名が實に卽してゐると言ふこともできよう。何故ならば、或る共同體の成員の行動を統一的に規制する不文の規範として、成員全體が合意の上で信奉してゐる最も有力な規則は明らかに慣習だからである。社會慣習はその意味で不文ではあるが既に人々の意識の裡に顯在する自然法である。

自然の時間的秩序、具體的には四季の規則正しき循環、春分―夏至―秋分―冬至と一年を區切る晝夜の長短の反復、太陽の運行と一致はしないがやはり明白な規則性を有する月の盈虛、此等の自然現象の有する秩序への認識は日本の様な農業共同體を基本型とする生活圏の内にあつてはそれこそ極く自然に人々の慣習の形成を促したであらう。

春の到來と共に田を鋤き返し、水を張り、苗代に稻籾を蒔き、やがて水田に苗を植ゑ、夏の日照に稻の成熟を見守り、秋が來れば稔つた稻を刈り取り、冬は藏め、次の春に備へての種籾を貯へる――、此は農民の慣習と言へば言へる行動だが、その慣習の抑々の發生源は季節の循環といふ自然の理法への人間の順應である。そして一の地域共同體の成員の全員に對し平等に課せられてくるこの適應要求は、それに背けば收穫の減損といふ形での懲罰が下ることを全員が知り、納得してゐる。此はその點で、法の要求とその遵守の義務及び違反への懲罰といふ、法治社會の構造をその構成員に自づからに悟らしめる自然の敎訓である。稻作を主體とする農業社會は、人間に法の存在を意識させるに最も適した生活形態を有してゐる。

勿論、採集、狩獵、漁撈、牧畜等の原始的生業の世界にも、夫々に自然の要求に適應することによつて成否が決定される、固有の掟の如きものは發動してゐるはずである。然しそれらの掟は、とかく成員間の競爭の公正を保つための人爲的な規制といふ色彩を帶びがちであらう。それとの對比で考へれば、稻作といふ營爲は自然の理法への順應といふ要求が最も強い說得力を以て表れてくる作業形態であると共に、成員の全員が等しく共通に自然の要求に順ふ、從つて亦、他の成員と異なる行動を取ることが直ちに不利を招く、つまり許されないといふ點で慥かに法治社會を形成し易い條件を先天的に具へてゐると見てよいものである。

自然の要請であるが故に、それが素直に人間の慣習として定着し、やがて法としての規制力を具へるに至り、この規制への違反が罪と認識され、刑罰の對象となる、この過程は例へば『日本書紀』の素戔嗚尊の御亂行の段に明瞭に讀み取ることができる。

素戔嗚尊の無狀《あづきなし》の爲行《しわざ》とされてゐるのは、『書紀』の本文並に各種の「一書」によれば、重播種子《しきまき》、畔毀《あはなち》、廢渠槽《ひはがち》、埋溝《みぞうめ》、捶籤《くしざし》、馬伏《うまふせ》、そして最後に新嘗祭の神聖冒瀆であり、神衣調製の現場での作業妨害である。此等は皆稲作農業社會に慣習として自づからに具はつてゐた禁止條項の有する公共性への侵犯である。この侵犯の結果は荒された田の作物の收穫の減少として判然と現れるだらう。そこでこの亂行への刑罰として共同體はこの犯人に千座置戶《ちくらのおきど》といふ損害賠償請求をつきつけ、手足の爪を抜いて（武裝解除の譬喩的表現か、實際の體罰か？）その身は追放に處するといふ刑を執行する。この處置は『書紀』の記述によれば諸々の神達の合意の下に爲された、共同體の共通了解事項である。してみればこの場合、共同體の慣習が卽ち法なのである。

慣習が卽ち法であるといふ關聯が『書紀』の行文の裡に既に文字として讀み取れる箇所もある。

素戔嗚尊の亂行とその處罰を敍した第三の「一書」に、追放された素戔嗚が青草の束を笠蓑として流浪の旅に出る、とある。これは追放された罪人に定められた裝束だつたのであらうか。そして被追放者には宿を貸してはならぬ、此の禁を破つた者に對しては又過料を科すといふ慣習＝掟があつたのではないか。『書紀』の第三書は、流浪の素戔嗚が何處でも宿泊を拒絕され、霖雨の中を辛い旅を續けて行つた事を記し、そこに〈爾《それ》より此來《このかた》、世《よ》、笠蓑を著て、他人の屋の内に入ることを諱《い》む。又束草を負ひて、他人の家の内に入ることを諱《い》む。此を犯すこと有る者をば、必ず解除《はらへ》を債《おほ》す。此、太古《いにしへ》の遺法《のこれるのり》なり〉と注してゐる。〈太古の遺法〉といふ表現が注意を惹く。

『書紀』の記述は所詮舎人親王の主導の下に進行した編纂事業の折に、編輯局に蒐集されてゐた古史料の中から拾ひ出されて繕寫された古文である。その時は既に大寶律令が施行されてをり、『日本紀』の編纂は藤原不比等による養老律令への修訂作業と時を同じくして進んでゐる。律令といふ移入法（瀧川氏の命名によれば支那繼受法）が正規の國法として權威を帶び始めた時期に、それと平仄の合はない様な古來の習俗に密着した素朴な掟は、慥かに〈太古の遺法〉と意識されたかもしれない。然してこの一句は、民衆（神代に於いては諸々の神達が卽ち民衆である）の間に生きてゐた慣習が、或る顯著な事件や人物を契機として法や掟に昇化する瞬間を圖らずも捉へてみせた表現であると言へようか。

「宣り」としての法の發生

慣習は此を「仕來り」とも呼ぶ如く、抑ゝ人々の行動として傳へられてきたものであり、「言《い》ひ傳《つた》へ」られる、つまり言語化され意識化される以前の傳承の形である。その點で祭祀や舞踊の手ぶり・仕草の傳承と共通である。

此に對し法は言語化された慣習であることを條件とするものである事、「法」の訓が「のり」であり、此は「宣り」「告り」の意味である事からして解り易い道理である。『日本法制史』の「固有法の時代」の中で、瀧川氏は、我が古代社會に於いては憑依によつて神の意思を啓示する巫女・呪術者の託宣卽ち「のり」が當時の社會及び個人の生活行動を規律する唯一の規範であつたと述べてゐる。その見解に敢へて異を立てる要もないのではあるが、法の起源を專ら呪術宗教的なるものに求めた場合、その規範に果して確たる法理があるのか、といふ疑問に對する解答が出ないままになる恐れがある。法は共同體の成員に於ける共通の了解が前提であり、それが何らかの權威者の言葉によつて言語化された時に法となる資格が生ずる、その代表的な形が「みことのり」である、と考へた方が現實に合ふのではないか。

『書紀』に於いて、諾冉二神の國土創成の業の開始以來、樣々の「宣り」が記録されてゐるが、その中でやがて法に近い規制力を帶びるに至つた言葉に、早い所では例へば第六、第九の一書に見えてゐる伊奘冉尊の〈「吾が夫君尊、請ふ。吾をな視ましそ」とのたまふ〉に於ける「のり」がある。此は屍體覗き見の禁を言語化した託言ではあるが、この言表によつて禁忌が社會規範としての法になつたといふわけではなく、人間の自然感情としての腐爛屍體の傍見禁忌の次元に留まつたと見られる。

神代に於ける「みことのり」が國家國民にとつての永く規範となる法としての拘束力を持つことになつた最初の顯著な例は、言ふまでもなく天壤無窮の神勅である。普通この名を以て呼び慣はされてゐるが、これはむしろ北畠親房『神皇正統記』中の定義を借りて「皇統一種」の神勅とでも呼ぶ方が元來の趣旨に添うてゐるとも言へよう。後世の皇統概念を以てすれば勿論「萬世一系」の神勅でもよいのである。

此の勅を以て何が法とされ掟とされたか。日本國は天照大神の子孫が君主となつて治《しら》すべきの地である、この掟を守る限り、寶祚＝皇位の安泰は永遠に保證される、との心である。二千年の後世に帝國大學法學部の憲法學者達が唱へた神勅主權主義の大原則が玆に定立されたわけである。

ところで、皇統一種・萬世一系といふ皇位繼承上の大原則はこの天照大神の神勅によつて創成されたものなのか。凡そ皇祚の實體が成立するより六世代も前に發せられてゐたみことのりなのであるから、事は如何にも左樣らしく見える。神勅を忠實に遵守し現實化してゆく、その歴世の實績の過程で萬世一系の概念は醇熟し、定着し、やがて不壊の傳統として意識されるに至つたのではないか。つまり最初に萬世一系の皇祚といふ創設的規定があり、この規定が成熟して傳統を形成することになつたのではないか——。

然し、稲作農耕に基礎を置く農業共同社會での慣習と法の關係、慣習の意識化と言語化の結果が卽ち法となつてゆくとの道理、この順序には自然の時間空間秩序が卽ち人間社會の秩序の原理であるとの動かし難い法則が働いてゐる。人間の持つ法は謂はば自然法を鏡に映して見てゐるまでのものである——と、この關聯を看て取つた曉には、上記の様相はかなり違つた光を帯びて浮き上つて見えてくる。

天壌無窮の神勅の成立經緯については「日本古典文學大系」中の『日本書紀』の補注の部に從來の諸家の學説を綜合整理した親切な記述[2]があり、それに從つておけばよいことである。但、このみことのりの發せられた時、葦原中《あしはらのなかつ》國《くに》の皇位は末永く皇祖の子孫によつてのみ占有せらるべきもので、それが他の種姓に移ることがあつてはならない、これを守ることが皇朝＝國土の永久繁榮のための不可缺の條件である——と、この所見が生じた基盤には、既にかかるみことのりを發せしめるだけの經驗が發言者の内部に存したと見るべきなのである。つまりこの創設的規定は、預言者たる或る個人の創案と解すべきものではなくて、共同體の首長の内面に生じた、種族としての多年の經驗の蓄積が皇祖神をして斯く言はしめてゐると見てよいのではないか。

その多年の經驗の蓄積の始源をどこまで溯らせればよいのか。彌生式土器に因んで名づけられたその文化様式の發生から更に溯つて、所謂縄文式文化の段階にまで想像を及ぼすのか、その點は考古學的上古史の學説には全く闇い筆者の論じ得る所ではないけれども、とにかく結論として言へる事は、言語化された法＝「宣《の》り」の背後には集團的經驗の蓄積といふ長い時間の所産と社會的慣習といふ廣い空間的合意とが裏付けとして存在する、この構造に注目すべきである。繰返しになるが、この構造が成立するためには稲作中心の日本の農業共同社會は最適のものであつた。日本人の法感覺、少し進んだ段階を採つて言へば法治主義の意識は、國土の置かれた風土的環境によつて育まれた先天的な民族的資質であつたと看てよいのである。

律令制下の世の實情

古代には古代なりの知識階級、例へば氏上《うぢのかみ》、臣《おみ》・連《むらじ》の姓《かばね》を有する者、國造《くにのみやつこ》・伴造《とものみやつこ》等の官職を有する上層階級があつて、彼等の間には神勅といふみことのりの意味する所が知識として傳はつてもゐたであらう。然し國民が凡そ成文の法なるものの存在を知つたのは、聖徳太子の「十七條憲法」の教を以てが初めての事である。瀧川氏が上掲書の「固有法時代」に引いて居る「弘仁格式序」が〈古は世質時素《せいしつじそ》にして法令未だ彰《あきら》かならず。無爲にして治し、肅《つつし》まずして化す。推古天皇の十二年に曁《およ》び、上宮太子親《みづか》ら憲法十七箇條を作る。國家の制法ここより始まる〉と記してゐる通りであらう。

この憲法は、これを「いつくしきのり」と訓ませてゐる所にも表れてゐると言へようが、太子の御著作としての「宣り」であり、内容から言へばその主要部分は官吏の服務規定をその實踐的側面とする教育勅語の如き教訓集である。國家基本法としての現代語の憲法とはその意味を異にするものだが、但興味深い事に、太子の著された憲法の各條項の內、第三「承詔必謹」・第四「以禮爲本」・第十五條「背私向公」等は此を綜合すれば日本の國體の在るべき樣を實に簡潔的確に言ひ表してゐる。近代語としての憲法と國體は、之に相當する表現を英語に求めるとすれば一語 constitution に當ることが廣く知られてゐるのであり、從つて日本の國體の在り方を定義してゐる聖徳太子の十七箇條の教訓が憲法の名を帶びてゐた事は偶然乍ら實に適切な命名だつたことになる。

十七條憲法に官吏の服務規定、課税の心得、國政の運用の方法についての教條が具體的に言表されてゐるといふ事は、この憲法がやはり從來の慣習に則り、その道德的に宜しとせられた部分を多少理想化して定言とされたものだ、といふ事である。その意味でこの憲法も亦慣習が洗煉された形で定式化された、固有法の範疇に屬するものと看做してよい。

而して太子のこの御著作よりわづか四十年を過ぎたところで我が國は大化の改新といふ大いなる歷史の轉換を經驗する。その轉換の規模の大なりし事は、此を大化二年（A.D.六四六）正月一日付の大化改新の詔(3)に如實に讀み取る事ができる。この詔自體が、聖德太子の憲法と同樣に、既に國政に關する法令竝に政令の性格を帶びた國家基本法の體裁をとつてゐた。但し、太子の憲法には固有法としての在來の慣習への顧慮が深く息づいてゐたのに對し、大化改新の詔は、その名の表す如くに改新の宣言であり、その新なる所以は隋・唐風の中央集權國家の建設を目標とするものであつたが故に、次には順序として隋・唐の律令の移入を通じて國家體制の改新を圖らうとの大寶・養老期の試みに繫らざるを得ない理勢であつた。卽ち瀧川氏の法制史が謂ふ所の「支那繼受法時代」が爰に始まるのであり、讀み馴れた用語を以て言へば律令と格式の編纂、そして整備されたその法體制に基いての律令政治が開始されるのである。

我が國に施行せられた大寶律令（その本文は殆ど他史料への引用の形でしか傳はつてゐない）、養老律令（これが今日「律令」と認識されてゐるもので略全文が傳承されてゐる）が、唐の律令格式を模範として撰定されたものではあるが、外邦の法律の直輸入ではなく、我が國の固有法の特色をも十分に盛込んで制定されたものであることはよく知られてゐる。例へば唐律には存在しない神祇官なる職制が、形の上では唐の祠令を模して作られてゐるが、〈その內容はほとんどが我が國在來の慣行を書き綴つたものであつて、祠令の影響を受けたと思はれる點はほとんど無い〉と瀧川氏は『日本法制史』「支那繼受法時代」の章で述べてゐる。神祇の祭祀自體が我が國獨特の制度なのだからこれは當然であらう。

而して、民族固有の慣習から自づからに發生し結晶したものではない、外邦の法制度の模倣移入によつて一國の政治が然るべき內實を具へた成果を擧げてゆくことが抑ゝ可能なことなのかどうか。此は考へてみれば甚だ重大な問題である。多くの史家は白鳳・天平の時代に一つの文化的最盛期を迎へてゐる國史の實績を見て、そこに文化的繁榮の前提としての律令政治の一往の成功を見るといふ判定に傾きがちである。殊に法制史家の場合は、外邦の法制の移入と國風文化の繁榮との間の因果關係を確認するより以前に、移入を通じてこの我が國の法制の整備に向けて注がれた爲政者達の努力の跡に先づ共感と同情の眼を向けるといふ姿勢が自づからに生じるであらう。

然し、さうした法制整備の歴史への共感といつた情的側面を削《そ》ぎ落して、律令制施行初期の政治的現實に冷靜且つ嚴正な批評的視線を投じてみると、又自づからに異なつた樣相が映じてくるといふこともある。その樣な冷靜な視線を以て、大化の改新から律令制の施行に至る古代政治の展開に嚴しい批評を下してゐる史家の代表的な存在が『日本中世史』[4]（明治三十九年第一部刊）の原勝郎である。

原は同書の冒頭部で〈大化革新の必然的由來と其餘勢〉なる標目を以て、或る基本理論的な前提を置いて次の樣な觀測を述べてゐる。〈然るに革新なる者は、何れの場合に於ても、已み難き必要に起因すると同時に、其惰力によりて、必要ならざる極度までも猛進せむとする傾向あるものなれば、彼大化の革新も、亦此一般の例に洩れず〉と。卽ち大なる意氣込みを以て取掛つた革新の運動には必ずその〈惰力〉なるものが伴ふ。改革の情熱は目標の程々の達成といふ成果に滿足する事なく、次の目標を探し出しては餘力をそこに傾注しようとする。所謂改革のための改革といふ情念が發生する。

原によれば、〈必要なるものは、之を充足せしむべき局に當る者をして、往々之を過大過重視せしめることを免れざるもの〉であつて、大化の改新に注がれた革新勢力の情熱が有してゐた惰力は、この革新運動を更に前進せしめて、〈以て養老大寶の律令を制定せしめたり〉といふ。つまり唐の律令の直接の移入は端的にこの革新事業の行き過ぎの結果だつたとの判定になる。曰く、〈然りと雖《いへども》革新も爰に至りては、正に其必要充足の程度を超過したるものにして、必や其餘弊を受けざるべからざるに至りしなり〉といふのであつて、外邦の法制の攝取移入は、要するに國政革新運動のゆきつく果てに生じた弊害に屬する、との判定なのである。

原勝郎の右の意外な判定に付した論據は、もちろん引續いて『日本中世史』の本文から引用すればよいのであるが、令名高きその絢爛流麗の美文は、或る意味で著者の眞意を誤解せしめる様な修飾としての作用を爲すかもしれない。〈輸入文物同化の困難〉と標題されたその論據を、今引用者の筆を以てその主意を取つた上での現代風の散文にほぐしてみれば以下の如くである。――唐代の文化はそれに先立つ二千年間の彼土の文物發達の結果であつて、その由來は實に深遠といふべきものである。然るに我國と漢土との文物交流の歴史は推古朝の隋との通交に始まる短いものであり、漢字渡來の事蹟を以て漢土文物の流入の開始と見たところで〈本邦に於ける漢字使用が六世紀半ばであると假定してみて〉律令の編纂まで二百年を過ぎてはゐない。その段階で唐土二千年來の履歴を有する制度文物の模倣は時機尚早である。大寶律令には我國古來の習俗を少からず參酌してはゐるが畢竟は唐の法思想を移入して多少の修正を加へたまでといふ形であり、既に我が國に長く行はれてゐた法制の上に、採長補短の手數を施したといふものではない。當時の我が國の國政の組織や機關の發達の程度は猶唐土のそれに比して遠く及ばざる素朴の段階にあつたのに、唯彼國の〈典章衣冠〉を模倣しただけのものだつたのだから、形と實が相伴はぬ事の弊害を避けることができなかつた。凡そ一國の法制度の整備が一般の文明の成熟の度合を超えてゐるといふ場合、そこに發生する弊害には甚大のものがある。〈律令を以て邦國の進歩を期待するは誤りの甚しきものにして、往々にして徒に奸曲を誘起するの端を啓くのみ〉。要するに民度の成熟段階に對して調和のとれてゐない外邦の法制移入は消化不良の病症を惹起《ひきおこ》さずにはゐなかつたのである――。

更に原はもう一つの重要な指摘をしてゐる。卽ち、〈此革新は、國民一般の文化の進歩によりて促されたるにはあらずして、政治上の統一の必要より起りしものなれば、此革新を行へるもの、卽當時の先覺者と稱せらるべきものは、僅に在朝の少數者にとどまり、從ひて唐土傳來の文物も其傳播の範圍に至りては、極めて狹隘なるを免れざりしならむ〉といふのである。

これは、法制度を重點とする唐文化の移入が、國民一般の平均的な知的情的要求に適合するものではなくて、京畿在住の一部官人の占有物にとどまつたため、そこに現代風に言へば知識・情報の所有に關する中央と地方との間での、又階層間での偏在と格差が發生した。これは一國の社會の發達には甚だ有害な狀況であつて、宮廷を中心とする王朝文化繁榮の陰にはこの様な弊害が生じてゐた事を歴史研究者は見落してはならない、との至つて適切な警告なのである。

敢へて比較を現代に求めて此を言へば、米國製日本國憲法の強制施行は、占領軍と利害を共通にする一部の占領利得者、過激な日本改造を目ざした占領政策から恩恵を蒙る左翼陣營とその同調者達にとつては歡迎すべき革新であつたが、平均的な日本人の生活觀・社會意識にとつては、要するに社會秩序の致命的な破壞工作でしかなかつたといふ、輓近六十年來の今日の現實と相似た狀況の襲來だつたといふことであらう。

此の後の記述に於いて、原は〈平安帝都の眞相〉の標目の下に、平安王朝文化の典雅華麗な繁榮の讃美者達の漠然たる思ひ込みに冷水を浴せる如き筆致で、平安京の街衢の荒涼、治安の無警察狀態、庶民の蒙昧、妖言厭咒の横行、將又地方に於ける班田宅地の所有管理狀況の亂脈、庶民にとつての衞戍と庸役の過重負擔、行路の難や疫癘の流行から生ずる行斃れ屍體の放置、人情の澆薄、之に加へての國司の私曲、地方豪族の横暴等々、一言で言へば平安時代は澆季混獨の暗黑社會に他ならなかつたので、〈律令如何に具備せりといふと雖、其擧ぐる所の效果は得て知るべきのみ〉との嚴しい評價が繰り返される。

原が平安時代の文明の狀態に對して斯くも嚴しい否定的評價を下す論據の最大なるものは、此時代に於いて文明の恩惠を謳歌する集團が極めて限られた一部の上層階級のみであり、他の大部分がその限られた階層の繁榮の犧牲として暗黑の底層に呻吟し、その中間部分がすつぽりと缺落してゐる、といふことにあつた。〈抑《そもそも》國家の爲めに深く憂ふべきものは、健全なる中等社會の缺乏より急なるはなし〉との判斷が大前提としてある。律令政治の全盛時代と目されてゐる王朝文化の繁榮期とても、〈徒らに文物典章のみを以て批判すれば、我國帝政の盛運此時に過ぐるなきが如くなるも、眞に王化の霑《うるほ》はせるところは、京畿の數州のみ、左右の在朝者のみ〉。文化の成熟に上層と下層とで隔りがあり過ぎてその中間が缺けてゐるといふ狀態は、やがてはその空白の中間を充塡すべき健全な中間層の成育を促さずにはゐないものである。その中間層こそ、東國をその發祥の基盤とする武人階級であり、この中間層の充實を以て、日本は暗黑荒寥の古代社會から明朗健康な近代社會へと成長してゆく。この成長の開始が卽ち通用の歷史區分に言ふところの鎌倉時代の開始である。

法制の歷史に卽して此を見れば、卽ち身につかぬ借衣裳であつた唐風の律令政治の弊を脫却して、自己本來の積年の慣習を精錬して作り上げた慣例法の時代に入つてゆく、その發展だといふことになる。瀧川氏の法制史の用語を借りて言ふならば、支那繼受法時代から融合法時代に移つてゆくことであり、ここで現實の規制力を失つた律令といふ繼受法に徐々に成り替つて現實を支配してゆくのが卽ち武家社會に育つた慣例法である。その慣例とは自前の經驗の蓄積を指して言ふことなのであるから、この交替を目して繼受法の支配に壓倒せられてゐた固有法の復活であるとする見方も亦可能であらう。具體的に名を指して言へば卽ち「關東御成敗式目」の誕生である。

二　法制から見た近代の開始

北條泰時の發願とその「起請」

「關東御成敗式目」、制定時の元號に因んで「貞永式目」と通稱される武家法については、その法制史的研究は現在謂はば完成してゐて、後生がそれに付加へるべき新たな文獻學的見解は最早現れる餘地は無いのではないかと思はれる。旣に引いた瀧川政次郎『日本法制史』の「融合法時代前期」の章は「式目時代」との副題を有つてゐるが、この〈式目〉とは言ふまでもなく專ら「御成敗式目」を指してゐるし、瀧川氏が多くを負うてゐるとの謝辭を述べてゐる三浦周行『法制史の研究』正・續の中殊にその『續法制史の研究』(5)（大正十四年初版）には「貞永式目」の一項だけに百四十頁餘が充てられてあり、論述は詳細周密を極める（但し說明の重複反復がかなり目につく）。この兩先學の先驅的研究に加へて現行の「日本思想大系」『中世政治社會思想・上』（昭和四十七年初版）の笠松宏至氏による式目の精緻な注釋と行屆いた解題を參照すれば、御成敗式目について後生が法制史的觀點からするのとは少しく異なる視點に據つての論考を試みる前提は十分に與へられてあると考へてよいであらう。

異なる視點とは卽ち、廣義の日本人の精神史の一章として、この代表的慣例法の成立過程を辿る作業を通じて國民の法思想乃至法治主義意識の様相を検證してみるといふ方法である。

その視點から見ての考察の手がかりは、至つて簡單な話で『御成敗式目』の研究者の誰もが一往は着目する（法制史家は然し案外に重視しない）篇末の「起請」の詞の中にある。眼目となる章句は以下の如くである。

〈……およそ評定の間、理非に於いて親疎あるべからず。ただ道理の推す所、心中の存知、傍輩を憚らず、權門を恐れず、詞に出《いだ》すべき也。御成敗事切れの條々、たとひ道理に違はずと雖も一同の憲法也。たとひ非據に行はるると雖も一同の越度也。自今以後、訴人ならびに緣者に相向ひ、自身は道理を存すと雖も、傍輩の中其の人の說を以て、いささか違亂の由を申し聞さば、已に一味の義にあらず。ほとんど諸人の嘲《あざけり》を貽《のこ》すものか。……〉

引用部分の核心をなす字眼が〈ただ道理の推す所〉の〈道理〉に在る事、改めて指摘するまでもない。「起請」のみならず「式目」全篇の主導動機が〈道理〉である事は、此もよく引用される六波羅探題・駿河守北條實時（泰時の弟）宛ての武藏守泰時の書簡の一節〈さてこの式目をつくられ候事は、……ただ道理のおすところを被記候者也〉に徵しても明らかといふべき聯關である。

〈御成敗事切れの條々〉以下が少しく難解と思はれる故に、いま筆者の解讀の試みを記しておくと、〈たとひ…雖も〉の語法に現代文とのずれがある樣である。……評定衆一同による裁決の結果が、道理に適つてゐる場合でも、根據を缺いてゐると思はれる場合でも、それはいづれも構成員一同の憲法（正義の發現）であり、又一同の落度である（＝共同の責任である）。成敗に參加した評定衆の中の一人が、裁決に不滿を懷く訴訟人乃至その緣者に向ひ、自分は道理に適つた論を立てたのだが、傍輩の中に異論を呈した者があり、それが通つた結果、あの樣な違亂の結果になつたのだとの辯解をする様な事があればその者は全員の負ふべき共同の連帶責任から逃れようとするものであつて、人の嘲りを受けることになる——との意であらう。

執權としての北條泰時は、當時わづか十四歳の形ばかりの將軍藤原頼經の後見役である以上（頼經元服の際の加冠役でもあつた）事實上全國の武家階級の棟梁の地位にあつた。征夷大將軍源頼朝の衣鉢を繼いで、御家人一統の團結といふ點でも最高責任者の位置にある。況して武家法としての式目の制定・施行に當つては、如何に此の新法に「關東」の名を冠して、公家法としての律令格式に對抗する意圖はない事を暗に明に表示しながらも、やはり多分に道義的緊張を强ひられてはゐたであらう。新法の施行に當つてこの法を迎へる鎌倉方一統の姿勢の統率には十分の配慮を働かさねばならない立場である。その緊張感が、法の運營に於いて統一を亂してはならぬとの呼びかけとなる。而して〈憲法〉＝法の正義の貫徹にせよ御家人一統の團結にせよ、その訴へかけの根據となるべきは所詮「道理」である。

「御成敗式目」の法的根據

御成敗式目五十一箇條の第一は神社の修理と祭祀嚴修の命令、第二は寺塔の修造と佛事勤行の指示である。斯う記しただけでも讀み取れる事だが、この二條は本質的に法令の性格を具へてはゐない。恰も十七箇條憲法の一が〈以和爲貴〉、二が〈篤敬三寶〉といふ禮教の訓言で始まる様なものである。

太子の教訓が第三條に至つて〈承詔必謹〉といふ憲法の名に適しい國政に關はる内容の項目を掲げたのと同斷で、御成敗式目も第三條から法令らしき内容のものとなる。卽ちそれは諸國の守護が遂行すべき職務の規定であつて、一に〈大番催促〉と呼ばれる幕府御家人の京都警衞の義務をその國の該當者に督促・徵募する役割、二に謀叛の企ての摘發、三に夜討・强盜・山賊行爲等を含めての殺害・刃傷事件の犯人の逮捕連行といふ三種の警察的職務である。これを大犯三箇條とし、守護の職務權限はこの三種に制限されてをり、それ以外の領域には及ばないことを訓令し、且つそれを〈右大將家の御時定め置かるる所〉との慣例に言及して法的根據としてゐる點が式目の特色である。

征夷大將軍賴朝の意向を以てその法源とし、それ以來守られてきた慣例であり、故に今後も奉ずべきだとする論法が歴史的に見て正しいか、といふ疑問は三浦周行の指摘に始まつて法制史家の間での屢々の論議の種であつた。右大將賴朝の名は、式目編纂者達の詮議の權威づけとして出されてゐる迄であつて、この慣例は賴朝以前からの事、凡そ武士の實力行使によつて初めて律令政治衰頽期の社會の無警察狀態が漸く克服されるに至つた、その頃既に當面の現實として行はれてゐたのだとの觀察があつたからである。

優雅華麗なる王朝貴族文化の開花といつた後生の憧憬的記憶に反し、平安時代の社會が宛然たる無警察狀態の荒廢を呈したゐたとの原勝郎の指摘をさきに見たが、同じ事を三浦周行も『法制史の研究』正篇（大正八年初版）の中で論じてゐる。嵯峨天皇の御代に藤原藥子・仲成の亂が生じた大同五年九月（亂後弘仁と改元、A.D.八一〇）の肅正以來保元の亂の酷薄な跡始末に到るまで三百四十六年間、死刑といふ極刑の執行された例がなかつたといふ事實は、王朝德治主義の成果として美談扱ひされる場合が多いが、三浦博士の見解によれば、此は天皇を始めとする上層官人の間に佛敎の慈悲至上觀の影響が極めて强かつた故で、法秩序の維持といふ觀點からすれば偏つた信念といふより他なかつた。罪の輕重を問はず、只管殺生を忌むだけといふ〈此思想は刑法の精神を蹂躙〉するもので、檢非違使廳の役人達は〈正當なる職務の履行を以て一種の罪惡〉を犯すものとの想念に囚はれ、自然職務の怠慢を來し、その事がつまりは律令制といふ公家法制の權威の失墜を招いた。司法警察の怠慢・無能の結果は卽ち自衞能力を持たない無辜の庶民・細民が法外の暴力にさらされる災難となつて降りかかる。

この亡狀を默視してゐられなくなつたのが新興の武士階級である。武士達は、承平・天慶の亂を最後として慥かに大規模な謀叛・反亂事件の終熄した泰平の世にあつては、出番の無い無用者にして、貴族階級からの賤視にただ耐へてゐるより他なかつた。然し保元・平治の亂から治承・壽永の源平爭亂の三十年を通過する間に、彼等は亂れた社會秩序を恢復し、治安を維持してゆく機能としての自分達の武力の「有用性」に眼覺めた。文治元年（A.D.一一八五）、右大將賴朝が守護地頭の設置と諸國兵糧米の徵收權について朝廷からの勅許を得たといふ事實が、階級としての武士の存在とその有用性の公認についての象徵的な事件だつた。その機能の公認と共に、武士がその本性上身につけてゐた武斷主義の法思想が實力を發揮すべき時節が到來した。公家法制に取つて代るものとしての武家法制の出現は要するに時代の要請だつた。

それでは時代の要請に應へて擡頭した武家法の思想は、公家法とその現象化としての律令政治の體質疲勞を奇貨として、舊體制に對する革命的な動きに出るに至つたのか。明らかに否である。さきにもその核心部分に目を注いでみた「御成敗式目」の「起請」にせよ、六波羅駐在の實時宛の元年八月發泰時書簡にせよ、そこに窺はれるのは、實に意外なほどの公家法に向けての謙遜の情、寧ろ卑下と呼んでもよい様な愼重の口吻である。後者の書簡に曰く、〈……詮ずるところ、從者主に忠をいたし、子（は）親に孝あり、妻は夫にしたがはば、人の心の曲れるをば棄て、直しきをば賞して、おのづから土民安堵の計り事にてや候とてかやうに沙汰《さたし》候を、京邊にては定めて物をも知らぬ夷戎《ゑびす》どもが書きあつめたることよなと、わらはるる方も候はんずらんと、憚り覺え候へば、傍痛き次第にて候へども〉云々と、これは編纂に當つた評定衆一同の所懷を代辯した文言なのであらうから、彼等には、自稱東夷《あづまゑびす》共の作つた法典を以て皇家の法たる律令に對抗しようなどとの僭上の意識は全くなかつた事が讀み取れる。

右の書簡より一箇月後の、實時宛泰時の九月書簡に於いても、泰時は〈これによりて京都の御沙汰・律令のおきて聊も改まるべきにあらず候也〉と念を押し、式目制定の動機としては此に續けて、〈凡法令のおしへめでたく候なれども（＝律令の規定は御立派なものだが）、武家のならひ、民間の法（＝にのみなじんできた東國人士には）、それを（＝律令の法文）うかがひしりたる物（＝者）は百千が中に一兩（一人か二人）もありがたく候歟〉と、謂はば辯解の辭を構へてゐる形である。

この様にひたすら謙遜に式目制定の動機を説明しながら、では式目の法意が據つて立つ根據は何かを説明する件りで、泰時の九月書簡は、同じく謙虚な口調ながら、或る見落し難い重要事にふれてゐる。卽ち〈さてこの式目をつくられ候事は、なにを本説として被注載之由、人さだめて謗難を加事候歟〉、〈本說〉とは式目が依據した原典を指す。つまり、何を典據として斯様な注釋めいた法典を編んだのかと謗る向もあるかもしれないが、〈ま事にさせる本文にすがりたる事候はねども、ただ道理のおすところを被記候者也〉との說明である。つまり既成の典據に基いて編んだわけではなく、〈ただ道理のおすところ〉に從つて記したまでだ、といふ。これはもちろん起請にいふ所の〈ただ道理の推すところ、心中の存知（を）……詞に出すべきなり〉の誓詞にひびき合つてゐる表現である。

この一面謙遜乍ら又反面昂然たる姿勢を示してゐる心事の說明として次の二點が指摘できる。

式目の第四十一條〈奴婢雜人事〉及び諸種の式目注釋書に〈法意〉なる語が出てくる。何の付加語もなしに用ゐられてゐるが、〈法意〉とは律令に示されてゐる規定の事で、文字通りその法規の意とする所であり、又「法理」の含蓄で用ゐてゐる例もある。式目は律令の〈法意〉に依據することなく獨自に各箇條を草したことになつてゐる（實際には律令の條文を殆どそのままの形で引繼いでゐたり、少くとも法源として依據した規定は幾つかある）。そこから生じた、律令の傳統的權威に對する引け目の意識が、〈右大將の御時定め置かるる所〉〈大將家の例に任せて〉〈大將家御時以來〉等々の表現で（計六箇所）賴朝以來の慣例を法的根據として表に出す論法を取らせた事確かであらう。

所で式目がもう一つの法的根據として擧げてゐるのが、他ならぬ「道理」である。〈ただ道理の推す所〉といふ表現は新編の武家法典撰者達の自己辯明の辭の如くにも響く一方で、實に昂然たる自信の表明の如くにも映る所が妙である。この表現は執筆者にとつて意識的にか潛在意識的にか、おそらくは楯の兩面とも謂ふべき效果を期待されてゐた字眼だつたのではあるまいか。

「道理」の世紀を拓いた慈圓

鎌倉時代は「道理」の世紀である。少しく時代を刻んで言へば、承久二年（A.D.一二二〇）、後鳥羽院に幕府討伐のための擧兵の企てのあることを察知した天台座主大僧正慈圓（A.D.一一五五—一二二五）による『愚管抄』の著述がなされたことがこの世紀の曉鐘である。難解なる歴史哲學の書たる『愚管抄』が直ちに同時代の知識人達に、況してや律令の法文を解讀し得る識字者が千人に一人か二人と看られたが故にこそ式目を撰して與へてやる必要があつたのだとされてゐる武士階級に、この書が早速に影響力を揮ひ始めた抔とは考へ難い事である。後世への影響力としてならば一條兼良の『小夜のねざめ』（文明年間成立か）に〈……萬のことは、道理といふ二の文字にこもりて侍るとぞ、慈鎭和尚と申す人の書きをかれ侍る、いと有難き事也〉との證言があり、『樵談治要』にもほぼ同じ文言の評が見えてゐるが、それは慈圓の著述より約二百五十年の後世の話である。幕末の國學者黒川春村から「道理物語」との綽名を奉られた『愚管抄』の哲學の同時代への影響の波及については今一つそれを立證できる史料が缺けてゐる。

然し、慈圓の全思索成果の標語である「道理」が世に知られて行つた經路は必ずしも『愚管抄』自體のみによるものではない。承久二年に參議西園寺公經宛に慈圓が發した長文の書狀(6)は私信ではあつても内容が公事に關はるものである故におそらくは複數の人眼に觸れる機會に遭つたと思はれるが、文中十箇所も〈道理〉の語を以て己の所信の根據付けとしてゐる例がある（例へば〈……眞實道理策一番ニハ、一向日本國の衆生利益、王法佛法安穩、泰平本願〉云々、〈如此眞之道理けさ〳〵と候を、猶各《おのおの》御心も不及、思も不令入給《いれたまはしめず》しては、暫なりとも世をは令執給哉《とらしめたまふや》〉云々）。又、貞應元年十二月付で〈啓白佛前〉とした「願文」に於いても〈道理〉は明らかに一篇の字眼である。（就中注目すべき一節を引用者の讀み下しを以て引けば、〈專ら偏執我慢の邪心を斷ち、只道理の二字を守り、殊に佛神の本迹、法爾和合の道を仰がば、至誠在天、自然信心の理《ことわり》、その證空しからず、もし推す所の道理冥感に叶はば、今ここに祈る所の發願蓋し成就せんか〉云々には、〈ただ道理の推す所〉といふ式目起請文中の字句の先蹤かとも思はれる發想が見られる。）

承久の變は戰亂としては約二箇月で終熄した短いものだつた。卽ち後鳥羽上皇が北條義時追討の院宣を下したのが承久三年五月十五日、此に驚愕した幕府軍の西上、京都入城・占領による後鳥羽院の討幕宣旨の撤回（卽官軍の敗北決定）が六月十五日、上皇方についた官人達への容赦なき斷罪・處刑を經て、後鳥羽院の隱岐配流が七月十三日、順德院の佐渡配流が同二十一日といふ迅速な戰後處理だつた。

この處理の結果の一環として上皇に加擔した公家・武士の所領三千餘箇所が沒收され、それらは多く幕府軍に參加した東國武士達に恩賞として與へられたが、この配分に關しては雙方の當事者の側からの樣々の不滿が噴出し、その不滿に對する適正な對處が變亂收拾後の北條執權政府にとつての大きな政治的課題となつた。關東御成敗式目の制定を促した時代の諸狀況の中での最大の要因が、この沒收された或いは新たに付與された領地の所有權をめぐつての權利主張者間の紛爭であり、その當事者雙方の納得を得るに足る裁定の技術への要請だつた。この裁定上の法的技術の核となる理念が卽ち「道理」であつた。

この意味脈絡での道理ならば、もちろん慈圓の歷史哲學的思索を以て初めて人々が習得したといふわけのものではない。紛争の調停・妥協の鍵としての「道理」についてならば既に平安時代から、寺社間の権威の爭ひに於ける〈公驗道理〉、農地の用益をめぐつての〈水便道理〉、遺産配分の爭ひでの〈相傳道理〉があり、そして所有地の領知權爭ひに於いて最も威力を有したのが、當然ながら〈文書道理〉や〈證文道理〉であつた。

御成敗式目に於ける〈道理の推す所〉なる發想も、實は右の如き各種法的紛爭に於ける道理の有效性を踏まへての慣例法の思想に基くものと見てもよいのである。（式目本文でも第二十一條に〈相傳之道理〉なる語が出て來る。但しそれは承久の變後の論功行賞として與へられた土地の新たな所有主の有する恩賞の道理に對しての劣位の道理といふ文脈に於いてである。）

右に見る如く、御成敗式目の施行に當り、その武家法として發揮し得た權威、『吾妻鏡』の記者をして〈是則ち淡海公の律令に比す可きか、彼は海內の龜鏡、是は關東の鴻寶なり〉と誇らかに記せしめたほどの法的效力は、その最大の法源を「道理」に置いてゐるのであるが、その「道理」も亦慣例法の文脈に於いて用ゐられてゐた故にこそ、その重みを有したのだと見てよいであらう。

更に付加へて考へておくべきは、當時の精神界、より具體的に言へば宗教界に於ける「道理」の意味についてである。

慈圓の難解長大な著述や、所詮限られた範圍にしか傳はらなかつたであらう公的書簡や願文に於いてどれほど「道理」が重視・强調されてゐようと、まさにその範圍內での影響と見るべきである。

「道理」が鎌倉時代の人々の精神世界に於ける最高の知的價値の範疇となり得たについては、慈圓に續く佛教界の大御所的存在、筆者の管見の枠內でのみ擧げるとすれば、華嚴宗の碩學栂尾の明惠上人、誰知らぬ者なき永平禪師道元といふ此二人の高僧の影響力が大きく物を言つてゐると思はれる。

栂尾明恵上人の「道理」

明恵上人（A.D.一一七三―一二三二）の教學の思想は『明恵上人集』（岩波文庫）、『明恵上人傳記』（講談社學術文庫）なる二種の文庫本があつて參照は容易である。その傳記（といつても〈上人語りて曰く〉〈上人の御消息に云はく〉が連續する形で、むしろ上人の語録の編輯とみてよいものである）の中のこの點での最も重要な部分に（紙幅儉約のため前後の文脈を切り落して核心部の引用だけに留めるが）〈惣じて諸法の中に道理と云ふ者あり。甚深微細にして輙《たやす》く知り難し。此の道理をば佛も作り出し給はず、又天・人・修羅等も作らず。佛は此の道理の善惡の因果となる樣を覺りて、實の如く衆生の爲に説き給ふ智者也〉なる一節がある。文意は明白であるが、念の爲に注しておけば、――天地の諸々の理法の奥にひそんでゐる道理は簡單に認識できるものではない。佛もその道理の作者ではないのだから此を支配できるわけではなく、ただその道理の働きをよく覺知して、此を衆生に説き聞かせ給ふまでである――、といふわけで、此處には道理の超越的性格と、それを認知する知恵を身に着けた所謂「覺者」としての佛の性格が簡潔に解説されてゐる。

栂尾の明恵上人が周圍の弟子達に日常口頭で説いてゐた教は、密教佛典の講釋の類とは違つた、至つて現實主義的な論理に貫かれた行動指針の性格を持つたものであつたらしい。これが現實政治の現場の嚴しさを身に體して知つてゐる鎌倉武士の心を深く捉へた樣である。六波羅駐在となつた北條泰時は心底から明恵に歸依し、度々栂尾の山中に明恵を訪ねては親しく法話を拜聽した樣であるから、必ずや明恵の持論としての「道理」の説をとくと聞かされたであらう。

例へば或る時、栂尾を訪ねてきた泰時に向つて、明恵は承久の變に於ける鎌倉方の心事の內奥にふれる鋭い質問を發した。

〈忝くも我が朝は、神代より今に至るまで九十代に及びて（引用者注、この時第八十六代後堀河天皇）、世々受け繼ぎて、皇祚他を雜《まじ》へず。百王守護の三十番神、末代といへども、あらたなる聞えあり。一朝の萬物は悉く國王の物に非ずと云ふ事なし。然れば、國主として是を取られむを、是非に付きて拘《かかは》り惜しまんずる理《ことわり》なし。縱《たと》ひ無理に命を奪ふと云ふとも、天下に孕まるゝ類、義を存ぜん者、豈いなむ事あらんや。若し是を背くべくんば、此の朝の外に出でて、天竺・震旦にも渡るべし。伯夷・叔齊は天下の粟を食《くら》はじとて、蕨を折りて命を繼ぎしを、王命に背ける者、豈王土の蕨を食せんやと詰められて、其理《ことわり》必然たりしかば、蕨をも食せずして餓死したり。理《ことわり》を知り、心を立てたる類、皆是の如し。……〉

佛者である明惠が、佛典ではなく『史記』から伯夷・叔齊の採薇の故事を引用して、上皇方に弓を引き、剩へ峻嚴酷薄な戰後處理を強行した泰時の不忠を詰つたのである。武人が相手なる故に『史記』を持ち出したところに明惠の深い教養と機知の鋭さが閃いてゐる。そこに說かれてゐる〈理の必然〉は當に泰時も亦奉じてゐるはずの「義」といふ名の理である。明惠は幕府軍の戰後處理の酷薄がもたらした京都の公卿武人社會の慘狀を語り聞かせ、〈先づ打ち見る所、其の理に背けり。若し理に背かば、冥の照覽、天のとがめ無からんや。大いに愼み給ふべし。（中略）御様を見奉るに、是程の理に背くべき事し給ふべき事にあらぬに、何《いか》に在りける事にやと、拜謁の度には、且は不思議に、且は痛はしく存ず〉云々と、嚴しく理を說き且つは情にも訴へる體で懇々と說諭に及ぶ。泰時は〈こぼれ落つる涙をさらぬ躰に押し拭ひて、疊紙を取り出しなんどして〉やをら長々とした辯解の辭を述べるのだが、その辯解の內容は承久の變の原因とそれに對する關東方の對處の本心として、且又その結果に向けての泰時の反省、罪障消滅のための覺悟の述懷として十分に「理」の立つものと讀める。

泰時は明恵の情理兼ね具へた叱責の語に接して道理の力の嚴しさを骨身に徹して認識したのであらう。貞永元年一月に明恵は六十歳で安らかに寂滅するのだが、御成敗式目はその年の秋八月の制定である。筆者の少しく文學的な想像に任せて言ふならば、この法典編纂の事業は泰時がかつての嚴しい說諭に接した時明恵に約束した罪障消滅の業の一環であり、殊にその起請はひそかに鎭魂の賦として恩師に捧げた、政道に於ける道理遵守の決意を新たにした誓詞であつたと解しておきたい。

永平禪師道元の「道理」

承久の變（A.D.一二二一）から元寇（A.D.一二六八、蒙古襲來の豫兆・防備着手）までの約五十年、泰時・時賴といふ北條氏累代中の二人の傑出した政治的人格が執權であつた時期（間に經時執權の約四年が入るが）は、政道に於ける道理の意味が最高の緊張に達した時である。この道理の（半）世紀に邦家の精神界で最高の指導的地位にあり、「道理」への認識を唱導した重要な存在として、明恵と並べて擧ぐべき名が永平禪師道元である。

道元（A.D.一二〇〇―一二五三）が安貞元年（A.D.一二二七）五年に亙る宋での修行を經て歸國し、三十歳代から歿年に至るまでの後半生約二十年間に凝らした思索の跡は高名な『正法眼藏』九十餘章に語り盡くされてゐる。この長大な思索記錄の底を流れてゐる通奏低音にして且つ重要な主導動機の一をなしてゐるのが是亦「道理」である。

筆者は『正法眼藏』を精讀したなどと言ふ資格なき淺學の徒であるが、この書に於いて、單なる二次的引用や同一文脈での反復の例は除き、或る文の主語か述語か、何らかの意味の重みを帶びて「道理」が用ゐられてゐる例が九十箇所を超える事を確認してゐる。

この多數の用例を分析してゆくと、道元がこの語に托してゐる意味上の機能について、次の如き二種の性格を歸納的に抽出できる。

その一は道元の文脈に於ける「道理」は、常に他の語彙を以てしての言ひ換へがきかない決定的な一語だといふことである。凡そ辭書といふものが見出語に對して語釋として掲げてゐる同義語・類語に當るものが、道元の文脈でのこの語についてはどうにも見つからない。故に「道理」は常に「道理」として受け取つておくより他ない、といふ事になる。

その二として、道元の頻用する「道理」は彼の厖大な思索の體系の中で、彼の思想の字眼としての重い内實を常に讀みこまねばならぬほどの役割を擔つてゐるといふわけではなく、夫々の個別の脈絡の中での論述のその都度毎の正當性の根據として用ゐられてゐる單語だ、といふことである。それは實は、裏返して言へば、もしもこの語を使はぬとしたら、『正法眼藏』といふ長大な思索の集積に於ける道元の主張は要するに成立し得なかつたのであらう、といふ意味でもある。

道元が論策の利器としての「道理」に籠めた重い意味は、或る意味で自然の數であらうが、弟子達に語つたその語錄である『正法眼藏隨聞記』[7]の方により讀み取り易い形で表現されてゐる。例へば『隨聞記』「第二」の第二十條で、〈一切のことにのぞんで道理を案ずべきなり。念々止まらず、日々遷流して無常迅速なること、眼前の道理なり。知識經卷の敎へを待つべからず〉と言ひ、又〈……時に望(ママ)み事に觸(れ)て道理を思量して、人目を思はず自らの益を忘(れ)て、佛道利生の爲に能きやうに計らふべし〉とも言ふ。或いは「第五」の第一條では〈……ある賢臣の云く、政道の理乱《ことわりみだれ》はなはの結ぼふれるを解(く)が如し。急にすべからず。能くむすびめを見てとくべしと。佛道も亦かくの如し。能々道理を心得て行ずべきなり〉とも言つてゐる。難解な『正法眼藏』よりも『隨聞記』の方に讀者が多いらしいのは、この様な件りに接してみるにやはり自然の數である。

道元の見る所では、佛典に固有の教を説くより以前に、佛者ならずとも世俗の誰彼の眼前に彷彿として思ひ浮かぶであらう道理、時に臨み事に觸れて先づ思量すべき道理といふものがある。この道理を奉じて自利を忘れ利他を思ふのが世俗一般の人の心得べき準則である。佛道利生の爲の發願はそのあとに來る。佛道修行が道理への入口なのではなくて、道理によく心を致せば佛道には入り易い、との順序が提示されてゐる。これは嚴しい自力本願の修行の道を説くのが專らであつた様に思はれてゐる道元の、或る意味で注目すべく親しみ易き一面である。次に引く『隨聞記』「第二」の第十條などは、全くの世俗の次元での「人とつき合ふ法」の一箇條ともいふべき卑近の教訓であり、この時代に「道理」の理念が世俗の庶民の間に廣く浸透してゆくといふ精神界の一般的狀況が、先づ禪門の内部に於いてその兆候を見せ、それがやがて外の世界にも及んで行つたのだといふ經路が窺ひ見られて興味を惹く。

〈法談の次《ついで》に示して云く、設使《たとひ》我れは道理を以て云ふに、人はひがみて僻事《ひがこと》を云《いふ》を、理を攻《せめ》て云ひ勝《かつ》はあしきなり。亦我は現に道理と思へども、吾が非にこそと云《いう》てはやくまけてのくもあしばやなり。只人をも云ひ折らず、我が僻ことにも謂はず、無爲にして止みぬるが好きなり。耳に聽入れぬやうにして忘るれば、人も忘れて嗔《いか》らざるなり。第一の用心なり〉

三　司法の世紀としての鎌倉時代

三浦周行『法制史の研究』正篇の卷末には「日本人に法治國民の素質ありや」といふいささか刺激的な題の一章が

置かれてゐる。この考察が書かれたのは大正六年十月の事で、三浦はその冒頭部分で、「我國法治の現狀」と題し、その年に行はれた帝國議會衆議院第十三回總選擧（四月二十日）の後、或る地方に於いて投ぜられた投票用紙の鑑定を裁判所から依頼された時の經驗を語つてゐる。その仔細の引用は煩に堪へない故に省略するが、三浦の所見によれば、帝國憲法施行後三十年を經過してゐるその當時に於いて、選擧人達の中には國會議員選擧といふ自らの法的權利行使の意味を全く理解してゐない者が多かつた。新聞の報道に徵してみても、普通選擧法施行以前の制限選擧の段階に於いてさへ、選擧權が金錢的賣買の對象になつてゐる實情は明らかだつた。當時の選擧運動でも「貴重なる一票」といふ常套語が氾濫してゐたが、それは一票が如何程の値で賣れるかといふ關聯の中での評價だと思ひ込んでゐた有權者が少からずゐた。三浦の慨嘆は〈是に於てか一の疑問は生ずべし。他なし、我帝國の臣民は果して法治國民たるの素質ありや否やといふこと是なり〉との激語となつて發する。

この疑問は法制史家三浦をして、明治・大正の日本國民の法治思想の基礎を築いたはずである江戶時代の法制への考察に向はしめる。その考察の結果は、德川幕府治下の時代の日本は端的に法治國家とは對蹠的な性格の警察國家であり、各種法度、御定書、高札、觸、達の類の頻發にも拘らず、それらの法文は所詮法治體制の證例となるべきものでも人民の權利の保證でもなくて專ら取締令であり、政府による市民社會生活への干涉であつた。言つてみれば、凡そ當時の法令とは政府權力萬能、官權至上主義の思想が言語化された結果の文字表現なのであり、つまり德川體制は法理による統治ではなく威力による支配であつた。

この樣な法體制が二百六十年餘續けば、人民の法といふものに對する意識がどの樣なものになるか、その頹廢衰弱は自然の勢である。

そこで三浦は、專ら階級的權力主義の機構と映ずる武家法制なるものの發祥期であつた鎌倉時代に考察の視線を溯らせる。するとそこに意外にも人民の〈權利思想の發達せること寧ろ意表の外に出でたり〉との認識が浮上する。具體的には既に關東御成敗式目の性格に觀察を施してきた本稿として三浦の「意表外」の説明を反復引用する必要はないであらう。要するに法制史家としての三浦は、もちろん大正六年どころか明治三十年代に開始してゐた鎌倉時代法制史の多年の研究に基いての見識を踏まへて、鎌倉時代の人民、武士も職人・商人も又農民も、立派に法治國家の住民としての高い法意識を保つて生活してゐたといふ事實を確信を以て論斷する。

就中三浦が鎌倉時代人の法治國民としての意識に基く集團的性格として强調するのは、彼等に於ける〈權利思想と犧牲的精神〉の兩立といふ特質である。氏によれば〈法制史上最も權利思想の發達せる鎌倉時代にありて〉御家人たるもの〈如何に自己の權利の主張に執拗忠實なりしか〉は、累代の子々孫々の手により入念に保存傳承されて今日まで生き殘つてゐる古文書類の七・八割が、その權利所有の證據文書である事からも明白に讀み取れる。そしてその御家人達が一旦元寇といふ國難に遭遇するや、意外にも一切の自己の權利主張の欲念を放擲して、文永十一年、弘安四年の二度の外敵襲來とその前後の連年の國防活動に獻身したこと、更には平生彼等とかく利害が對立し、感情的にも反發する間柄であつた非御家人層の武士達もが、互ひに相協力して國土防衞の衝に當つたこと、このことを以て鎌倉武士の犧牲的精神はその法的權利意識と立派に兩立して生きてゐたものであると論じてゐる。

洵にその通りで、この二種の意識の兩立といふ歴史的事蹟は、本稿の筆者が平生の持論として度々立論してゐる際の語彙に置き換へて述べてみるならば、鎌倉武士達が、己は「道理」の推す所に基いて權利主張の「自由」を行使してゐるのだとの昂然たる意識と、〈私に背きて公に向ふは臣の道なり〉との聖徳太子の憲法（第十五條）の御敎へとを二つながら身に體して奉じてゐた故の自然の結果なのである。そして「自由」と「臣道」と、この二つの理念が實は共に「御成敗式目」の精神の中核をなしてゐるのだから、その兩立は可能といふよりむしろ當然なのであつた。

「御成敗式目」の制定と流布とは、この様に鎌倉時代の武士の精神形成に對して決定的に重要な意味を有する。その影響力の及ぶ範圍は御家人の枠を越えて武士一般に及び、更に公家層に及び、商工人階級又農民集團もが、何らかの係争のある毎に多年の慣例とその內に潛む道理に基いて己の自由を主張することを憚らなくなる。それは紛争の解決には暴力よりも道理の方が最終的な決定權を持つ有效性なのだといふ、その道理を認識したからである。

この認識に應へて、式目の制定者側の訴訟裁定は制度的にも職業倫理の面からも入念精細を極めた。司法機構の有する權威、それに對する民衆の信頼は律令制當時とは比較にならぬ高揚と堅實を保つた。諸國の守護大名は競つて己の家法と呼ぶべき法典を作つた。伊達家の「塵芥集」の如き露骨な模倣作を含めてその殆ど全てが「御成敗式目」を模範として撰せられたか、乃至はその追加法に當るものだつた。「式目」自體が往來物に類する士民の教科書として又習字用の手本として手寫され、轉寫を重ねて普く諸國に普及して行つた。

少し時代が下つて、元和九年にまとめられたとされる安樂庵策傳の巷談說話の大集成たる『醒睡笑』に、庶民の夫婦の癡話喧嘩の中で夫婦共々「御成敗式目」の第一條の字句を勝手に使つて互ひに相手をやりこめようとする笑話[8]が採られてゐるのなどは、「式目」の庶民的普及を立證する恰好の例として笠松宏至氏が取り上げ、筆者も別稿で論及したこともある。

慈圓、明惠、道元等の佛敎者、そして北條泰時を中心とする幕府評定衆の思想の錬磨によつて築かれた「道理」の世紀は、少しく視角を變へれば、法理が暴力に優越することが認識され實證された司法の世紀でもあつた。この先進文明現象としての司法體制の樹立も、殘念ながら元寇＝弘安役の戰後處理政策の困難さに對應しきれずして動搖し始めた。更に南北朝の動亂に於いては、楠木正成の旗標だつた「非理法權天」の序列が示す如く、法が政治權力の暴威の前に屈してしまふといふ事態にもなつた。

然し、承久から文永にかけての約半世紀ではあるが我が國の歴史に司法の世紀と呼んでもよい一時代が現出してゐたといふ事實は、我々現代人にとつて貴重な集團的記憶である。この記憶を今後どの様に復活させ活用するか、それも歴史研究に携はる者にとつての重要な課題である。

注

(1) 瀧川政次郎『日本法制史』(昭和三年、有斐閣)。引用は昭和八年第四版より。

(2) 「日本古典文學大系」『日本書紀・上』(昭和四十二年、岩波書店) 補注2—二〇、特に津田左右吉、家永三郎説を紹介。

(3) 同右、『日本書紀・下』第二十五巻、孝徳天皇大化二年正月の記事、補注25—一四に詳注あり、大化の政治改革の大綱を具體的に指示した詔書。

(4) 原勝郎『日本中世史の研究』(昭和四年、同文館) に收錄。現在入手し易いのは『日本中世史』(昭和四十四年、平凡社東洋文庫版) 及び「明治文學全集」『明治史論集(二)』(昭和五十一年、筑摩書房) 所收 (第一巻のみ) のもの。

(5) 三浦周行『法制史の研究』(大正八年、岩波書店)、『續法制史の研究』(大正十四年)。用ゐたのは後者昭和四十八年刊第三刷。

(6) 『鎌倉遺文』(東京堂出版) 第四巻、二六九八「慈圓書狀」

(7) 懷奘編・和辻哲郎校訂『正法眼藏隨聞記』(昭和四年、岩波文庫)

(8) 岩波文庫版『醒睡笑』より引用しておく。

巻之八「秀句」

二　妻子を専らにすべし

若衆《わかしゆ》ぐるひをするというて、妻、色に出で腹立《ふくりふ》す。「男たる者は若衆《わかしゆ》ぐるひをせよと、式目《しきもく》にのせられた。『神社をしりし』とかけり」。女房卽座に、『その式条《しきでう》のむねを本《ほん》とせば、そちのがいよいよとどかぬなり。『さいしをもつぱらにすべし』とあるに」。

第三章　神道の根據としての「聖なるもの」

——homo religiosus の擁護と再生のために——

一　根據といふこと

ここで〈根據〉といふ語を用ゐることの辯解じみた説明がまづ必要であらう。或る特定の判斷を述べる際の論理的な根據、といつた一般的な文脈での使ひ方としてこの語を出すとすれば、〈神道の根據〉とはいつたい如何なる關聯を云はんとしてゐるのかどうも不分明だといふことにもならう。ところで學殖該博にして公正、且つ極めて懇功な基礎的教科書である脇本平也氏の『宗教學入門』(1)によれば、キリスト敎に於ける創造と主宰の「主」、原始佛教における「法」、或いは又ウパニシヤッド哲學の「梵」や老莊思想の「道《タオ》」の如く、一つの宗教體系の據つて立つ所の根本概念、究極の據りどころについての見解をその宗教の「實在觀」と呼んでゐるといふ、その實在に當るものをここでは根據と把握してみたまでである。つまり標題は「神道の實在觀について」でもよいのであるが、それではあまりに宗教學といふ一科の專門學に近づきすぎた視角と見られようし、脇本氏自身も認めてをられる如く、「實在觀」は日本語としてはまだ十分に熟してゐるとは言ひ難い。專門術語の生硬を避け、稍ゝ曖昧であるとしても論を進めてゆくうちには理解を得られるであらう一般的表現「根據」を採ることにした所以である。

キリスト教の教義の究極の根據なるものが「主」であり、佛教のそれが「法」である、といふ構造を說き聞かされた場合に直ちに思ひ出す關聯がある。

周知の通り歷史文獻に〈神道〉といふ二字成語が出てくる最初の例は『日本書紀』の飛鳥時代の部で、用明天皇卽位前紀に〈天皇信佛法尊神道〉との文脈で出、次いで孝德天皇卽位前紀に前例を一部逆轉させて〈天皇……尊佛法輕神道〉と記されてゐる。〈輕神道〉は古來〈神の道をあなづりたまふ〉と訓ぜられてゐる。（但しそのことがそのまま非難の意味になるのではなく、すぐそれに續けて〈人と爲り、柔仁《めぐみ》ましまして儒《はかせ》を好みたまふ。貴き賤しきと擇ばず、頻に恩勅《めぐみのみことのり》を降したまふ〉と讃へられてゐる。）そしてその同じ孝德天皇が卽位の年の翌々年、大化三年には「惟神の道を諭し且つ庸調《ちからつき》を賜ひて官民を慰諭し給ふの詔」を下したまうてその冒頭で〈惟神《かむながら》（惟神とは神道に隨ふを謂ふ。亦自づからに神道有るを謂ふ）も我《あ》が子應治《みこまさにしら》さむと故寄《ことよさ》せき。是を以て天地の初より君と臨《しろしめ》す國なり……〉と仰せられてゐる。この插入注の部分にも「神道」の字は用ゐられ、且つ既に安定した用法に乘つてゐるが如き使ひ方をしてゐることが讀み取れる。思ひ出す關聯といふのはこの詔勅の文脈もさることながら、〈神道・佛法〉といふ對語的用法が二度現れてくることである。この事は村岡典嗣が『神道史』[2]序論でこの名辭の最初期の用例として夙に注意を促してゐる。

聖德太子が三經義疏[3]を撰述されてより以來日本人は佛教といふ信仰體系の根據が「法」に存することを夙に認識したであらう。「いつくしきのり」としての憲法十七條の二にも〈篤く三寶を敬へ〉を受けて（その次の〈三寶とは佛・法・僧也〉は後世の付注との說が有力で、なるほどとばして讀んでも脈絡に亂れは生じない）〈何《いづれ》の世、何《いづれ》の人か、是の法を貴びずあらむ〉と說かれてゐるのを見れば、佛の教なるものを指して〈萬《よろづ》の國の極宗《きはめのむね》〉であり、ひたすら貴ぶより他なき〈法〉である、との判斷を宣べられてゐることが浮び上る。

佛の敎の實體にして根據である〈法〉と對をなす形で、かうして神の〈道〉が把握されてゐるのならば、卽ちこの時期に於いて應《まさ》しく一つの信仰體系としての佛法の理解に刺激され、それに模する心理に發して、祖先神としての神々の遺訓の體系が「神道」と認識される樣になつたのではあるまいか。つまりこの神々の敎が一箇の體系たり得る根據が惟神の〈道〉である、との認識は十分に古い。言ひ換へれば「神道」といふ命名が行なはれた時が、卽ちこの信敎體系の根據が成立した時であると理解してよいのではないか。

二　世界宗教と「言葉」

「名」と共に「體」が現れたことは確かであるが、この信敎體系が佛の法と拮抗し竝立し得るほどの敎義＝神學を形成するまでにはなほ長い熟成の歲月を經なくてはならない。

これも周知の史實であるに過ぎないが、『倭姬命世記』をはじめとする神道五部書の如き、ともかくも神道神學と稱するに足る敎義學的文獻の成立は漸く鎌倉時代後期に入つてからのことである。古代に於ける諸神の祭祀の樣式を斷片的に留めてゐる各種宣命、『令義解』神祇官部、『延喜式』の內十卷に亙る「神祇」、或いは『新撰姓氏錄』等の古文獻はいづれも事實的「史料」か行事の「記錄」であるにとどまつてをり、それ等は全て敎訓、主張、判斷に類する言說といふものを缺いてゐる。

思へばかなり不思議な話だが、何故然うなのかを問ふ事は姑く措いて事實にのみ着目してみるならば、我等の民族宗教としての神道は、その現象化の當初から凡そ「言葉」による表現を志向しなかつた。これは先づ「神道・佛法」

と竝稱されたその佛教と比べてみても直ちに眼につく差異である。

聖德太子によつて我が國で最初に講ぜられた、卽ち衆生の耳に送りこまれた『法華經』にせよ『勝鬘經』にせよ、本文各節は皆〈如是我聞〉で始まる。阿難なり勝鬘なり、その他の佛弟子達が世尊の語る言葉を聞きとめ、書きとめたものが經である。敎の根據である「法」は言葉を以て語られることによつて人の胸に達し、敎となつて生きる。今に殘る經典の分量の厖大なるを見ただけでも、世尊は實に多辯の人であつたこと、弟子達も亦實に根氣よく世尊の言葉を聞き、倦きることなく文字に書きとめたものと感嘆に堪へない。「法」とは何か、と問ふ時、先づ外形としてはそれは厖大な量の「言葉」だ、と答へざるを得ないほどに、佛法の體系を構成するものは言葉・言葉・言葉である。

ユダヤ＝キリスト敎に於いて、この構造は更に顯著な特徵を成す。何しろ宇宙・世界として存在する全てのものを存在せしめたのは創造主の「言葉」であるとされる。有名なヨハネによる福音書の冒頭は〈太初に言《ことば》ありき〉である。言葉は主と共にあり、言葉が主であつた、といふ。この主はもちろん創造主のことなのであるから、萬物を作つたのは言葉だ、といふことになる。

佛法の根據といふより佛敎徒の解する限りでの全ての存在の根據である「法」を說き明かす者としての佛陀＝釋迦が出現した如くに、ユダヤ＝キリスト敎徒の考へた限りでの存在の根本である「主」の言葉を人間達に正しく說き明かす役目を擔ふ者としてのイエスが誕生する。イエスは「主」の言葉の代言人であるから、彼の語錄（福音書）を見れば、その主要な言說は多く〈イエス言ひ給ふ〉、そして時に強く〈誠に我汝らに告ぐ〉と說き起される。佛典の〈爾時世尊、告（佛弟子各人の名）〉といふ定型と同じことである。キリスト敎がユダヤ人の民族宗敎の枠を越えて文字通りの世界宗敎として地球上に宣布されるに至つた、その大布敎運動の最初のきつかけも、福音書記者のマルコによれば〈全世界を巡りて凡ての造られしものに福音を宣傳へよ〉とのイエスの一言が決定的な動機である。その福音といふのは卽ち造物主の言葉のことなのだから、つまり人間の言葉を以て主の言葉を世界中に語つて步け、と命じたわけなのであり、キリスト敎文化の持つ「言葉」の意味の重大さに、有史以來の傳統としての寡默の文化に生きる我等神道民族は、何か氣迫だけで壓倒されてしまふ樣な戰鬪性をそこに感じ取つてたぢろぐ。

實際、日本人が初めてキリスト敎文化の持つ「言葉」の强さにふれて驚いたのは、言ふまでもなく、フランシスコ・サヴィエルを先陣とし、その後に隨つて續々とこの國を訪れたイエズス會の神父・修道士達の言說(4)によつてのことである。彼等は敎會から托された使命を忠實に奉じて、實に多くを、且つ雄辯に語つた。彼等の奉ずる信敎體系の根據は卽ち「主」であるが、その「主」の有する「無始無終」「不可視の實體」「全知全能」「絕對の正義」等々の屬性を代辯する者として、宣敎師達の示す自信の强さは、それまでの〈和を以て貴しと爲す〉、穩和な自然の秩序の中で常に他者との調和を當爲として生きて來た日本民族が初めて觸れた異質の感觸だつた。

その異質さは、直接には、何とも御大層な言葉を使ふ奴が居るものだ、との對人的な驚きを喚び起したまでであらうが、その表面の下に生じてゐたのは正しく異文化間接觸と摩擦の發生といふ重大な世界史的現象だつた。その接觸と摩擦には當然樣々の局面があつて、文化交涉史の賑やかな項目を作り成してゐるわけだが、當面本稿の主題に限つてこれを言ふならば、言葉を武器として戰ふ文化と言葉をその樣な覇道の用には供さない文化との接觸と見てもよい。實はこの接觸を機として、相手の文化の特性に文字通りに「觸發」されて、日本人の中にも不干齋ハビアン(5)の如き見事な論爭家が出現し、その系譜の中に新井白石(6)の如き homo loquens が出現しもするのだが、それはなほ後の話である。

三　惟神之道の寡默性及價値の範疇について

僧が「法」を說く事がその敎團の「用」である佛敎、「主」の言葉を宣べ傳へることを宣敎師の使命とするキリスト敎に比べると、神道は確かに言葉を以て敎義を述べるといふ志向を本來有してゐないかの如くに映る。然し、だからと言つて神道は「沈默の宗敎」といふわけではない。前記の如く寡默だといふまでの事である。神の道の發祥の段階に於いて既に、道の履むべき樣を說いてゐる「みことのり」といふ重要な言葉がある。第一、日本の國土と國民の創始は『古事記』及び『書紀』の中の「一書《あるふみ》」によれば「天つ神」の「修理固成《つくりをさめかためなせ》」の「詔」を諾冉二神が奉じて實踐したことによる、と記されてゐる。日本國の統治は永久に天照大神の子孫の系統に委任する、との詔も、著名な「神勅」の明言するところである。更に、同じ大神の「寶鏡同床共殿の神勅」「齋庭の穗の神勅」「思金神に下されし皇政扶翼の神勅」（以上の勅の題號は森清人謹撰『みことのり』[7]による）は、神祇祭祀の在り方、民生の基本、天皇統治の政治形態といふ國家基本問題についての在るべき樣を指示したもので、民族宗敎の神道の枠內では、ユダヤ＝キリスト敎に於ける「主」の創世の言にも當る重みを有すると言へよう。

茲に少しく注意を惹く事は、天照大神は「寶祚之隆　天壤無窮」の神勅を皇孫に宣り給うた際、「一書」の本文によれば、八坂瓊曲玉、八咫鏡、天叢雲劍（日本武尊の逸事以後草薙劍）なる三種の寶物を確かに皇孫に賜つてゐるのだが、この神器については神勅の中に何の言及もなく、又第二の「一書」なる「寶鏡同床共殿の神勅」でも、今度は曲玉と神劍について一言もふれてゐない、といふ事である。

惟ふに、――日本民族よ、神々の道を神々の後に随つて歩め、それによつて民族の永遠の繁榮は保證されよう、とのお諭しを遺された皇祖の神々は、他の多くの、といふより一般の宗敎體系の創始者と同じく、この世界の構造を解讀し、以てこの世界に對する人間の對應の在り方を構想し敎示するだけの「象徵の體系」を把握し、それを腦裡に收めてはゐた。但、その象徵の體系を言葉を以て表現し説明する必要を感じてはゐなかつた。然るが故に、爾後一國の統治者たるの道を踏み出さうとしてゐる皇孫に對し、象徵そのものである寶器を授與し、鏡の扱ひ方に對する形の上の注意だけは與へたが、これら神器の有する象徵性の解讀、及び實踐の場に於けるその取扱ひ方については格別の説明を聞かせることはなかつたのではないか。

このため、三種の神器とは、併せて皇位の御しるしであること確かであるが、三種夫々の象徵する價値がいつたいそれ自體としては何々であるか、後世の學者達が種々の解釋を施して世に問ふといつた事態が生じることになつたわけだが、それは別段難しいものでもない。學者と言はず、一般の民衆の誰にも十分可能な思辨の課題であらう。といふよりも誰の眼を以てしても大して見紛ひ様のない、單純明快な象徵性であるが故に、皇祖の神々は言葉による説明を添へることをせずに、象徵そのままの形でこれを皇孫にお授けになつたのであらう。學者達の論辯については多田義俊『三種神器辨書』をはじめとし、凡そ「三種神寶」を題號に取入れた著書が十種近くある事を宮地直一・佐伯有義監修『神道辭典』(8)が敎へてゐるが、今筆者はそこに擧げられた書の何れをも參照するまでもないと思つてゐる。象徵の解讀といふことであれば北畠親房『神皇正統記』(9)の次の一節を引くだけで必要にして十分の解は得られるだらう。

〈鏡は一物をたくはへず。私の心なくして萬象をてらすに是非善惡のすがたあらはれずと云《いふ》ことなし。其《その》すがたにしたがひて感應するを德とす。これ正直の本源なり。玉は柔和善順を德とす。慈悲の本源なり。劍は剛利決斷を德とす。智惠の本源なり。此三徳を翕受《あはせ》ずしては、天下《あめのした》のをさまらんことまことにかたかるべし。神勅あきらかにして、詞つゞまやかにむねひろし。あまさへ神器にあらはれ給へり。いとかたじけなき事をや〉

解としてはこれで十分なのだが、筆者としてはこの三種の象徴への意味づけについて一言付加へておきたいことがある。それは、この神器が象徴する三種の徳とは、單に萬世一系の皇統といふ脈絡の中での代々の皇位の徴證であるのみならず、凡そ日本民族にとつての「價値の最高の範疇」をなすものではないか、といふことである。

明治二十四年に政教社の同人にして江湖新聞の主筆であつた國粹主義の代表的言論人三宅雪嶺が『眞善美日本人』[10]を著してゐる。雪嶺は確かに國粹主義者であるが、同時に國際社會との調和を念頭に置き「世界文明」といつた高い次元に向けての文化的寄與を目指した、規模の大きな思想家でもあつた。その彼の國際性乃至世界性が「眞・善・美」といふ價値觀の尺度の取り方に明瞭に表れてゐる。そしてその點に、筆者などは、所詮は彼も文明開化時代特有の、西歐中心の世界觀の束縛から免れてゐない、敢へて言へば歐化主義者の徒輩の一人であつたか、との物足りなさを覺えてゐる者である。何故ならば、「眞・善・美」の價値の尺度を宛てがつて日本人を測つたり、督勵したりといふ發想が即ち既に西歐精神史の流れの中に日本人の位置を定め、彼の奉ずる價値基準に我から追隨しようとの屈從の姿勢を示してゐるからである。

この事に關聯して、ユダヤ系ドイツ人の經濟學者にして哲學者クルト・ジンガー（A.D.一八八六―一九六二）が昭和六年から十四年にかけての日本滯在の體驗に基いて著した日本文化史論『鏡・劍・玉』[11]（現行邦譯名は『三種の神器』）は感嘆すべき烱眼を示してゐる。この書は日本人の學問・藝術の歷史のみならず法體制、社會習俗、日常の生活風景、宗教生活、世界觀といつた廣汎な文化現象についての卓抜な考察集なのだが、書中の本文では題名に反して三種の神器そのものについてはかいなでに唯一箇所の言及があるだけである。その箇所以外では一切ふれてゐない。眼目は著者の自序の結びの一節にある。曰く、

〈鏡、劍、勾玉は、日本の朝廷で、正統の皇位のしるしとして歴代天皇に傳へられてきた。十五世紀《(ママ)》の著作者達は、これらを國民が身につけるべき徳目の象徴と解釋した。鏡は、よくも惡しくも物のありのままの姿を映すので、公平と正義の眞の源泉になる。劍は、堅く、鋭く、すばやく決着をつけるので、あらゆる英知の眞の起源である。勾玉は、「月」の様な形で、溫和と敬虔の象徴になる。日本人の精神を研究するに當つての尺度を、これ以上簡潔に述べるのは困難なので、私は、この三つを本書の題名に選んだ〉（鯖田豊之氏の譯による）

三つの象徴の解釋に『神皇正統記』の提示するそれとは微かなぶれが生じてゐるが、それは少しも問題ではない。この様に解讀者の有する精神的文化的背景によつて幾種類かの解を許容するのが、象徴の象徴たる所以であり、この柔軟性自體が又、正に勾玉の示す如き日本人の精神の一特質だからである。因みにジンガーが勾玉を指して「月」の様な、と言ふのはたぶん弦月の映像を腦裡に置いてゐるのであらう。單數の玉ならば、人が輕く腰をかがめた様な、その形のやさしさは溫和と敬虔の象徴と見てよいのであらうし、又一方『記』『紀』のうけひの場での敍述で、天照大神が身につけてをられた五百箇《いほつ》の御統《みすまる》の珠を、〈瓊音《ぬなと》もゆらに、天の眞名井に振り滌《すす》ぎて〉、といふのは連なつた多數の珠が互ひに觸れ合つて美しい響を發する様を述べてゐるのだから、複數で考へた珠は多數者の協同と調和の比喩でもあり得る。

いづれにせよ、ジンガーが日本人の精神を研究する際の價値測定の尺度として西歐的價値の範疇たる「眞・善・

美」ではなくて、「鏡・劍・玉」を以てしたことは他民族の文化の研究姿勢として極めてすぐれた着眼である。このことを、日本の學界は十分に評價し、稱揚すべきであらう。簡單に言つてしまへば、神道の文化現象を測る尺度としてキリスト敎的一神敎文化圈の尺度を以て測らうといふのは、豫想される測定誤差の發生以前に、方法として基本的に誤つてゐるのだといふ事を、ユダヤ的賢人ともいふべきジンガーはよく知つてゐたのである。

四　寡默の實態と「畏敬の心」

扨、ここで漸く本稿の本論に說き進むことができる樣である。

日本人の民族宗敎として二千年餘の搖るぎなき道統を保有する神の道は、その抑〻の發祥の時から極めて簡潔にして均衡のとれた價値の範疇（三種の神寶）を中核とする象徵の體系を形成してゐた。この見事な象徵體系を神話といふ共同表象として共有しながら、それを敎說や敎義として形成し展開しようとはしない日本人の言語に對する關係は、主＝ロゴスこそが自分たちの信念體系の根據であると心得てゐるキリスト敎文化圈の民から見れば、おそらく不可解なほどの緘默ぶりであつたらう。彼等にはそれが或いは日本人が homo sapiens として未發達なるが故である、と映つたこともあるかもしれない。

我々日本人自身にしても、我が民族の祖先の神々は、あの樣に見事な古代歌謠の詞藻を驅使するだけの力を持ちながら、世界を解讀するための象徵體系としての言語に對して何故これ程に控へめな態度を取つてゐたのだらうか、と時折不審に思ふことがある。言語能力そのものが乏しかつたからだ、とはとても思へない。あの豐かな口誦傳承歌謠を含んだ『記』『紀』の物語世界の充實にふれてみれば、神の道を言葉を用ゐて說き明かす試みをしてゐない、その點での古代人の不作爲はやはり差當つては一種の謎である。

　ところで、これも改めて言ふまでもない周知の話であるが、この謎を、いやそれは謎といふべきほどのことではない、かういふわけなのだ、と至つて明快に說き明かしてくれたのが、『直毘靈』『玉くしげ』(12)に於ける本居宣長である。宣長は『直毘靈』の冒頭に近い部分で、本稿でも既に引いた孝德天皇大化三年の惟神の道に言及された詔書を取り上げて、〈書紀の難波長柄朝廷《なにはのながらのみかどの》御卷《みまき》に、惟神者《かむながらとは》、謂隨神道亦自有神道也《かみのみちにしたがひたまひてまたおのづからかみのみちあるをいふ》とあるを、よく思ふべし。神道に隨ふとは、天下治め賜ふ御しわざは、たゞ神代より有こしまに〳〵物し賜ひて、いささかもさかしらを加へ給ふことなきをいふ。さてしか神代のまに〳〵、大らかに所知看《しろしめ》せば、おのづから神の道はたらひて、他にもとむべきことなきを、自有神道《おのづからかみのみちあり》とはいふなりけり。……古の大御世には、道といふ言擧《ことあげ》もさらになかりき。故古語《かれふること》に、あしはらの水穗の國は、神ながら言擧《ことあげ》せぬ國といへり。／其はただ物にゆく道こそ有けれ〉と道破してゐる。（ここで筆者ははたと氣がつく。はて〈道破〉とは敢然と言ひ切ることだ。我が國の上古に「道」といふ言擧げはないといふ、その道が「言ふ」といふ意味を有してゐるとは此如何に、と。諸橋博士の大漢和辭典によれば、確かに〈道猶ㇾ言也〉〈道、言說也〉といつた釋がある。なるほど、「道」とは「言說」であるとする漢土と、道とはたゞ物にゆく路である、語《ことば》を以て言ふことではない、と考へた我が上代人との違ひがここにも鮮明に表れてゐる。）

　この樣にして宣長は、言はば神道の「寡默」に對する理解を示し且つ擁護するわけなのだが、次の一節も趣旨は同じである。（引用は岩波文庫本『直毘靈』と『古事記傳㈠』を照合しての上であるが、なほ引用者による「校訂」を含んでゐる。）

〈……故皇國《かれすめらみくに》の古《いにしへ》は、さる言痛《こちた》き教も何もなかりしかど、下が下までみだるることなく、天下《あめのした》は穩《おだひ》に治まりて、天《あま》津《つ》日嗣《ひつぎ》いや遠長に傳はり來坐《きませ》り。さればかの異國《あだしくに》の名にならひていはゞ、是ぞ上もなき優れたる大き道にして、實は道あるが故に道てふ言《こと》なく、道てふ言《こと》なけれど、道ありしなりけり。そをことことしくいひあぐると、然らぬとのけぢめを思へ。言擧《ことあげ》せずとは、あだし國のごと、こちたく言《いひ》たつることなきを云《いふ》なり〉

この部分は甚だ重要なことを言つてゐる。〈言擧げ〉といふ概念については柿本人麻呂の歌集に出てゐるといふ次の歌を通じて有名になつたことは是亦多くの人の知る所である。

〈葦原の　水穗の國は　神ながら　言擧せぬ國　しかれども　言擧ぞわがする　言幸《ことさき》く　まさきくませと　つつみなく　さきくいまさば　荒磯波　ありても見むと　百重波　千重波にしき　言擧す吾は　言擧す吾は／反歌　しき島の日本の國は言靈のさきはふ國ぞまさきくありこそ〉（萬葉集[13]　三二五三・五四）

人麻呂はさすがに誇高き宮廷歌人として、言葉の持つ力についての明瞭な意識を有してゐた。又その言葉を驅使することを職業とする者としての自負も有したことだらう。それは又我が國が神代の昔から〈言擧せぬ國〉であつた、との認識が先づあり、その傳統に十分に敬意を拂ひながら、それにも拘らず吾は言擧するものなり、との覺悟を昂然と謳ひ上げたのがこの一首である。

人麻呂はこの自覺に達したが故に、確かに見事な「言擧げ」をした。例へば〈大君は神にしませば天雲の雷の上にいほらせるかも〉（萬葉集　二三五）などはその好例である。これは人麻呂が持統天皇の飛鳥の雷丘への御遊に供奉した際に側近の一人として儀禮的卽興的に詠んだ偶作にすぎず、天皇の神格についての思慮をめぐらした上でその判斷を述べたといふ如き深い作意のある歌ではないのだが、結果として當時の廷臣の天皇崇敬の心情を見事に表現し、後世に傳へる重要な作となつたものである。古代の我が國人の天皇についての心情のあり方を言擧げした第一級のものと評價してよいだらう。然しながら、宣長のいふ「道」といふことについて見れば、それが天皇に仕へる臣の道の態度を表明してゐることは確かであるが、その言及が間接的なものであるのは否み様もない。宣長が〈古は道といふ言擧なかりし故に、古書どもに、つゆばかりも道々《みちみち》しき意も語も見えず〉と判定を下してゐる、その範圍内に收まつてゐて、直接に「道」についての言擧げにはなつてゐない。

といふことは、實は、宣長の表現を借りて言へば、〈ことごとしくいひあぐると、然らぬとのけぢめ〉を自づからに心得てゐたことから來るので、上古には道が行はれてゐたが故に、特に言葉に出して道を言ふ必要がなく、人が道の名を呼ぶことはなかつたけれども道は現に存し履み行はれてゐた、といふ事態のありのままの反映なのである。

この判斷を肯定する場合、それではその裏を考へて、人が道について盛んに言擧げをするといふ状況は卽ち道が見失はれて、人々がそれを履み行ふ術を持たぬといふ事態を示す、といふことになるわけだが果してさうであらうか。宣長をして言はしむれば、まさにその通り、といふことになる。彼は『玉くしげ』の冒頭で次の如くに云ふ。

〈まことの道は、天地の間にわたりて、何れの國までも、同じくただ一すぢなり。然るに此道、ひとり皇國《すめらみくに》にのみ正しく傳はりて、外國《とつくに》にはみな、上古《かみついにしへ》より既にその傳來を失へり。それ故に異國《あだしくに》には、又別にさまざまの道を說《とき》て、おのおの其道を正道《まさみち》のやうに申せども、異國の道は、皆末々の枝道にして、本のまことの正道にはあらず、たとひこゝかしこと似たる所は有といへども、その末々の枝道の意をまじへとりては、まことの道にかなひがたし〉

宣長の論理は一見奇説の様に映るのだが、よく考へてみると實は少しも偏でも僻でもない。支那大陸であの様に「道」や「德」についての議論が盛んで經部・子部等に分類される厖大な聖賢達の語錄・言行錄が生產されたのは、つまりは夙に道が失はれてゐて、諸子がいくら說いても一向にそれが行はれなかつたが故であらう、とは下世話にもよく用ゐられ、流布してゐる推論である。「大道廢れて仁義あり」の老子の逆說は古往今來、人口に膾炙する所だが、有名なのはそれだけ事の眞相を穿つてゐる故であらう。

ではその「道」が漢土では口々に說かれるばかりで實踐の次元では失はれてしまつてゐると見る、その認識の根據は何か。宣長はこの點でもいとも明瞭に論斷する。〈異國には、さばかりかしこげに其道々を說て、おの〳〵我ひとり尊き國のやうに申せども、其根本なる王統つゞかず、しば〳〵かはりて、甚だみだりなるを以て、萬事いふところみな虛妄にして、實ならざることをおしはかるべきなり〉（『玉くしげ』）と。

この點でも亦、この判定を裏返してみると、本朝には道の議論がないままに道が行はれてゐるといふ事態の徵表は、皇統が天照大神の勅令《みことのり》のままに連綿として途切れも歪みもなく續いてゐるといふ、このことである。〈此勅令はこれ道の根元大本なり〉（『玉くしげ』）、世の中の全ての道理、人の道は神代のままに（卽ち惟神の道として）今でも健やかに行はれてゐる――。

『玉くしげ』からは引用しておきたい章句が更に多くあるのだが、これ以上はまあ控へておかう。宣長の立論は、事態の經過說明としては洵に危ふ氣のない、明快で懇切なものである。だが我々としてはそこをもう一日盛問ひ進めたくなる。卽ち我が國では道についての言擧げが聲高になされることなきままに、惟神の道が言はば「默々と」履み行はれて來た。このことを可能にしたのは畢竟蒼生の衆庶に自づからに具はつてゐた、道に對する畏敬の心である。人々は極めて素直に〈天皇は神にしませば……〉の姿勢を見習つてゐた。彼等は惟神の道がそれに支へられて遙かなる太古から現時まで遠く連る象徴の體系を解讀するだけの鋭敏な感性を有してゐた故に、聲と言葉による言説を用ゐなくても、この道の方向を見定め、その路程を辿ることができた。鋭敏な感性とは云ふが、それはその基盤に神の道の聖性に對する畏敬の心といふものがなくてはあり得ない感受機能である。論理の順を追つて言へば、神道を可能にしてゐるのは、つまる所日本民族の上古からの民族性として血の中に承繼がれて來た、この聖なるものに向けての畏敬の心ではなかつたか。

五　エリアーデを借りて、homo religiosus としての日本民族

扨、以上に記した所を、これは神道といふ信敎體系の構造を自分なりに分析し理解してみようとした試みの原案の如きものなのだが——と、或る若い研究者に話してみたところ、彼は多少憐む如き蔑む如き表情で、——汝の考へた様なことは夙の昔に先人が考へてしまつてゐる、之を見よ、とて何やら筆者には魔法の様に思へる電子機器を操作して十枚足らずのプリントを取出して手渡した。見れば A Synopsis of Eliade's The Sacred and the Profane[14] と題する論文體のものである。何だ、エリアーデか、とつい口に出したが、實はこの高名な著者の小ながら代表的著作となる『聖と俗[15]』を筆者はまだ讀んでゐなかつた。ともかくも先づ、といふことでそのシノプシス（要約）に眼を通してみると、忽ちにして、なるほど、と思はざるを得ない説明につき當る。曰く、エリアーデのこの著作を理解するための三つの標識語は the numinous, hierophany, homo religiosus である。エリアーデはR・オツトーが名著『聖なるもの[16]』（一九一七）によつて企てた、人間の宗教的體驗の本質についての解明の試みに共鳴し、且つその「聖なるもの」の全體像を

別途から把握するために「俗なるもの」との對比といふ方法を以てした。そして彼なりのその構想の中での「聖なるもの」を人間が體驗する際の構造を分析する手がかりとして上記の三つの範疇を提起した、といふのである。

筆者が、神道といふ信教體系の成立を可能にするのは、日本民族の眼に見えぬ神への畏敬の心であるといふ時、念裡にあつたのは要するに我が民族は本質的に homo religiosus なのではないか、との假說であつた。しかもエリアーデは God, gods, Nirvana 等の特定宗教の實在觀の名を以てではなく the numinous, the sacred と homo religiosus との間の一般的關係としての人間の宗教的體驗の構造に迫らうとしてゐる。それならば彼の方法は神道研究の方便の一として有效なのではないか、との豫想が先づ浮上するのも自然であらう。

もちろんこの試みに對し筆者の覺える大いなる躊躇については正直に記しておくべきであらう。それはこの試みは所詮誰か或る先人の成した事の二番煎じといふ結果に終るのだらうことが一つ（筆者は專門學科としての宗教學に對しては全くの門外漢であり、その學界內部の既出研究實績にも全く不案內である。何しろエリアーデの原著の刊行が一九五七年、そのドイツ語版による邦譯の刊行が一九六九年、以來三十七年の間にこの邦譯版は24刷が出てゐる。如何に多くの研究者が本書を讀み、その敎示を受けて論文を著してゐるかは想像に餘る。そして筆者はそのうちの一篇をも眼にしてゐない。邦譯書自體も上記のシノプシスに敎へられて初めて手にしたばかりである）。

次に、エリアーデといふルーマニア生れのカトリック教徒の比較宗教學者の方法を借りて日本神道の構造を分析してみようといふのは、ありふれた比喩であるが、やはりインド・ゲルマン語の文法を適用して日本語文法の法則を編み上げようとする如きものではないか、との反省がある。そしてその類の方法借用は筆者の平生最も忌むところのものであるはずだつた。

この種のことについて、實はエリアーデ自身に甚だ愼重にして思慮深い見解の披瀝が見られる。『聖と俗』の「序言」の中で彼は以下の如くに言ふ。その大意を取るならば、——人間の精神は自然の現象に對し、民族や文化の差異を越えて常に同様の反應を呈する、と決めてかかるのは、タイラーやフレイザーが犯してゐた十九世紀の誤謬の線に逆戻りすることである。然し、だからといつてそれがそれぞれの民族の文化によつて、つまりは歴史によつて規定されるのであつて、そこに共通項を抽き出すことはできないと決め込むことも亦正しくない。人間の宗教的體驗の基本型の如きものは、世界の如何なる宗教を材料として試みるとしても、およそ宗教的なるものの本質にふれる抽出が可能なはずである——と。

彼のこの見解は、他でもない、以下に試みる筆者の考察によつて正否を判ずることができるであらう。（正しさが證明できよう、と言つてゐるわけではない。失敗に終るかもしれぬことを覺悟の上でのことである。）

宗教的なるものの本質を抽出し提示してみようといふエリアーデの方法に於ける三つの範疇であるが、この三つの中で筆者の主題の字眼をなすところの homo religiosus は、三十七年通用し續けてゐる邦譯本では、「宗教的人間」と譯されてゐる。確かにかうとでも譯すより他なかつたであらうし、今でもその事情は變らないかもしれない。そこに問題がある。もし英文シノプシスによつてではなく、邦譯版を通じて『聖と俗』にふれ、そしてこの「宗教的人間」なる範疇に遭遇したのだつたとすれば、筆者はエリアーデを應用してみるといふ着想には至らなかつたかもしれない。何故ならば、惟神の道を二千年默々と歩んで來た日本民族は、いづれの宗派にせよ佛教徒やキリシタンの門徒に於いてさうであつたといふ意味での宗教的人間といふわけでは決してなかつたからである。

では「宗教的人間」といふわけではないところの homo religiosus とは何か。religiosus はいふまでもなく名詞としての religio に由來する。その religio については、西洋近代語にせよ、國語のそれにせよラテン語辭典による限り、賑やかに十數語の譯が掲げられてゐて、どれがその最も本源的なものであるかの指示がない。ここでは敢へて通用期限の切れた「古い」說と思はれてゐるであらう加藤玄智[17]の言を借りて「宗敎」の語源としての religio の理解を試みよう。

加藤によれば、中世のキリスト敎神學者ラクタンティウスは religio の語源は religere で、卽ち「結びつける」であり、キリスト敎の文脈では主（神的なるものの根本概念）と人とを結びつける關係性である、と說く。他方ローマの哲人キケロは relegere が religio の前段階の概念で、卽ち對象を注視し熟慮するの意との見解を示してゐる。兩者夫々に後世贊否の說が寄せられてゐるが、加藤自身はラクタンティウスの說を妥當と見、西洋近代語に共通なる religion なる語が〈最も非宗敎的なる國民たる羅馬人の語に由來せしは如何にも奇なる現象〉との感想も記してゐる。然し一方で加藤は、古代のギリシャ人とローマ人との祭儀に對する姿勢の違ひは、ギリシャ人にとつて神々は人間の理想的本性が人間の形をとつて顯現した典型像であつたのに對し、ローマ人は〈不可思議的神力に對する畏怖の念に滿されし〉たる人々であつた、と述べてもゐる。この着眼が重要であつて、卽ちキケロが熟慮深考を語源としての religio を言ふとき、そこで意味されてゐるのは、ローマ人に於ける不可見的神格に對する畏怖の念なのである。

加藤玄智が、宗敎といふ概念＝名辭が、（キリスト敎的文脈から見れば）最も非宗敎的な國民とされたローマ人の言語に由來してゐるといふ精神史上の大なる皮肉に着目してゐるのは、我々にとつても甚だ興味深い遭遇である。何故ならば我が日本民族も、聖德太子による佛法の敎を聽くまでは、そして或る意味では佛法受容以後今日に至るまで、宗派への所屬にこだはらぬといふ意味では非宗敎的な民族であつたし、今日でも我が國土の住民の大部分が非宗敎的心性の持主であると思はれてゐる。但し、それは古代のローマ人が非宗敎的と斷ぜられたと同じ意味でさうなのであり、全て日本人は古代ローマ人と同樣の、不可思議な神の力に對する畏怖の念を生れながらにして身に帶びてゐた。その意味で、日本人こそは民族を擧げて homo religiosus＝「畏怖する事を知る人間」だつた。そして是亦今でも平均的日本人は神に對する畏怖の心情と感性とを十分に具へた民族である。

ついでに眼を向けてみると、日本人はその畏怖し崇敬する對象の神々の體系に關しても古代のローマ人と共通する點が多い。

第一に彼等も我等も家の神を有してゐる。つまり祖先（靈）崇拜といふ民族的習俗を有つ。この習俗は列島と大陸との間に文化交渉の環流が動き始めて以來、儒教と佛教の影響を受け、檀那寺や各家の佛壇の位牌といつた眼に見える形をとる様になつたが、それは日本に於ける儒教・佛教文化の様式化といふより以前に民族心理の深層に底流する祖靈崇拜の情のなせる業である。そのことは、家の神が共同體共有の祖神といふ形をとつた氏神信仰といふものがあり、それが我が民族に特有の信仰體系であることからもわかる。

第二に職業や生活の守護神がある。農業、林業、漁業、手工業といつた人間の原始時代からの生業の多種多様に應じての守護神があり、山の神、木の神、水の神、火の神といつた自然生活環境自體の神があり、又戰の神の如く、生業とはいへない、戰士といふ社會的職業にかかはる神がある。

第三に國家の神がある。ローマ人の場合、その原始時代以來の民族神はギリシャ文化の（直接には神話の）強い影響を受け、ローマ人の國家構造神話の神々はギリシャ人のそれと習合してゐるらしい不純性を見せてゐるのに對し、我が民族の國家の神は日本獨自固有のものであつて、そこに異文化による征服や支配の痕を留めてゐないことは幸ひである。もちろん神々の事蹟を語り傳へる象徵の體系の中に大陸文化の要素が混入してゐる（記紀神話に於ける淮南子の脈絡の如き）例は見られるけれども、それは神話口傳の途上に生じた文學的影響の如きもので、神々の在り方にとつての決定的な因子ではない。

肝腎なことは、日本民族の神話が傳へてゐる、上記三種の基本型に様々の變奏が付加されて展開する神々の世界が、人間にとつてやがてエリアーデの言ふ the numinous, the sacred として昇華し、夫々固有の性格のままに神格化し、そして以後長い安定を保つて今日に至つてゐるといふ、この傳統の姿である。

日本の神々はその發生期に於いては、まるでギリシャ神話の神々の如く、現實の人間世界の喜怒哀樂愛憎欣戚をそのまま投映して造型されたらしく見える、生々とした人間的な活躍ぶりを見せてゐる。ところがこの人間とよく似た姿の神々が、一旦神として人間の祀りを受ける様になると、一轉してローマ人の神々にも似た、人間の畏怖崇敬の對象となり、卽ち神になる。

そこで、日本人の「神」とは何か。話がここまで來れば、本居宣長の『古事記傳』中の語釋(18)を借りて論を立つべきこと、これはもう不文の約束の如きものであらう。そこで同書三之巻の「神名」（かみのみなは）以下、長文に亙る插入注部分は省略して本文だけを引いてみよう。

〈迦微《かみ》と申す名義は未だ思ひ得ず。（注は略）さて凡て迦微とは、古御典等に見えたる天地の諸の神たちを始めて、其を祀れる社に坐す御靈をも申し、又人はさらにも云ず、鳥獸木草のたぐひ海山など、其餘《そのほか》何にまれ、尋常《よのつね》ならずすぐれたる徳のありて、可畏《かしこ》き物を迦微とは云なり。（注略）抑《そもそも》迦微は如此く種々《くさぐさ》にて、貴きもあり賤きもあり、強きもあり弱きもあり、善きもあり惡《あし》きもありて、心も行もそのさま〴〵に隨ひて、とり〴〵にしあれば、（注略）大かた一むきに定めては論《い》ひがたき物になむありける。（注略）まして善きも惡きも、いと尊くすぐれたる神たちの御うへに至りては、いともいとも妙《あやし》に靈《くす》く奇しくなむ坐《ま》しませば、さらに人の小《ちひさ》き智以《さとりもち》て、其の理《ことわり》などちへ《（千重）》のひとへ《（一重）》も、測り知らるべきわざに非ず。ただ其の尊きをたふとみ、可畏きを畏みてぞあるべき〉

なるほど神々の世界は廣大な象徴の體系を成してゐるのであるから、神々の相互の相對的關係に於いては、善惡・貴賤・强弱と様々の位階に分かれて各々の位置を保つ。然しそのいづれもが、人間と比べては隔絶して靈妙な存在であり、神々の取て以て準則とする理法は人間の小さな智を以てしては測り知ることのかなはぬ深遠なものである。人はその理法をただそれと認めて、畏れ尊ぶ以上のことはできない……。

この神々の準則たる理法のことを、エリアーデは「聖なるもの」the numinous, R. Otto の唱へるところの das Numinöse（＝das Heilige）と呼び、敢へて既成の宗派宗教的概念を以て譯すことを避けるかの様に「超越的存在」（transcendent referent）と何か無機的な説明にとどめる。この「聖なるもの」の存在と機能を感得できるだけの知性と情緒と感受性を具へた人間が卽ち homo religiosus なのだが、この「聖なるもの」が人間の經驗領域に侵入してくる時と場所は、卽ち「俗」とは一線を劃した、象徴的にでよい隔絶された聖なる時間と空間に限られよう。その様な場に於いてならば、homo religiosus たるの人間は、聖なるものの現れとその啓示・託宣を象徴的に聽き取り、卽ち聖性との交感を所謂神がかりをした如き精神狀態に於いて實現することができる。この示現と感受をエリアーデは hierophany と呼ぶのだが、この極めて「宗教的」には違ひない心理現象をエリアーデがこの「的」を付した形の名を以て呼んだことは本稿の冒頭に引いた脇本平也『宗教學入門』でも紹介されてゐる。

六　日本人と神々との關係

ところでこの hierophany といふ現象は神道の象徴體系そのものの構造を説明してゐるかの如く、我々には至つてわかり易い話と評すべきであらう。卽ち日本の神々は多くは森に棲んでゐた。森が聖なる空間だつた。森の中で人々は象徵的に神々の示現を見てとることができた。時間的には例へば夢＝寝目《いめ》の中が神の示現の時だつた。日の神の示現は朝の旭日昇天がその象徵だと見るのが最も自然である。だから太陽に畏怖の念を覺えるほどの能力を具へたhomo religiosusは拍手を打つて日の出を拜んだ。この感覺を具へた人間の類型は今日でも往々にして登山者の中に見出すことができる。

森を神の棲處であると見た古代人は、更に空間を細分し、神の示現の場として磐境《いはさか》や磐座《いはくら》を見出したり、人間の方から神の示現の場を設定しようとして標《しめ》を結《ゆ》つて神籬《ひもろぎ》を作ることもした。「やしろ」（社・屋代）や「みあらか」（御舍・御在處）は神の示現が恆常化する聖なる空間であり、卽ち神の宿り給ふ家としての神殿を建てて神を勸請するといふことも生じた。

聖なるものが恆常的に示現し得る空間としての神社が、後述する世俗合理主義からの壓迫に耐へぬいて、この平成の御代に於いても全國に約八萬の所在が數へられるといふことだが、その他に、我が民族は日常生活の到る處、あらゆる時點に於いて、一時的にhierophanyの生じ得る機緣を作り成す、不思議な感受性を具へてゐる。その機緣は、上記の磐境などもその一種と見てよいのだが、例へば一本の樹木であつたり、一掬の泉であつたりする。樹木も、所謂御神木とは限らない。庭園の中の一株の老木であつてもよいし、更に注目すべきことだが、それは繪畫に表現された、濃い霧の中から仄かに浮び出て見える松林の景であつてもよい。人がそこに單なる藝術の美以上の聖なるものの示現を感じ取る、靈妙な交感の實現は、例へば「神韻縹緲」といつた褒め詞の中に無造作に看て取ることができる。

かうしたhierophanyが實現し得る條件も亦、謂つてみれば極めて簡單なことで、それは我が民族がhomo religiosusといふ性格を有する人間集團だから、といふことに盡きる。既に別の文で度々筆者の引用するところなのだが、日本民族のこの性格が手ひどい傷を負ふより以前の、即ちさきの大戰以前の日本に駐日フランス大使として滯在した經驗を有するポール・クローデルは、大正十一年に或る日本人學生の團體に向けての講演[19]の中でこんな風に語つてゐる。〈――日本人の心の傳統的な性格とは、宗教の氣持であり、敬ふべきものを前にした時自らの個性を縮小することであり、自分たちを取巻く生物や諸々の事物に注意を向けることである、といふことを私は理解できたと思ひます。今に到るまで、皆さんの宗教は或る超越的な存在の崇拜ではありませんでした。皆さんの宗教は、それが力を及ぼしてゐる自然や社會的な場と密接に結びついてゐます。――〉原文を見ての引用ではないので、テキストの嚴密な解釋には渉らぬことにしておくが、クローデルは茲で日本人の宗教性とは或る特定の教義に向けられたものではなく、聖なるものの發現する「場」に結びついたものであり、それはその時その場で示す日本人の畏怖崇敬の念によつてそれと認めることができる、と言つてゐるのである。それはこの講演の少し前のところで彼が述べてゐる、〈宗教の目的は全て、永遠なるものとの對比の下に、精神を謙遜と沈默の態度の中に置くことにあります〉との命題に照してみれば、彼が、教義・教團の上に成立つ特定の宗教とは關係なく、日本人の對世界態度は宗教的である、との判斷を下してゐるに等しい。

偶〻クローデルの如き烱眼の觀察者が斯様な證言を書き遺しておいてくれたのは有難い事であるが、此を引用したのは、彼を唯一の證人として借りて以てこの判斷を下さうといふわけでは全くない。我々の見る神道とは正にさうしたものだ、といふまでの事であつて、聖なるものへの畏怖と崇敬の念を懷く知と情と意とを兼ね備へてゐる日本人の民族性こそが即ち神道の根據なのだ、との命題は客觀的にはクローデルの觀察に聽くまでもなく夙に成立してゐるのである。

同時に判明してくるのは、古代以來の日本の民族性と多分に共通點を有する古代ローマ人の religio を語源として成立した西洋近代語の religion が、現在「宗教」といふ譯語を得て漢字文化圏で通用してゐるわけであるが、この語は人間精神のこの領域での諸現象の說明原理としては如何にも賴りないものだ、といふことである。既成の概念規定と語史上の閱歷に束縛される限り、「宗教」なる語の內包を以て神道の性格を說明することはできない。

不用意に「宗教ではない」と言へば、葦津珍彦氏[20]が苦心慘憺の末にその「世俗合理主義的」淺薄を嚴しく批判した明治三十三年以來の日本の行政府による「神社非宗教論」に、百年後の今日から遡つて加擔するつもりか、と見られてしまふであらう。そんな役割は御免蒙りたい。

他方「神道は立派な宗教の一である」と主張しようものなら、それではマツカーサー憲法第二〇條の規定する政教分離原則が改廢されぬ限り、教育基本法に謂ふ所の公立學校に於ける宗教教育の禁止條項に基き、學校での聖なるものに對する畏敬の念を育てる教育も罷りならぬといふ、現今のこの妄狀に屈從することになる。それでもよいのか、との聲が聞えて來さうである。

この板挾み狀態は今後もなほ當分續くであらう。假令我が國民が自主憲法の制定公布に成功して、マツカーサー憲法の第二〇條三項が破棄されたとしても、例へば平成九年の愛媛玉串料訴訟最高裁判決、殊に園部、尾崎、高橋の三判事の個別意見に見る如く、國家と宗教との關係については政教完全分離が文明の理想である、といつた野蠻な妄見[21]が、我が國では既にその樣な「思想」として日本人の物の見方の中に浸透し始めてゐるからである。

憲法の中に嵌入して生き殘ることに成功した神道指令の效果として、「國家神道」といふ虛像に幻惑された米占領軍と、その權力に便乘した國內の過激「世俗合理主義」勢力とは、神社信仰の深層にひそむ民族意識を撲滅せんとして、結果的には日本人の「聖なるものに對する畏怖の心」自體の破壞に出精することになつた。それは勝者の傲りが敢へてした敗戰國國內の宗教彈壓の形をとつてゐたが、實は更に深刻な禍害、homo religiosus であつたところの日本人の民族性の腐蝕を結果する蠻行だつた。

我々日本人の二千年來の傳統的民族性はもちろんこの蠻行に劫掠し盡されてしまつたわけではない。占領の終了と共に、再生の芽は靜かに萌し始めた。然し占領後遺症といふ形での「世俗合理主義」勢力による民族性破壞活動は依然として蠢動を止めず、破壞は確實に進行してゐる。我々が日本人として將來もこの世界に生き殘り得るか否かは、homo religiosusとして我々が再生を遂げ得るか否かに懸つてゐる。

注（引用乃至言及した文獻の書名擧示にとどめる）

（1）脇本平也『宗教學入門』　講談社學術文庫　平成九年
（2）村岡典嗣『神道史』　創文社　昭和三十一年
（3）聖德太子『法華義疏』　岩波文庫　昭和五十年
　　同『勝鬘經義疏』　岩波文庫　昭和二十三年
（4）アルーペ神父他譯『聖フランシスコ・デ・サビエル書翰抄』　岩波文庫　昭和二十四年
（5）不干齋ハビアン『破提宇子』（各種版本）
（6）新井白石『西洋紀聞』　岩波文庫　昭和十一年
（7）森清人謹撰『みことのり』　錦正社　平成七年
（8）宮地直一・佐伯有清監修『神道大辭典』　平凡社　昭和十二年　覆刻版　臨川書店　平成二年
（9）北畠親房『神皇正統記』　岩波文庫　昭和九年（昭和五十年新版他各種版本）
（10）三宅雪嶺『眞善美日本人』　冨山房百科文庫『日本人論』所收　昭和五十二年
（11）クルト・ジンガー『三種の神器』　講談社學術文庫　平成六年
（12）本居宣長『直毘靈』　岩波文庫　昭和十一年　『玉くしげ』　同　昭和九年
（13）『萬葉集』巻十三　各種版本
（14）A Synopsis of Eliade's *The Sacred and the Profane* http://www.csun.edu/~rcummings/sacred.html

(15) ミルチァ・エリアーデ『聖と俗』 法政大學出版局 昭和四十四年
(16) R・オットー『聖なるもの』 岩波文庫 昭和四十三年
(17) 加藤玄智「宗敎」「ローマ人の宗敎」『哲學大辭書』所收 同文館 大正五年
(18) 本居宣長『古事記傳』 岩波文庫他各種版本
(19) ポール・クローデル「日本人の心を訪れる目」『朝日の中の黒い鳥』所收 講談社學術文庫 昭和六十三年
(20) 葦津珍彦『國家神道とは何だつたのか』 神社新報社 昭和六十二年 新版 平成十八年
(21) 政敎關係を正す會編『最高裁への批判――愛媛玉串料訴訟判決に接して――』 政敎關係を正す會 平成九年

第四章　維新と傳統
――兩概念の相互關係及びその綜合――

一　「と」の役割について

トーマス・マンは長篇の評論『ゲーテとトルストイ』の冒頭で、古今文藝の標題・論題で使はれてゐる接續詞「と」の諸種の役割と性格について丹念な考察を開陳してゐる。その着眼は特にマンの獨創といふわけのものではないが、然し何故にゲーテとトルストイといふ二人の文豪を「と」で結びつけるのか、緒言の主題をこの一點に絞つて如何にもドイツ人らしい執拗な理論構築めいたものを試みてゐるところは、文章技巧の凝り樣に常に一方ならぬ意を注いでゐるこの作家の面目がよく表れてゐる、面白い一節である。マンの獨創といふほどではないと言ひ乍らも、筆者が同じく接續詞「と」の使ひ方に、かなり氣を遣ふ、少なくとも文を綴る度にそれに對して「意識的」にならざるを得なくなつたのは、やはりマンの一文に影響されての後のことではないか、といつた自覺がある。

或る研究機關に在職中、連年共同研究の主題を選定してはそれに添つて逐次研究會を主宰し、年度末には成員各自の研究報告を提出して貰つて一卷の論文集を編纂する、といふ役割を筆者は七年間務めてゐた事がある。その時にも

「意識して」接續詞「と」で結びつけた二箇の研究概念を一組として主題に設定する事が多かつた。曰く「傳統と前衞」「古典と先達」「言語と形象」、又曰く「普遍文明と固有文化」「（藝術表現に於ける）時間と空間」等々である。かうした問題設定に傾いた動機は、共同研究としての外枠を守る必要上、成員の誰しもが共通の統一主題に基いて研究成果を提出しなければならない義理に縛られるのだが、二つの概念を組合せて提示しておくとその主題の共有性が甚だ廣くなるからである。算術的には二倍に擴大されたと見えるが、實は二概念を竝列的に捉へるか、對立的に捉へるか、或いは影響・被影響等の比較關聯として扱ふか等々で、個々の研究作業＝論文の包容量は單一主題を提示する場合よりも數倍に廣がる。碎いて言へば、なるべく多くの人が自分の現在の關心との接點を何らかの形で把握するには、「と」で結ばれた二項一組の研究主題は甚だ取り付き易い寬容性を持つ、とでも言へばよいであらうか。

右に記した用例からも容易に窺へることだが、「と」の有する接續機能には、大きく分ければ同類語の竝列か、對立概念の對照かといふ二類の用法があり、前者は更に二語の對等の竝列、高下の順位を帶びた意味上の主從關係にある二語、羅列された複數語群中の上位二語、相互補完關係にある二概念等といつた區分けが想定できよう。意味上の對立概念を成す二語の組合せの中にも論理的に相容れることのない嚴しい不兩立關係から修辭法上の對照效果を擔つた場合や元々止揚を前提とした假の反措定等の緩急の諸段階が考へられよう。

扨そこで、「維新と傳統」といふ竝列に於けるこの「と」の機能はどういふ性質のものと見るべきだらうか。この場合の「と」は上下の二語をどの様な關係に置かうとしてゐるのか。對立か、高下の序列か、異類の二物の强引な接合か、將又或る總合を目指しての相互補完なのか。一見意味の薄いこの樣な修辭法上の接近を以てしても、ここに暗默に要請せられてゐる現實歷史の上での設問に答へてゆく一の回路は示唆されてゐる樣に思へる。

「傳統」概念との關聯に於いて「維新」を考へる時、缺かすことのできない前提的作業は、「維新」と「革命」との異同を明らかにしておくといふことであらう。

二　「革命」との辨別

本稿で設定した主題としての「維新」の文脈は、現實の歴史上の事件としての明治維新を指してゐるのだが、普通名詞としての「維新」は『詩經』大雅・文王篇の〈周雖舊邦、其命維新（周は舊邦なりと雖も其の命維れ新たなり）〉を最初の用例とすること、どの漢和辭典も一致して擧げてゐる、謂はば定說である。この成句の中の〈其命〉とはやはり「天の命」であつて國主の統治權であり、そこに基礎を置く一國の政治體制であるから、「革命」といふ時の「命」と同義である。但文字の表面だけを見ても〈維れ新たなり〉には天命革《あらた》まる、もしくは天命を革《あらた》める、といつた強力による變革の動きの含意はないのだから、維新と革命とは字義からして別概念であることが明らかだ。

語史の面から見るとこの異同は更に顯著になる。『論語』の最終章「堯曰第二十」は〈堯曰く、咨爾舜、天の厤（曆）數は爾の躬《み》に在り〉といふ聖王堯から次の王位の繼承者舜に向けての宣示で始まるのだが、この一句は（筆者が萬全の信賴を置いてゐる）加地伸行氏の譯[1]によれば、〈あゝ、汝舜よ。天命による統治の大權（天の曆數）は、これから汝に移る〉となつてゐる。卽ち天の命が革まることによつて統治の大權が次の帝位繼承者に移る、或いは言ひ換れば、統治大權保有者の交代は天の命の革まつたが故である、との說明は全く儒敎的・支那的な王權交替についての說明論理である。

ところが、西洋史に於ける la Révolution française, the French Revolution をフランス革命と譯してそれが定着して以來（この譯それ自體は最早動かすことのできない定譯であらうが）、日本人の「革命」觀に或る微妙な異分子が混入することになつた。

英・佛語の revolution（動詞形では revolt, se revolter）は元來叛亂・暴動・謀叛等と譯すのが普通である。獨語では「革命」は英・佛語を借用して濟ますことが多いが、本來の獨語を求めるならば、顚覆（させること）を意味する Umsturz で、暴力による政體變革であり、英・佛語と同じく非難の意味合ひがついて廻る。國語でも此を謀叛と譯したとすれば「律」でも八逆の一とされる國家叛逆の罪を指すことになり、非難・糾彈の語であるとの印象は避けられない。

ところが、一七八九年に始まつたブルボン王朝治下のフランスの內亂の場合が代表的だが、溯つて一六四二年から四九年にかけてのイングランドに於けるオリヴァー・クロムウェルを首謀者とするステュアート王朝に對する叛亂に他ならぬ國內戰、謂ふ所の the Puritan Revolution をも「淸敎徒革命」と譯して日本國內の西洋史學界に定着させるといふことが生じた。その他にも幾多の似た樣な例があり、それを以て日本では西洋史に於ける數々の國家叛逆・暴動・一揆等の騷擾事件を、天命といふ「義」を戴いた正義の志士達の憂世の行動であるかの如くに看る解釋が正統として罷り通る樣になつた。

「革命」の名を以てしての度重なる國家叛逆の歷史をそれとして是認し肯定する如き歷史觀は、何處で、何時頃成立したのか。事細かな穿鑿に及んでゐる暇はないのだが、概して言へば、それは「歷史は進歩する」といふ觀念の所產と見てよいであらう。斯かる觀念の淵源も亦當然複數考へられるのだが、代表的一例を擧げるとすれば、世界史を理性による自由の實現の過程なりと揚言したドイツ觀念論哲學の重鎭ヘーゲルの『歷史哲學講義』[2]を名指すのが常道であらう。然し日本の史學界にはヘーゲルの直接の影響によつて進歩史觀が成立したわけではない。或る意味ではより穏當な形で、卽ち、文明の知的・合理的進歩といふ現象に強い關心を抱いた啓蒙家福澤諭吉の『文明論之概略』が明治初年の日本人の歴史觀の最高の教科書だつた。だからその限りでは福澤といふ人物の幅廣い教養と人柄の影響もあつて、當時の人々の歴史觀は至つて健全であり生産的だつたと見ることができる。

福澤の影響より少し遲れて、明治前半期の日本では東京帝國大學を窓口としてスペンサーの『社會進化論』の流入・普及が始まる。いつたいスペンサーの思想は明治日本の學問世界に對し、歴史の進歩を謳歌する樂天的な激勵として作用したのか、それとも西歐文明の將來についての悲觀から發する保守層に向けての急進を戒める忠告の方が重要な貢献だつたのか、慥かにその兩面があつて一概に評價することはできない。それだけに我が國の近代思想史に於けるスペンサーの意味づけは再檢證を必要とする面白い問題(3)であるが、此も本稿で直ちにそこに踏み入ることは紙幅が許さない。但彼の社會進化論は、その本家ともいふべき生物學上のダーウィニズムと略時《ほぼ》を同じうして我が國に紹介され始めてゐたのだから、「歴史は進歩する」といふ近代人の思考もしくは「思ひ込み」の枠組みを形成するにはやはりかなりの役割を果したと見てよいのではないか。

扨、この「思ひ込み」が定着し、學界・思想界乃至知識人一般にそれが廣く普及したとするとどうなるか。論理の自然として、「革命」とは實は國家反逆といふ八逆の罪の一であるといふ思考聯關は人々の腦裡に浮んでは來ず、それは歴史の進歩といふ長い過程の中での一つの飛躍であり、歴史の最終目標に向けての人類の緩慢な歩みの中での一歩跳躍といふ急進部分だといふことになる。その意味づけは端的に「善」であり、その際に喪はれた人命も貨財も、或いは直接眼には見えない精神的價値についての損失も、歴史の進歩といふ大なる目的の達成のために捧げられた已むを得ざる犧牲であり、文明の價値增進のためのコストである、といふことで片づけられてしまふ。

西洋史に於ける反政府・反王室分子の叛亂や大衆の不滿の爆發である政府顚覆暴動などを、「革命」と呼ぶことで正當化してしまつた近代日本人の進歩史觀の誤りは、それでは元來が「革命」といふ語の眞義を誤解したことに起因すると見てよいのであらうか。「革命」の語義が卽物的には〈天命の革まる〉であることは誰にでも分る、歴史的說明不要の「讀み方」にすぎないが、この語の內包を日本人に對して深く理解せしめた、少くとも考へさせる樣に仕向けた契機は、やはり『孟子』のよく知られた一節「梁惠王章句・下」の次の章であらう。筑摩書房版「世界古典文學全集」が收める所の『孟子』の本文により、筆者の見を加へた形で引用すれば次の如くである。

齊の宣王問うて曰く、湯、桀を放ち、武王、紂を伐つ。諸《これ》有りや。孟子對へて曰く、傳に之有り。(王)曰く、臣、其の君を弑す、可なるか。(孟子)曰く、仁を賊《そこな》ふ者、之を賊と謂ふ。義を賊《そこな》ふ者、之を殘と謂ふ。殘賊の人、之を一夫と謂ふ。一夫なる紂を誅すると聞くも、未だ君を弑すとは聞かざるなり。

口語譯は各種の版本[4]に見られる所であるから、それをもここに引用することは不要であらう。讀解のみを示すとすれば、孟子の說は以下の如くとなる。

周の武王は前王朝殷の紂王を討伐したと史傳には載せてある。これは臣下が王を殺したのだから弑虐の罪を犯したものである。宣王は、そんな事が許されるのか、との當然の疑問を懷いて孟子に可否を問ふ。孟子の所見では、仁と義の德を蹂躪するの徒は殘賊である。殘賊の徒は一箇の匹夫にすぎない。紂王は仁・義をそこなつた殘賊であるから、假令身は王位に在らうとも匹夫でしかない。史傳は匹夫である紂が誅殺された事を記してゐるが、臣が君を弑逆したとは書いてゐない——。

此は實に昂然たる革命肯定の思想である。革命の行動を是認するか否定するかは、一にかかつて「義」の存否にある。孟子はここで仁の道を蹂躪した者をも賊と呼んでゐるが、一語にまとめて言ふとすれば「義」と定義しておいてよいであらう。義を害《そこな》ふ者は卽ち賊であるから、此を放置するのは同じく義の賊害に加擔することになる。此を誅伐することこそが義の擁護である。否定の否定は一段と高き肯定であるのと同斷で、玆に所謂革命の大義が成立する。

然し孟子の革命肯定の論理は、これを語った「梁惠王章句・下」の諸章が新興國齊の第二代宣王の覇權主義、北隣の燕國に向けての野望の下心に應へての答申であるといふ文脈から見ても既に明らかな如く、戰國時代の覇者にとつて好都合の答辯である。佞辯とまで言つては言ひ過ぎかもしれないが、元來王道主義を奉じてゐたはずの孟子の面目にも反する强辯と言へよう。船荷の中に『孟子』を載せてゐる船が日本に向ふと必ず途中で難船・沈沒といふことになる、といふ明人の口碑[5]が傳へられてゐるのも、日本人が早くから孟子の王道思想と覇權主義との間に存する自己矛盾に氣がつき、此に疑惑の眼を向けてゐた事實が大陸の讀書社會に還流してゐた故であつたらう。

戰國亂世の覇者には好都合の强辯を含むと雖も、ともかくも『孟子』は『論語』と竝んで代表的な漢土の古典である。仁と義とのためには國主の放伐をも辭せぬ、といふ革命肯定の思想はそれとして是認されて我が國の思想世界の一隅に位置を保つことになる。そして西洋史に見る國王放伐の亂逆の歴史を、「革命」（といふ支那的な）概念を適用して理解するとなれば、それは確かに歴史の進歩の一楷梯に他ならないと映る。日本には孔孟の敎が流入してより爾《この》來《かた》革命による進歩を宜しとする思想は根强く存してゐたと見ることができよう。明治維新を市民革命、而も不十分不徹底な革命だつたが故に樣々な封建時代的殘滓を內に抱へたまま富國强兵の道を步んだところに明治日本の不幸の原因がある――などといふ、凡そ「妄」の一語以て片づけるしかない日本近代史の說明が、戰後の一時期（かなり多年に亙つて）罷り通つてゐたのも、日本に元來存した革命信仰[6]のもたらした禍害の一端であつた。

三　「天命」への國學的考察

　而して右に擧げた革命信仰なるものは、底流としては戰前、大正教養派と呼ばれる人々が知識人層の主流をなしてゐた當時から、卽ちロシア革命の「成功」が、例の歷史の楷梯の飛躍的上昇の一步であるかの樣に受取られて以來、思想界の鬼子としての成長を續けて來たと言へるであらうが、それが大手を振つて表通りを罷り通る樣になつたのは、やはり先の大戰での敗戰後、米軍占領期の特徵的現象の一である。

　思ひ返すだけでも苦々しく腹立たしい占領現象の一であるが、東京帝國大學法學部敎授の宮澤俊義には「八月十五日革命說」と呼ばれる破廉恥極まる妄論まである。(7) 今ここに此を紹介することの煩と不快に堪へないので一切省略に從ふが、この醜惡な言論も、戰後の知識人・言論人が「革命」といふ概念を如何に自分の都合次第に、得手勝手に利用してきたかといふ背德現象の一端である。そしてその背後には、革命とは卽ち進步の一楷梯であり、善である、との多年の思ひ込みが伏在してゐよう。

　而してかうした革命信仰も、實は日本の近代に於ける知的傳統の斷絕といふ「負」の符號付きの思想史的現象の一環なのである。この樣に判斷する根據を以下に略述しよう。

　『孟子』を載せた船は日本に着く前に覆沒するとの巷說が行はれる樣になつたのと因果關係はないと思はれるが、『孟子』の眞の學問的研究、眞のといふのは今、文獻批判學の學理的基礎の上に立脚し、その方法を驅使して、といふことなのだが、さうした研究が我が國に出現したのは古義學の伊藤仁齋、古文辭學の荻生徂徠といふ兩碩學の業績を以てである。但、前者の『語孟字義』にせよ後者の『辨道』『辨名』にせよ、その研究の目指した所は、『論語』や『孟子』の言々句々の嚴密な字義的解釋を通じて、古の聖人・賢者が尋ね求めた所を己も亦探究する、といふ求道者的な敬虔な姿勢を以て貫かれてゐた。謂はば、古人の跡を尋ねるのではなくて古人の尋ねたところのものを後生たる己も亦尋ね求める、といふ姿勢を堅持してゐた。それは日本儒學の水準を本國の漢土より更に高次の段階に引き上げて行く營みとして立派な功業ではあつた。

ところが仁齋より約百年、徂徠より約六十年後の後生である本居宣長ともなると、學問的方法の嚴密さに於いては古學の先達たる兩者の行き方を着實に踏襲しながらも、その姿勢に於いては兩先達とはよほど違つたものになつてくる。いや學問的方法に於いてすら、宣長は、『玉勝間』の中で、自分の古學は契沖を學祖として啓かれてきた學び様である、儒の古文辭學派の影響を受けて發展したかの如く見られては迷惑である[8]と言はんばかりの自負心を少々肩肘張つた體で力說してゐる。況してや仁齋・徂徠に於いて敬虔な攻究の對象であつた漢土の聖賢の言などを金科玉條とする類の殊勝な心性を宣長は持合せてゐない。彼には、眞の「道」なるものは漢《から》・天竺では夙に滅んでしまつて、唯この日本に於いてのみ神代の昔の姿のままに今に承け傳へられてゐるのだ、との「學問的・實證的」信念[9]が確乎として存するからである。

宣長の『直毘靈』の次に引く部分から後には甚だ興味深い考察が開陳されてゐる。即ち〈抑《そもそも》吉凶《よきあし》き萬《よろづ》の事を、あだし國にて、佛の道には因果とし、漢《から》の道々には天命といひて、天のなすわざと思へり。これらみなひがごとなり。そが中に佛の道の說《こと》は、多く世の學者の、よく辨《わきま》へつることなれば、今いはず。漢國《からくに》の天命の說《こと》は、かしこき人もみな惑《まど》ひて、いまだひがごとなるをさとれる人なければ、今これを論《あげつら》ひさとさむ〉といふ次第なのだが、その宣長のあげつらひさとしてゐる以下の論旨を、少々長くなるが筆者の口語譯の試みの形で敢へて引用してみよう。

――そもそも「天命」などといふ詞は、漢土の古代に於いて聖人とされてゐる歴代の君主が、前王朝の君主を放伐してその國を奪ひ取つた後、自己の弑逆の罪をのがれようとしてひねり出したかこつけごとである。實際には、天地に心はないのだから、天が命を下すといふことはあり得ない。もしほんとうに天に心があり、道理の心得もあつて、よき君主にのみ國を與へてよく治めさせようとの才覺を働かせるものならば、周の代が終つてから後にも、又必ず聖人が出て國を治めたはずであらうのに、現にさうはならなかつたのはなぜか。もし周公と孔子の代に於いて「道」は備はつたのだから以後聖人が出現する必要はなかつたのだといふのならば、それも合點がゆかない。孔子出でて後には、その唱へたところの道が世によく行はれて國々がよく治まつたとでもいふのならばまあその様に言つてもよいだらうが、孔子の後に至つてこそ、道は廢《すた》れはてて、道の教はいたづら言《ごと》となり、國々の亂れもいよいよはげしくなつたではないか。その狀況をよしとして、以後聖人をうみ出すこともなく、國々を襲つた災禍にも眼をくれず、遂に秦の始皇帝の如き暴君に天下を與へて人民を大いに苦しめたといふのは、いつたい天の如何なるひが心か。何ともいぶかしい次第ではある。（宣長の行文は少々執拗く、くどいので途中一部省略して、）後の世になると人の知恵も少しはひらけてくるから、國を奪つておいてこれが天命だなどといふ（卽ち「革命」）僭主の言分を人々も信用しなくなつたが、さうなるとうはべは讓らせておいて（「禪讓」を裝つて）實は强奪だといふ例も生じ、それをもよからぬことといふ說も出されるが、實は古代の聖人とされる君主の例（堯・舜・禹等の禪讓による帝位繼承）も實體はそんなことだつたのではないか。後の世の覇者達が天命を奉じたといふ言分は信じないが、古代の王達の稱する天命は信ずるといふのはいつたい如何なる錯迷なのか。昔は天命が下つたが後世には下らなくなつた、といふのもをかしなものではないか……。

以下は少々くどいので省略するが、宣長が「天命」の說を論破してゆく、その理詰めの論法は、恰も新井白石がイエズス會士シドチと對決し、相手の說く天地創造・萬物主宰の主《あるじ》デウス＝ゴッドの存在といふ教義を整然と論破してゆく、その際の論理堅固な口調と極めてよく似てゐるところが我々には甚だ興味深い。

右に引いた部分と同じ趣旨の考察を、宣長は『直毘靈』より十五年程後の著作である『玉くしげ』の中で、唯一節に壓縮した様な形を以て反復して述べてゐる。此は原文を引いてみよう。曰く〈……しかれども因果應報の說は、上に申せるごとく、都合よきやうに作りたる物なれば、論ずるに及ばず、また天命天道といふは、唐土の上古に、かの湯武などの類なる者の、君を滅して其の國を奪ひ取る、大逆の罪のいひのがれと、道理のすまざる事を、強ひてすましおかんためとの、託言《かこつけごと》なりと知るべし〉と。

是に由つて見れば、宣長は、革命といふ字遣自體が、王位簒奪者や民衆煽動家が己の叛逆の罪に對する良心の疚しさを押隱すための自己正當化の託言にすぎないことを見抜き、斷罪してゐる。革命といふ驕語についての宣長のこの見識は明治啓蒙期の知識人達には傳はらなかつたし、大正教養派の中の進歩主義史觀を奉ずる一派には更に完全に忘却されてしまつてゐた。

宣長の考察が明治文明開化時代の知識人にとつて耳遠いものになつてゐたのは致し方ないとしても、安政の大獄に斃れた吉田松陰は明治の知識人にとつて甚だ身近な、時代の直接の先覺といふ存在だつたのだし、その『講孟餘話』は多くの維新の志士達の胸裡に深く刷り込まれて維新運動の精神的原動力の一環を成したものである。そして野山獄に捕囚中の松陰も亦「梁惠王下」の「湯武放伐」の章[10]は注意深く讀んだ（安政二年七月十七日の事と明瞭に記録されてゐる）。そして〈…其人職に稱《かな》はず、億兆を治むること能はざれば、天亦必ず是を廢す。桀紂幽厲の如き其人なり（引用者注、桀は湯に放伐せられた夏の最後の王、紂は武王に放伐せられた殷の最後の王、幽・厲は共に東遷前の周の王）。故に天の命ずる所を以て天の廢する所を討つ。何ぞ放伐に疑はんや〉と一往天命・革命の史觀を是認しながら、〈本邦は則ち然らず。天日《あまつひ》の嗣《ひつぎ》永く天壤と無窮なる者にて、此大八洲は天日《あまつひ》の開き給へる所にして、日嗣《ひつぎ》の永く守り給へる者なり。

故に億兆の人宜しく　日嗣と休戚を同《おなじう》して、復た他念あるべからず〉と、決然として書き加へる。卽ち革命史觀は我が國體には到底適用すべくもない夷狄の異端史觀であるとの斷定を躊躇しなかつた。然し松陰のこの烈々たる氣魄も西學流入の滔々たる時流の中でやがて相對化されて行つてしまふ。

四　傳統を斷絕から護る「維新」

元來「叛逆・王位簒奪」の意味である西洋近代語の revolution の譯出に、儒教的史學の用語である「革命」といふ漢語を以てしたのは、デウス＝ゴッドに「神」といふ譯語を充てた例にも匹敵する取返しのつかない誤譯であつた。少々意味は狹くなるが「放伐」ならまだしも現に見る如き視覺の溷濁は防げたかもしれないが、今更それを論《あげつら》つても仕方がない。但、本居宣長の樣な先達の苦心の省察を新たに思ひ起すことで、我々現代人は、「革命」といふ語に纏はる本質的な如何はしさを、日本人は二百年の昔から正確に認識してゐたのだといふことを知り、その認識を世人が分有してゐないのは、宣長の開いた學問の傳統を繼承できてゐないといふ一種の缺如狀態にあるに過ぎないのだ、といふことを改めて知るのである。

『玉くしげ』が明快に斷定してゐる如く、天命が革《あらた》まつたといふ言分が自己の叛逆の罪の正當化でしかないのだから、是を以て必然的に、放伐を受けた前代の王朝の政治はその理念も實踐も共に否定される。そこに生ずるのが傳統の斷絕である。用心深く言へば、この斷絕とは前代の傳統、その體といふべき政治理念、用といふべき實際の政治體制が完全に無に歸するといふ事態のみをさすのではない。統治權者が替つてもその國の人々の念裡に前代の記憶はなほ殘つてゐるのが普通であらう。だがその記憶が新しき覇者の情報操作によつて稀釋されたり歪曲されたりして、その最も本質的な部分が傳承されてゆかず、やがて忘却に委ねられる。さうした狀態をも含めて傳統の斷絕といふと定義しておかう。

それにしても、革命と傳統とが全く相容れることない反對概念、冒頭に記した如き「と」の分類を以て言へば、互に他を否定しあふ、妥協の餘地なき敵對概念の組合せだといふことは明らかである。

歷史術語としての「革命」について一種なくもがなのつまらぬ穿鑿に紙幅を費したが、それも明治維新を西洋の進步史観の色眼鏡を透して見るばかりに、此を市民革命の一種と看做し、そのことから生ずる價値尺度を以て維新の歷史的意味を測定する様な歪《いび》つな視覺とは斷乎訣別したいと思ふ故である。革命が傳統の敵對概念である以上、傳統と密接不離の關係を有する維新が革命とは是亦到底竝び立つことの出來ない概念であることも、反射的に明白になると言へよう。

傳統を否定し、破壞することによつて成立する革命とは對照的に、維新が「維れ新たなり」の謂である時の、或いは「維れ新たにす」といふ時の、新たになる、乃至なすべき對象は傳統である。そこで、明治維新が目指し、且つ實現した傳統の刷新・再生とは具體的には如何なる現象だつたのであらうか。

誰の眼にも歷然として明らかな政治體制の變革は、慶應三年十月十四日の德川慶喜からの大政奉還の上奏を受け、十二月九日に王政復古の宣言が出されたことである。翌慶應四年三月十四日、五箇條の「御誓文」が公布される。その第四條は、〈一、舊來ノ陋習ヲ破リ、天地ノ公道ニ基クヘシ〉といふのであるが、この箇條が王政復古の大號令に照應するものであることは、定說となつてゐるか否かは知らないが、略間違《ほぼ》ひのない解釋とみてよいであらう。

「舊來ノ陋習」とは、端的に言つて、武家が政權の中樞に居て、天皇は現實政治の機制から疎外されてゐるといふ、幕府政治の體制である。それは頼朝が征夷大將軍の宣旨を受け、鎌倉に幕府を開いて全國統治の實權を把握した建久三年（A.D.一一九二）以來六百七十年餘り續いた政治の機構である。この長い歳月を顧みるならば、全國の武家の總元締、所謂棟梁としての大將軍に、從來律令體制下にあつた全國の土地管理の政務を執らしめるといふ幕府の機構の成立自體が、既に「武家政治」といふ異形の政治形體の固定化であつた。

然し、天皇ならぬ征夷大將軍が國家統治の大權を保有するといふ形は決して邦家本來の傳統ではない。將軍は畢竟は天皇の任命によりてその職位にある官吏の一種であり、國君の臣下である。臣下が君として仕ふべき天皇を差措いて、國政の實權を握るといふ形は、假令その任に當つた大臣が如何に公正且つ精勵に任務を執行しようとも、所詮國體の本來の姿ではない。卽ち此を呼んで言ふならば發足以來是正されずに過ぎてゐる陋習である。そこで維新の時至るとなればその陋習を破却して天地の公道に基く姿に戻ることが要請される。天地の公道とは何を以てそれと稱するのか。それが國體の傳統に他ならない。斯樣な聯關が存在する。

王政復古の大號令が六百七十年ぶりで國政の本來の面目を取り戻したとは言ふが、國體の傳統はこの長い歳月を眠り續けてゐたわけではない。承久三年の後鳥羽院による執權北條義時追討の擧兵は、院の側が如何にも道理を缺いてゐたが故に、歴史上承久の「變」といふ芳しからぬ呼び方で片づけられてしまつてゐるが、その志を汲んで言へば、これも明らかに失はれた皇室の傳統を再興せんとの維新の試みであつた。

後醍醐天皇の企てられた幕府討伐の計畫が正中の變、元弘の變と二度に亙つて挫折した擧句に辛うじて短い期間の建武の新政を實現し得たのも、同じく傳統の要請に應じての維新の試みである。

南北朝の竝立といふ異常事態が收拾され、足利氏が再度武家政治の體制を固めてしまつて以降、朝廷側には最早天皇親政の傳統を維れ新たにするだけの力は盡きてしまつた。といふより度重なる維新の挫折に學んで愼重を期するといふ姿勢を取られる様になつた、と見るべきであらう。

南北朝の合一といふ政治的解決を、南朝方の維新運動の斷念とみるとして、そこから幕末の王政復古まで四百七十年餘りである。この年月の間に、武家政權は今や自己の正統性に疑ひを懷かなくなつてゐた。さう見るとして、この公武の位置逆轉の「陋習」が罷り通つてゐた期間も餘りに長い。但感嘆すべきはこの五百年に近い歲月、いつか傳統を復活させようとの維新の志の記憶が遂に消滅することなく、生命を保ち續けてゐたといふこの事實である。現實行動としての維新の企てはなかつたが記憶は生き續けた。行動を起すには至らなかつたが、維新の志を意識の奥に藏し、決して忘れまいとする精神の運動は、長い武家政權支配の時代を深層の伏流として絕えることなく流れ續けた。その底流が時に水壓を增して時代の表層に噴き出し飛沫を上げて搖れ動くことも生じた。さうした奔騰現象の最大なるものが水戶學の勃興である。

思想史の學としての見地からすれば、水戶學の興隆の分析的說明は興醒めなほどに既に十分に與へられてゐる。故にその關聯には論及することを避けるが、唯一事、この學派の學祖ともいふべき德川光圀が元祿五年八月、湊川の楠木正成一族の自刃して果てた所とされる地に「嗚呼忠臣楠子之墓」を銘とする墓碑を建立せしめた事蹟などは、右にいふ維新の志への想起の象徵的出來事であるとして敢へて擧ぐべきであらう。

そして周知の如く、楠公の墓碑が建てられたゆかりの地に、明治五年に湊川神社が創建され、別格官幣社といふ社格を賜る最初の例となつた。楠木一族の維新の志は歷史の記憶の中から立派に蘇り、現實の維新現象のさ中に、神社といふ形を取つて再生した。楠公への崇敬といふ精神傳統も亦この時に維新を遂げたといふことができよう。

この様に見てくる時、標題に拘泥《こだは》つて言へば、維新と傳統といふ時の「と」の役割は今や明らかになる。維新といふ現象は悠久の傳統が存する所に於いて初めて發する行動である。傳統の無い所、傳統が滅び忘れられてしまつた所には、維新の必要が無い故に維新といふ行動は發現しない。傳統は維新の存在根據である。そこまで言へば、論理の必然として、維新といふ呼聲が揚つた以上は、その行動を必要とした傳統が存したはずだ、といふことになる。卽ち維新といふ現象は傳統の認識根據の一つである。

此を以て拙稿の論理的結論とする、といふだけでは少々面白くない。現實には、傳統は度重なる維新の試みによつて加齢から來る疲労を癒され、賦活されるといふ事態があつてこそ、永い年月命脈を絶やすことなく生き續けた、と言へるのであるし、又一方、凡そ維新といふ名の再生・復活の運動は長い傳統の要請・催促を受けたが故に發動したのだ、といふのが歴史の經驗的事實である。

この因果的聯關に思ひを凝らしてみると、やがて我々の聯想を誘はずにはおかない一事がある。卽ち式年遷宮の歴史である。

式年遷宮の事業が完成し、舊の殿地に新しい社殿が誕生した時、そこで更新されたのは社殿の外的な素材《マテリア》である。この素材の更新を以て、然し內的な形式《フォルム》は前代からの連續を達成し、形式とそれに宿る生命とは、これによつて不變の傳統に連なつたといふ事實を立證したことになる。

神宮に於ける民族の祖先神の祭祀が、原初の形式を損ね失ふことなく、悠久の傳統として永續してゆくためには、時々の維新の營みが必要である。その〈時々〉を意識化し、覺え易い様に規則的に行ふとすれば卽ち式年の思想が發生する。祭祀傳統に於ける維新の發想を、時間的にのみならず、祭祀を構成してゐる各種の形式《フォルム》に迄及ぼしてゆくとすれば、遷宮の儀は卽ち建築の技術とそれを支へる素材としての造林の技術、供御のための祭具・衣裳・什器萬般に亙る美術・工藝の技法、神饌に關はる農産・漁撈の食文化と慣習等、凡そ衣食住の全ての領域に亙つての民族傳統の想起＝再確認を果すのに最もよき機會である。斯くて、傳統を再確認し賦活する維新の營みとしての式年遷宮の祭儀それ自體が又一種高次の傳統となり果せて、現在既に千三百年の歳月を經た。そして現在我々が第六十二回式年遷宮の盛儀〔平成二十五年十月〕に向けての應分の努力を捧げたいと考へるとすれば、是も亦悠久の傳統を守り抜くための維新の志の一端を擔つてゐると考へてよいわけである。

注

（1）　加地伸行全譯注『論語』〔講談社學術文庫　平成十六年〕四四四頁。

（2）　ヘーゲル『歴史哲學講義』長谷川宏譯〔岩波文庫　平成六年〕上巻三九頁〈精神は自由だ、という抽象的定義にしたがえば、世界の歴史とは、精神が本來の自己をしだいに正確に知っていく過程を敍述するものだ、ということができる〉。その他幾つかの箇所にこの思想が語られてゐる。

（3）　この問題は山下重一『スペンサーと日本近代』〔御茶の水書房　昭和五十八年〕に一往滿足のゆくほどに入念に、既に論じられてゐる。敎へられる所が多かつた。

（4）　例へば講談社學術文庫版・穗積重遠『新譯孟子』の譯文が甚だ親切でわかりやすい。

（5）　國史大辭典によれば、この言ひ傳へは明代の謝肇淛の著なる『五雜俎』から出てゐる。同書は萬暦頃の成立だが日本では寛文元年（A.D.一六六一）に和刻本も刊行され、雜學的知識の情報源として廣く讀まれたらしい。

（6）　葦津珍彦「萬世一系と革命說」（『葦津珍彦選集』第一巻一六二頁）によれば山岡鐵舟は明治維新のことを〈慶應戊辰の革命〉と記し、この文脈での「革命」の語を頻用してゐた由である。但しそれは戰後の史學界の用ゐた意味に於いてではなく、官軍による倒幕の武力行動を山縣大貳流の日本式放伐革命であると理解したことによる修辭であつた。

（7）　宮澤の八月十五日革命說の辯妄には既に法學・政治學の領域から諸家の論が出てゐるが、筆者も昭和六十一年刊『今上天皇論』〔日本敎文社刊〕の中で一章を設けて、その變節の病的心理に分析を試みてゐる。

（8）　『玉勝間』八の巻「ある人のいへること」

（9）　『直毘靈』『玉くしげ』に於ける宣長の、又『西洋紀聞』に於ける新井白石の、或る意味で驚くほどの論理的・合理主義的思考とその論法については、拙著『日本に於ける理性の傳統』〔中央公論新社、平成十九年〕の第十三章「朱子學的世界說明・白石」と第十五章「本居宣長の思想鬪爭」の論述を參照して頂ければ幸ひである。

（10）吉田松陰『講孟餘話』（廣瀬豊校訂・岩波文庫　昭和十一年初版）三四頁。

第五章　教育に於ける道德と宗教
——二者の辨別は必須にして且つ可能なるか——

一　憲法と教育基本法の怪

知育・體育と併せて、凡そ教育といふ領域の中での最も重要な柱の一つである德育について考へようとするとき、この主題の內部での道德と宗教の關係がどうなつてゐるのか、又はどうあるべきか、といつた問を避けて通ることはできない。といふのは、現在の學校教育制度に於ける初等中等の普通教育段階で、道德教育は正課の教科としての地位を保つて授業が行はれてゐる（その內容や實踐の樣態に何かと疑念を呈されてゐることはあるが）わけであるが、顧みれば昭和二十二年三月に現行の日本國憲法より一箇月餘り先行して施行された教育基本法は、平成十八年十二月に實に六十年ぶりにその基本的な性格に改定を加へられるまでの長い期間、教育の目的といふ基本項目の中に德育を掲げてゐなかつた。前文と十一箇條に亙る本文の何處にも、道德といふ二文字を見ることのない、その意味でも不思議な教育法典であつた。

第九條なる宗教教育といふ規定は更に面妖な文言であつて、〈宗教に關する寛容の態度及び宗教の社會生活における地位は、教育上これを尊重しなければならない〉といふのであるが、これは教育といふ領域を宗教のそれよりも上位に置き、上から下を見下す態度を以て、寛容と尊重を說いてゐるといふ倒錯を犯したものである。本條の②項は〈國及び地方公共團體が設置する學校は、特定の宗教のための宗教教育その他宗教活動をしてはならない〉といふものだが、これは憲法第二〇條③項の規定をほとんど同じ文言を以て繰返しただけのものである。これは凡そ宗教教育とそれに伴ふ宗教的行事への生徒の參加義務付けがあつてよいのは各種宗教組織・團體が設立した學校、いはゆるミッションスクールに限り、國立や縣・市・區立を含めての一切の公立學校では宗教教育・宗教的行事をしてはならない、との禁令である。この禁令にひそむその立法者意志の在處を問ふとすれば、それは昭和二十年十二月十五日付米占領軍總司令部の下令した神道指令に他ならず、目的は學校教育から神道に基礎を置く德義の教訓を一切追放するといふ、日本國の精神的解體といふ占領方針の一環に他ならないものだつた。神道と特定して名指しするのはさすがに憚られ、〈宗教〉と一般化して呼んでゐるが狙ひは專ら神道であつた。

故に、昭和二十七年四月の平和條約發效、日本國の獨立主權回復と共に占領政策の一項目たる神道指令は自然に失效したのであるから、この第九條も禁令としての效力を失つたはずなのだが、何分その②項が憲法二〇條③項と同文であり、憲法を改正しないかぎり教育基本法のこの部分もそこだけを改變することはできない構造になつてゐた。

平成十八年十二月十五日付（奇しくも六十一年前の神道指令の下令と同じ日になつた）で成立した新教育基本法では、その第二條〈教育の目標〉の第一項に〈幅廣い知識と教養を身に付け、眞理を求める態度を養い、豐かな情操と道德心を培うとともに、健やかな身體を養うこと〉といつた形で、漸く道德の二文字が法典の中に採り入れられ、ともかくも趣旨としては知育・德育・體育の三本柱が公認された形になつた。

而して新たに第十五條として編纂された宗教教育の項は舊法の第九條と比べる時、〈宗教に關する一般的な教養〉

をも〈教育上尊重〉の對象とする、との一句が插入されただけであり、且つこの文言も、宗教についての一般的教養、といふことは宗教についての知識を授けることを承認する、といふ意味までの改善であつて、教育基本法改正促進委員會が提案してゐた〈宗教的情操の涵養は、道徳の根底を支え人格形成の基盤となるものであることにかんがみ、教育上特に重視するものとする〉といふ、謂はば宗教教育そのものを公認するとの趣旨は通らなかつた。のみならず、國公立の教育機關が宗教教育その他の宗教活動をしてはならないとの禁止條項は舊教育基本法九條②項の文言を一字も變へることなく新法に採用されたのだから、新法が尊重を謳つてゐる〈宗教に關する一般的教養〉は宗教についての謂はば宗教學的知識のことであつて、宗教による情操教育のことではないと念を押された樣なものであつた。

二　新渡戸稲造『武士道』の失考

かうしてみると我が國の學校教育に於ける徳育の分野は、依然として占領政策の餘殃の影響下にあり、國公立の教育機關に於いては宗教教育の要素を抜きにして道徳教育を實施すべしとの法的規制を受けてゐることになる。

宗教を抜きにしての道徳教育といふ、この枠組に直面した時、筆者の念裡に直ちに浮び上つてくる或る奇妙な記憶がある。それは明治三十二年に公刊され、國際的にも甚だ高い評判をかち得た、新渡戸稲造の名著とされてゐる『武士道』といふ書の印象である。少しく正確を期して言へば、新渡戸が米國滯在中に英文を以て該著の述作を成し遂げ、同國フィラデルフィアの或る出版社からこれを刊行したのが明治三十二年（A.D.一八九九）のことで、翌年同じく英文のままで日本國内でも出版されて順調に版を重ね、日露戰爭終結の年である明治三十八年（A.D.一九〇五）には第十版となつたのを機會に本文に增訂を施すと共に著者自身の新たな序文と、かつて福井藩の招きによつて來日し、又東京の大學南校でも教壇に立つたアメリカ人ウィリアム・E・グリフィスによる「緒言」を追加して新版が出た。英文の原著に對する國語譯は明治四十一年に櫻井鷗村が著者の新渡戶と密接な連繫を取つて作成・刊行したが、その後昭和十三年に（昭和八年の新渡戶の歿後五年を經てゐるが）經濟學者としての著者の高弟である矢內原忠雄による新譯が出され、現在岩波文庫に收錄されて廣く普及を見てゐるのはこの矢內原譯のものである。英語の原文は敎文館版の新渡戶稻造全集第十二卷所收の形で讀むことができる。

ところで、教育に於ける道德と宗教、その相互の位置關係、役割の異同といつた視點からこの主題に接近してみようと思ふ時、直ちに念裡にその影が浮んだからといつて、新渡戶の『武士道』を茲に取り上げるのは、實はかなり躊躇をも覺える論法である。それは他でもない、筆者は、百年餘の昔の述作であるこの先達の著に學問上の何らかの恩惠を蒙つたが故に、感謝の記念として本稿の論述の枕とするといふのではなくて、全くその逆だからである。

斯樣な奇妙な口上書を敢へてするのは、この名著の第一版序の冒頭に記せられた著者新渡戶の或る回想による。誰でもが讀む矢內原譯によつてその部分を引用してみよう。

〈約十年前、私はベルギーの法學大家故ド・ラヴレー氏の款待を受けその許で數日を過ごしたが、或る日の散步の際、私共の話題が宗教の問題に向いた。「あなたのお國の學校には宗教教育はない、と仰しやるのですか」と、この尊敬すべき教授が質問した。「有りません」と私が答へるや否や、彼は打驚いて突然步を停め、「宗教なし！どうして道德教育を授けるのですか」と、繰返し言つたその聲を私は容易に忘れ得ない。當時この質問は私をまごつかせた。私は之に卽答出來なかつた。と言ふのは、私が少年時代に學んだ道德の教は學校で教へられたのではなかつたから。私は、私の正邪善悪の觀念を形成して居る各種の要素の分析を始めてから、之等の觀念を私の鼻腔に吹き込んだものは武士道であることをやうやく見出したのである。

この小著の直接の端緒は、私の妻が、かくかくの思想若くは風習が日本にあまねく行はれて居るのは如何なる理由であるかと、屢〻質問したことに由るのである。

私はド・ラヴレー氏竝に私の妻に滿足なる答を與へようと試みた。而して封建制度及び武士道を解することなくんば、現代日本の道德觀念は結局封印せられし巻物であることを知つた〉

明治三十二年の執筆時點で約十年前の事といふのであるから、引用部分に記されたベルギーでの經驗は明治二十年代の初頭の事であつたらう。文久二年（A.D.一八六二）生れの新渡戸はこの時二十歳代の半ばであり、若いとはいへ知識階級の一員として十分に分別盛りに達してゐると見てよい年頃である。この時のベルギーの法學者ド・ラヴレー氏とやらの問答の始終は新渡戸の別の回想記『歸雁の蘆』の中でも「日本の道德觀念　武士道」なる節を設けて少し詳細に語つてゐるが、差當つては『武士道』初版の序の記述だけで十分である。

新渡戸はベルギーでのド・ラヴレー氏の許での滯在中〈或る日の散歩の際〉、日本の學校では宗教教育はどんな風に行はれてゐるのかといふ質問を受けた。日本の學校では特に宗教教育の時間といふものはない、と新渡戸は答へたのであらう。それに對してこのベルギー人の學者は、新渡戸が直接話法で引用してゐる通りの非常な驚きを示したわけである。この人には宗教性を抜きにしての道德教育といふものが全く想像の外の珍事なのだつた。もちろんそれは彼が西歐の傳統の型通りのキリスト教徒だつたからの驚きだつたのだらう。彼はそこで、それではキリスト教文化圏の外なる國ではどの様な原理を以て道德教育を行ふのか、との次なる質問を素直にこの東方からの客人に向けてみればよかつたのだ。ところがこの人物は宗教性を抜きにしても道徳教育は成立つものだといふ關聯に思ひ到ることが全くできなかつたばかりに、頗る素朴な或いは凡庸な疑問と驚愕を口にするばかりであつた。ところで、この疑問に對する新渡戸の反應が亦質問者の問に輪をかけた迂愚にして拙劣のものだつた。新渡戸はこの疑問をぶつけられて要するに狼狽し、答へる術を知らなかつた、と、これは至つて正直に述べてゐる。

此の時新渡戸はおそらくは相手のベルギー人と同じ様に、宗教といへば遠い昔の教祖から出た、教義を記した教典があつて、教會があつて、そこに聖職者が常駐してゐて信徒達を集めて例會を開き、教訓を垂れ、といつたキリスト教型の宗教のことしか理解のうちになかつたのであらう。たしかにその様な様式と性格を有する宗教教育は明治二十年當時の日本の初等教育にはまあ例が無かつたとみてよい。新渡戸がその意味で日本の小學校に宗教教育は無いと言つたのはその通りであつて正しいのである。

だが然し、彼は何故その時に、貴殿が仰有る意味での宗教教育は日本にありませんがそれでも道徳教育は立派に行はれてゐるのです、と答へてやることができなかつたのか。或いは彼自身が〈少年時代に學んだ道徳の教は學校で教へられたものではなかつた〉との自覺を有してゐたのならば、日本では兒童の道徳教育は學校に於いてではなく家庭に於いて、又世間と名づける小さい市民共同體の中で日常不斷に行はれてゐます、故に學校の手を借りる必要がないのです、といつたくらゐの答を與へてやることが何故できなかつたのか。或いは又、宗教といつても日本民族のそれはキリスト教文化圏内のお國とは違つて、判然と眼に見え耳に聞える様な形に様式化も言語化もされてゐませんから學校教育の對象になつてゐません、然し宗教心はキリスト教國とは別の形で十分に子供達の心身に浸透してゆくことができるのです、といつた回答くらゐできてもよささうなものではないか、とも言ひたくなる。

新渡戸にそれができなかつたのは、彼自身がそのベルギー人と同じく人生の早い時期に洗禮を受けて入信した正眞正銘のキリスト敎徒であつた故に、キリスト敎以外の宗教の型について要するに無知だつたからである。

といふことは卽ち、『武士道』の原著の副題である The Soul of Japan ＝「日本の魂」について、新渡戶の知識は極めて淺く貧しいものだつた。日本人の魂の在り方を把握する手がかりとして封建制度と武士道とを選んだのは新渡戶の御勝手であるが、この選擇自體も、その手がかりの用ゐ方も殘念ながら失敗であつた。斯くて『武士道』は學術的著作としてみれば一卷の失敗作に過ぎない。

それでもこの書は、先述の「增訂第十版序」の中で著者自身が〈滿足この上なし〉と自讚するほどの成功を收めた。外國語への翻譯も六・七箇國語に上る旨を記してゐる。學術的に失敗でも商品としては空前の成功だつた。それは別段珍しいことでもない。この反對の例、學術的に如何に見事な價値を創造したものであらうと、商品としての賣行は一向に芳しくない、といふ例が多々あるのと同じ事である。

慥かに國際社會で高い評價を得た新渡戶のこの勞作を一卷の失敗作として否定し去るには、それ相當の論據の提出が要求されるだらう。本稿の筆者はその論難の作業に手を染める氣を全く有たないが、多數の新渡戶崇拜者達から寄せられるであらう反論を豫想してか、感情的な非難を抑へ、極力學問的な公正に配慮しつつこの作業を完成したのがカナダのマッギル大學敎授太田雄三氏で、氏の『〈太平洋の橋〉としての新渡戶稻造』（昭和六十一年、みすず書房刊）が提出してゐる論據の要點は一言でもよいから紹介しておきたいと考へる。

この書はその標題からも窺へる如く、新渡戶自身の詞である〈太平洋の橋〉としての、日米間の文化交流仲介者としての新渡戶の役割には十分の評價を與へながら、彼が米國をはじめとする歐米文化圈に傳へた日本人の精神生活と文化の態樣は果して日本の實像と言へるのかといふ根本的な疑問を投げかけ、且つ結論としてそれは日本の眞の姿を到底語り得てゐない、との否定的斷定を下してゐる。

元來新渡戸の原著は發表された當時、これを大いに歡迎した米國の讀書界に於いてすらも、著者新渡戸のアメリカ事情についての理解は行き屆いたものであるのに、自國についての知識はそれほどではない様だ、との、新渡戸の日本文化についての素養の缺如を見拔いた書評も出てゐた由であるが、その批評は當時の米國知識人の日本研究の水準がかなり高いものであつたことを示してゐよう。太田氏はこれらの米國での否定的評價をも考慮に入れて、『武士道』は〈日本の過去についての相當な無知に基づいた「獨創性」の始末の惡さというものを感じさせる著作であるように思われる〉と嚴しく裁斷してゐる。

獨創性といへば、實に意外な話であるが、新渡戸は「武士道」といふ詞の歷史についてさへも何も知らず、この單語は自分が初めて使ふ、自分の造語であると思ひ込んでこの著述に取りかかり、而も長い間その誤りに氣がつかなかつたさうである。

太田氏が『武士道』の本文のみならず、アメリカの現地での博搜の結果蒐めた多くの資料に精緻な分析を施した上での新渡戸評價を、至つて粗略な要約で御紹介するのは憚りが多い。氏の論述から一つの象徵的譬喩を借りて敢へて「一言で言つてみれば」の總括を試みてみよう。

太田氏は勤務先のモントリオール・マッギル大學に或る日本人の學者(1)が招かれて大東亞戰爭期の日本人の精神史についての英語による講義を傍聽した。その講義の開講の辭の中でその學者は「英語を話す日本人は信用できない」と（もちろん英語で）先づ述べた由である。これは日常生活の次元で上手に英語を喋る日本人には氣をつけよ、などと言つたのではなく、英語を用ゐて學術的發言をする日本人の意見は直ちに鵜呑みにして受取つてはならず、十分に批判的に吟味した上で參考にしなさい、といふ様な注意だつたらしいのだが、自身も英語を用ゐてカナダ人學生に日本文化を講義する職位に在つた太田氏は、この嫌味を聞いて大いに驚いた由である。信用するな、と注意された日本人の中に自分も含まれてゐるかもしれない、と、まだ若かつた太田氏は隨分變な氣がしたらしい。氏はそこで「クレタ人はみなうそつきだとあるクレタ人が言つた」といふ命題の中身は正しいか、との論理學史上では有名な諧謔的な話題を思ひ出して、その日本人學者の言葉の眞意乃至下心をあれこれと忖度してみた。その眞意如何とは別に、太田氏はやがてある一つの發見に到る。それは「英語を話す日本人は信用できない」といふこの警句が言葉通りに當てはまる實例はある、卽ち新渡戸のことである、といふのだから、これは新渡戸、殊に『武士道』といふ著述に對してのかなり嚴しい判定だといふことにならう。

三　西村茂樹『日本道德論』の構想

扨、本稿の掲げる主題の檢討に際して、上記の如く專門的研究者からの否定的評價が強く、筆者自身も全くそれと見解を同じくするものである新渡戸の『武士道』を以て導入部とすることの逆理については既に辯明を述べた。新渡戸がベルギー人の學者との對話で脆くも自分の無知を露呈してしまつた疑問からは、次の二項の問題設定を抽き出すことができるであらう。

一に、宗教なしの道德教育は可能か、といふ設問に對して、それを可能なりと肯定するにせよ、不可能なりと否定するにせよ、この問に於ける「宗教」とは何かとの問題について、先づそれを如何に定義するかとの前提がなくては答案に取り掛り樣がない、といふことである。そして二に、新渡戸は、宗教性を拔きにして考へた上での日本人の道德原理として、武士道に想到したわけだが、その選擇を全的に誤りとは言はぬまでも、極めて偏つた、不備なものであると指摘してしまつた以上、それでは武士道の代りに何を以てすれば、新渡戸が提出すべきであつた答になりうるのか、といつた設問である。

この二項に對しては夫々別個に答案を提出するよりも、本稿の標題に示した如く、宗教と道德とは如何なる關係にあるのか、この二者は教育の領域に於いて互ひに辨別し得るのか、又辨別すべきものか、といつた形で答を探る方が適切であらう。そしてさう前提してみた時、玆に亦直ちにこの問答に好適の一者の存在が思ひ起される。卽ち『武士道』とは對蹠的な性格を有つ『日本道德論』の著者泊翁道人西村茂樹である。

西村は、今殊更に新渡戸との對照の上で述べてみるならば、新渡戸より三十五歳の年長で文政十一年（A.D.一八二八）の生れ、幼時より傳統的な經史の學を修め、兼ねて槍術を中心とする武藝の道にも精進し、二十四歳で佐久間象山の門に入つて西洋砲術の習得を志したが、象山からは兵術よりもむしろその根本にある西洋の精神科學を學ぶことを勸奬されて蘭學と英學を學んだ。新渡戸が內村鑑三・岡倉天心と竝んで開國から明治初期の「英語名人世代」（太田雄三氏）であつたのに比べれば、西村の英學修業は三十四歳の壯年期に始まるのだから、英語の素養は專ら文獻を讀む方に集中してゐた。明治六年の明六社創立に際しては當初からその社中の有力な論客の一人だつた。その頃から輓近の西洋教育史の譯述を試みると共に明治新時代の道德問題に深く心を寄せ、文部省に出仕して教科書の編纂に編輯局長として指導的役割を果した。小學校の修身の授業は、教師の漫然たる訓話・談義に任せておくのは不適當である、然るべき教科書を編纂して與へることが必要である、それは歐米キリスト教文化圈の小學校の修身教育に於いて、兒童が聖書等の經典を通じて聖教の豫備知識を或る程度有してゐることを前提として訓話方式が行はれてゐるのを範とすべきである、との意見を有してゐたのであるから、小學校の道德教育の實體について凡そ無知であつた新渡戸とは見識がまるで違つてゐた。

明治十九年は帝國大學令をはじめとして、師範學校令・中學校令・小學校令が勅令として公布され、憲法制定・公布を目前に控へて、森有禮を中心とする文部省が教育制度の基本的刷新と整備に着手した年である。就中師範學校令に基いての教員養成の問題は、小學校の修身教育が第一に教員の資質によつて左右されると考へられてゐたから（だからこそ西村は徳育教科書の編纂に深い關心を拂つたのだが）、その年五十九歳の老熟期にあつた西村はそこで興起奮發、十二月十一日、十七日、二十六日の三回に亙つて當時神田一ツ橋に在つた大學の講堂で『日本道徳論』の連續講演を行ふこととなる。その講義筆錄をまとめて翌明治二十年春問題の冊子が私家版として刊行され、各方面に配布された。

文部大臣の森有禮はこの講義錄の刊行を大いに喜び、これを中等學校以上に向けての教科書として認可すべく、文部省の檢定に提出しようとまで言つた由であるが、一方時の內閣總理大臣伊藤博文は、書中にいはゆる鹿鳴館時代の西洋風俗の消化不良的模倣・輕佻浮薄を嚴しく批判する文辭を見て激怒した由である。そこで文部省を間に挾んでの伊藤と西村との對決といふ事態が發生するのだが、細かな經緯は省くとして、結局伊藤を怒らせた激語[2]の部分を削除しての訂正第二版を出すことで妥協が成立した。今日讀者が眼にする『日本道徳論』の本文は、日本弘道會編・思文閣出版刊の『增補改定西村茂樹全集』（その第一巻、平成十六年五月）によつても、岩波文庫本（吉田熊次校・解說、昭和十年初版）によつても、伊藤の忌諱にふれて削除した字句を初版本通りに復元した稿體である。ここに記した本書の成立略史も全てこの兩種の版本の解說に負うてゐることである。

西村のこの論著は明治二十年春には讀書界一般の入手し得る所となつてゐたが、その頃引續いて海外に生活してゐた新渡戸の眼に入るべくもなかつた（明治二十四年歸國）。二十年代の初めと推測されるベルギーでの迂拙な經驗の際は言ふまでもなく、十年後に再度渡航した米國（ペンシルヴァニア州マルヴェルン）に在つて『武士道』の著述に從事してゐた時にも、新渡戸はこの書の存在を知らなかつた。もし在米の彼がこの西村の論著を何らかの緣によつて手許に所有してゐたとしたら――、その時は端的に、新渡戸に『武士道』の著述はなかつたであらう。それは、さきに引いた初版序文の中の米國人である彼の妻からの様々の質問を含めて、日本人の道徳生活についての歴史的説明をどうするかとの課題に答へるには、西村の道徳論の英文要約といつたものを作れば事足りたであらうし、少くともそれに答ふるに武士道を以てするといふ如き誤つた選擇は避けることができたであらうと思ふからである。

＊

そこで、全集の著作篇三巻分計二千頁餘を占める西村の道徳學の著述全體の中から、やはり『日本道徳論』といふ文庫本で百頁ほどのまとまりを持つた代表作を取つて、西村の道徳學の構造を検討してみたいのだが、わづか三日分の講義筆録の冊子化であると言つても、『日本道徳論』全篇に亙つての要約を作るとすれば相當の紙幅を費すことでもあるし、それは內容的にも一篇の紀要論文の爲すべきことではない。(3)本稿が試みるのは、標題通り教育に於ける宗教と道徳の關係といふ主題のみに關しての西村の意見を聽いてみることである。

西村の道徳論講義は五段に分けて論述されてゐるが、順を追うてその標題を記してみるならば、

一　道徳學は現今日本に於いて何程大切なる者なるか
二　現今本邦の道徳學は世教に據るべきか世外教に據るべきか
三　世教は何物を用ふるを宜しとすべきか
四　道徳學を實行するは何の方法に依るべきか
五　道徳會にて主として行ふべきは何事ぞ

との章立てになる。この場合第二段に見えてゐる「世教」「世外教」といふのが本稿の主題に關はる西村固有の學術的造語である。その章は標題に見る通り、この二種についての選擇を論ずるものであつて、この名辭の概念規定は第一章の冒頭で先づ論ぜられてゐる。

冒頭の一節を引けば、〈凡そ天下に道德を說くの敎數多あれども、合せて之を見るときは二種に過ぎず、一を世敎と云ひ、一を世外敎（又之を宗敎といふ）と言ふ〉との定義である。西村自身の插入注で世外敎とは卽ち宗敎のことである、とことわつてゐるのだから、それに對する世敎とはつまり宗敎性の含まれない世俗の敎のことだらうとの見當はすぐにつく。實際これに續く節で〈支那の儒道、歐洲の哲學は皆世敎なり、印度の佛敎、西國の耶蘇敎は皆世外敎なり〉と具體例を擧げてゐるから一層判然とする。儒學や歐米世界の哲學なるものはいづれも個人的次元では現世の人間の身の修め方、公的次元では國家社會の在るべき秩序の相を說く。だから之を「世敎」と呼ぶ。

此に對し、日本人の知つてゐる普遍宗敎の代表的存在である佛敎とキリスト敎とは、共に現世に於ける人間の身の處し方についての敎へを說かないわけではない（例へば慈悲、隣人愛）が、しかしその敎義が究極的に目指すところは、——現世とはそこではつひに正義の實現を見ることのできない不條理の世界なのであるから、人間の希求する最終的な正義はこの世では期待できない、所詮死後の來世に期待するより他無い。それならば人間には來世の存在が無くてはならない。だが人間の肉體が死と共に滅んで消滅するのは嚴たる感覺的事實であるから、そこで人間の存在を肉體と靈魂、支那風に言へば魂と魄とに分けて考へ、肉體・魄が現世で滅びても靈・魂は來世にまで存在を續けて、いつかは到來するはずの究極の正義の實現を享受しなければならない。そこに卽ち來世の存在と靈魂の不滅を要請し、かつ信仰する、つまり世外の敎が成立する——。

一方道徳の原理を世俗の範圍内に求める世教の場合は、この現世に於いて正義が實現し得ることを前提としてゐる。そのためには、正義を實現せしめる強い力を有する原理が存在し機能してゐなければならない。その原理を日本では鎌倉時代以來道理と名づけ、國民の共通了解として人は此に深い信頼を置いてきた。そこで又西村の原文から引けば、

〈凡そ世界萬國既に國あるときは必ず世教、世外教の一種あらざるはなし、世教は道理を主とし、世外教は信仰を主とす、皆以て人心を固結し、又人をして惡を去りて善に就かしむるに非ざる者なし、即ち道德を教ふるに非ざる者なし〉

といふことになる。宗教なくしてどうして道德教育を施すことができるのか、といつた餘りにも素朴、むしろ幼稚な質問には、西村がこの通りの明快至極なる回答を用意してくれてゐた。

これに續けての西村の東西兩文化圈の道德教化の基準についての觀察は以下の如くである。卽ちキリスト教文化圈としての西洋諸國の多くは、民衆の信仰心に基盤を置く宗教を以て中等以下の階層を道德的に統禦し、知的に中等以上の階層に對しては世教たる哲學を以て知性に訴へ、道德の秩序を保つ。東洋に於いては、支那では元來專ら世教である儒教を以て階層の上下に共通の教としてきた。佛教の東漸以後もこの趨勢に大きな變化はなかつた。つまり佛教といふ世外教に對する世教＝儒教の優位は動かなかつた。

日本の場合、儒・佛といふ世教と世外教とが相次いで外から入つてきた（外教渡來以前の古代日本の教化原理については西村は言及してゐない）。佛教は上下の階層に共通に行はれてゐたが、儒教は（學としての性格が濃いために）上層の知識人階級には受容されたが社會的勢力としては大衆化した佛教に及ばなかつた。而して德川時代に入ると儒教は官學

として扱はれ、四民の最上層なる武士階級の教育は全面的に儒によつて行はれ、佛教は下層人民の信仰するにとどまり、社會的勢力としては人爲的に儒教の下に位置づけられることになつた。

王政維新の初めに當つて、從來の儒教を中核とする教學體制が西學東漸の滔々たる潮流に抗しきれないことは明らかだつた。政府もこの趨勢に鑑み、新たなる教學の基準を確立することに努めたが效を見るに至らなかつた。（西村はその政府の努力の一端として、明治二年十二月〔舊暦〕の大學開校、明治三年二月〔舊暦〕の學則六條の制定を擧げてゐるが、他に明治二年五月〔舊暦〕の皇道興隆の御下問といふ形での詔書「皇道興隆の件」[4]、三年一月〔舊暦〕の「惟神の大道を宣揚し給ふの詔」[5]の發布の件なども、〈百度惟新《（ママ）》〉の秋に臨んでの治教の基準確立を目指す國家的努力の表れとみてよいだらう。）

政府の努力が捗々しく效顯を現さない以上、西村の見によれば、〈世界何れの國に於ても、或は世教或は世外教を以て道德を維持せざる者なきに、我國獨り道德の標準となる者を忘失したる〉〈世界中一種特別の國〉になつてしまつた。〈此の如きときは久しからずして道德地に墜つべし、道德地に墜つるときは國の危亡日を指して待つべきなり〉と、まるで平成二十年代の日本を指して言つてゐるかの様な深い憂慮の文言を連ねてゐる。

なほこの後に、初版本從つて現行の文庫本に無く、全集版の注記には載せてある原著の增訂二・三版での增補部分に、或る意味で重要な西村の見解が看て取れるので、それを敢へて此處に引いておかう。即ち、〈……元來國民道德ノコトハ、我儕人民ガ自ラ擔當シテ之ヲ行ハザルベカラザルコトナレバ、政府ノ注意ノミニ依頼シテ止ムベキコトニ非ズ、政府ハ政府ダケニ注意スレバ、人民ハ人民ダケニ盡力セザルベカラズ、此ノ如クナラザレバ、今日ノ如ク動搖枯燥セル道德ノ根幹ヲ堅固ニシ、其枝葉ヲ繁茂セシメ以テ國ノ安全ヲ保持スルコト能ハザルナリ〉（カタカナは全集版のまま）といふのであつて、此の表白には明治九年三月に修身學社を起し、明治二十年九月には此を日本弘道會と改称し、規約を制定して今日まで百二十年餘の歴史を閲してゐる弘道會の道德運動の創始者としての西村の面目が躍如としてゐる。西村は前記の如く文部省に出仕し、編輯局長をも務め、決していはゆる反體制的性格の人ではなかつたが、明治十九年には文部省を退き、以後は專ら民間人として國民道德建設の途に邁進した。右に引いた增補部分にはその民間人として邦家を思ふの自恃と氣概がよく表れてゐると思ふし、是も亦、平成の御代に生きる民間の思想人に與へられた叱咤激勵の語として胸に響くものがある。

＊

『日本道德論』第一段には道德論の本筋としてなほ他にも引いておきたい重要な論點がいくつかあるのだが、紙幅の制約上殘念ながらそれは省略し、本稿の主題に卽して第二段の「現今本邦の道德學は世教に據るべきか、世外教に據るべきか」といふ問題設定の檢討に入ることとしよう。

この設問には、西村の基本的立場を夙に理解してゐる讀者からすれば既に答は出てゐる。然しもちろん單なる回答よりもその答案の論據の方が重要である。それをここで檢してみよう。

西村は、西洋文明の攻勢日益に盛んなる明治の新時代に於いて、儒教が知識人階級の要求には最早應へ得ない德教原理であることをよく認識してゐたが、維新以前の段階に於いては〈儒道常に勢力を士人以上の社會に得、今日に至り猶ほ人民精神品行の善處あるは、祖先以來の儒道の教育に由る者にして、今日に至りても士族以上の者が道理を信じて神異を信ぜざるは、其教育の餘得と云ふべきなり〉との意見だつた。茲にいふ〈神異〉とは啓示宗教に於ける奇蹟の類であるが、現代に謂ふ所のオカルト現象をも含めて云つてゐるのでもあらう。朱子學に於ける太極陰陽五行八卦の空疎な觀念論は別として、儒學の原像は〈子は怪力亂神を語らず〉の語に象徵されてゐる如く、素朴な合理主義である。日本の士族階級の基本的教養が儒學であつた以上、その知的空氣は士族以下の工・商人階級にも自然に薰染してゐた。農民に至つては常に天然現象を相手とし觀天望氣の知的活動が日常生活の基本を形成してゐる故に、元來が遺傳的な合理主義的感性の持主なのである。

さうである以上、西村の〈然れば現今本邦にて道德の教を立てんとするには、世外教を棄て、世教を用ふるを以て適當とすべきに似たり〉との結論は自然に導出されてくる。

それに加へて、明治の前半期、キリシタンの禁制が漸く解ける（明治六年）と共に、ローマ教會系のみならずアメリカに本據を置くプロテスタント系新教々會の日本宣教活動は急速に活發となり、國語譯の聖書の普及も始まつた。此の動きに敏感に反應したのが佛教界であり、その教義上の相剋は、一神教對多神教といつた觀念的な圖式のみの話ではなく、社會的勢力としての爭ひも絡んでくる。而して此は兩者とも宗教者である以上無理もない話で、そこに「神々の爭ひ」（Krieg der Götter）が展開され、簡單に妥協や境界線協定などの生じ樣のないこと是亦必然の趨勢であることが見えてくる。

斯くて西村は道德教育の原理を何れかの世外教＝宗教に求めるのは、日本に於いては無理だ、との判斷に立つ。然しながらそれを世教に求めるとしても、其處でも又、惟神の道を奉ずる國學、精神的遺產の豐富充實になほ確乎たる自信を有する儒學、文明開化の潮流の水先案內を以て自ら任ずる西洋哲學といつた勢力の間での「神々の爭ひ」が生ずるであらう狀況も避けて通ることはできない。そこで西村の考察は第三段として〈世教は何物を用ふるを宜しとすべきか〉なる設問に進んでゆく。

＊

西村は『日本道德論』全篇の結語に當る國民の品質を造成するに肝要な道德會（といふ一般的な名を擧げてゐるが、間接的に日本弘道會を指してゐることは明らか〉なる組織の最終目標として八箇條の德目の養成を謳つてゐる。その第七箇條までは、云つてみれば萬國共通の普遍的德目としての各種二字熟語[6]であるが、最後の第八條は〈萬世一統の天皇を奉戴す〉といふ短い文節の形をした標目であり、自身〈以上七ケ條の外に、我日本に限りて特別に加へざるべからざるの條目あり〉、卽ち皇室の〈尊戴〉といふこの箇條である、とて〈西洋諸國の政府に於て宗教を尊崇するは、蓋し民心をして其向ふ所を一定せしむるに在り、本邦の如きは既に至貴至尊の　皇室あり、民心をして悉く此　皇室に歸向せしめば、國の鞏固安全求めずして自《おのづか》ら得べし、何ぞ宗教の力を假《か》ることを須《もち》ひん〉とその主旨を説明してゐる。つまり西村は皇室の尊崇といふ國民道德的要請を正に普遍的道德箇條の位置にまで高めてゐるわけで、且つそれが西洋諸國に於ける宗教の役割と同じ機能を有するものであると指摘してゐることになる。右の行文は又現今の日本國憲法に於ける〈國民統合の象徵〉としての天皇、といふ發想と軌を一にするものであることもなかなかに興味深い示唆を與へてゐる。さう讀むことができよう。

この様に西村が尊皇思想の傳統に聢りと足を踏まへて思索してゐることは確かなのだが、それにしては彼は國學の學統の思想面での重要な脈絡である神道的德學には興味を有さなかつたやうである。儒學の精神的遺産としての重要人物を列記する中に、〈國典に明かなるの人〉といふ性格付けを與へながらも本居宣長・平田篤胤の二人を儒の學統に算入してしまつてゐるところにも國學への關心が稀薄であつたことが窺はれる。

それ故に、西村が世教の中で取つて用ふべき教學は何かと問ふ時、その選擇肢は結局、儒學か西洋哲學かとの二者擇一といふことになる。そこで西村の議論は自然に道德の學として見た場合の儒學と西洋哲學の適否の比較論といふことになる。その結果として出てくるのは、やはりこれを折衷主義といふのが差當つては妥當であらう。彼自身の説明に聞けば、〈吾が一定《いちぢやう》の主義は二教（儒學・哲學）の精粹を採りて、其粗雜を棄つるなり、二教の精神を採りて其形迹を棄つるなり、二教の一致に歸する所を採りて其一致に歸せざる所を棄つるなり〉といふことで、其處に生ずる一致點とは何なのか。西村は是を昂然として〈天地の眞理〉であるといふ。少しく注釋すれば、〈眞理は儒道に言ふ所の誠にして（又天理とも天道とも言ふ）中庸に誠者天之道也といふ者是なり、余が日本の道德の基礎とせんとする者は卽ち此眞理にして、眞理の外には天地間に一も完全無缺なる者は非ず〉といふことになる。

そこで西村の論及は、その眞理とは如何にして把握することができるか、との認識論乃至論理學になる。簡單で且つ素朴なものであり、紹介には及ばないだらう。なほ基本的性格が折衷主義であるから、彼は世外敎＝宗教の中からも眞理に協ふものは此を採つてよいのだ、と言ふのだが、宗教は元來未來世の事について說を立ててゐるものであるから、現世での道德問題に關しては寄與する所が少い、故に道德原理の定立に宗教から採るべきものは多くない、と西村は己の道德學の現世主義的性格を自ら宣明する。かうして定立し得た所の道德の基礎は〈天理に合ひ、人情に協ひ〉そこに含まれたる道理は人間の世が續く限り不變不朽の性格を有つ。玆に生ずる敎は、名づけてみれば「道」といふより他無い――。

「道」の一語を出すことによつて、西村はここでやはり己の東洋哲學の徒としての面目を顯したのだと見ることができるだらう。これは或人が、道德の原理はやはり宗教に求めるべきではないか、信仰の窮極には人が身を賭して敎に殉ずるといふ行爲があり得るけれども、人は道理のために身を犧牲にする樣なことはあるまい、との疑念を呈してきたのに對する反論の形をとつてゐる。つまり論語に〈篤信好學、守死善道〉（篤く信じて學を好み、死を守りて道を善くす＝假令死に至らうとも道を貫く）とあるのをはじめとして、人が學問や「道」のために身命を賭することは古今に例がある（彼は北極探檢家のジョン・フランクリンやアフリカ探檢のリヴィングストン、古くは地動說に立つ宇宙論によつて火刑に處せられたブルーノの名を擧げる）、卽ち世には敎に殉ずる世外敎の信徒あるのみならず、「道」に殉ずるの世敎の篤信者も亦居るのだ、との反論である。

*

斯うして西村は『日本道德論』の第三段落までの論述の過程で、我が日本の明治の御代に於ける道德教育の原據は、「神々の爭ひ」といふ禍亂の因となる宗教にではなく、これを儒敎と哲學といふ世俗的教學の提出する眞理のうちに求めることができるのだと論證し得た形である。卽ち圖式的に切りつめて言へば宗教拔きでの道德敎育の樹立の可能性をめでたく立證したことになる。それならば、これは憲法によつて宗敎教育を禁止され、しかも新教育基本法によつて道德心の涵養を教育の目標の一であると規定された現在の公立學校教育に對し、甚だ良き指針を與へてくれたものだ、といふことになるのだらうか。西村はまるで百二十年後のこの超世俗化時代を豫見したかの樣に、宗教拔きでの道德教育の構想を立てておいてくれた、とでも言つてよいのだらうか。言葉の表面ではその樣な符合が成立する樣にも思へるのだが、然しかうした結論を敢へて引出したとなると、人はこの樣な論理の推衍過程とその結論に、何とも言へない莫迦々々しさを覺えて興味索然たらざるを得ない、といふことになるのではないであらうか。

四　教育勅語に見る達成

西村が『日本道德論』を講じた明治十九年の年末から算へて三年十箇月後になる明治二十三年十月三十日付で教育勅語の下賜が實現してゐる。この勅語の成立史については國民精神文化研究所の編纂・刊行になる『教育勅語渙發資料集』といふ基礎資料をはじめとし、又文字通りにこの基礎の上に立つ實に多くの研究（三百種に近いと推算されてゐる解説書・注釋書の多くが多少ともその成立の沿革にもふれてゐるであらう）がなされてをり、既に「完成し完了した」狀態にあると見てよい。本稿が短縮是努めてその要約を揭げる必要はないであらう。

教育勅語制定・渙發の動機は、憲法發布の一年半後といふこともあり、明治の國作りの作業が、現實の緊急の必要に先づ應へるべく富國强兵の次元から開始され、順を追うて漸くそこまで進んで來た、自然の順序とも考へられる。だがやはり一方で、西村が『日本道德論』の中で伊藤博文の激怒を買つたといふほどに痛論した、社會一般の道德的衰頽といふ狀況に向けての心ある士人の憂慮の深刻さがあつたのであらう。

もちろん明治十年代後半の、主として西學流入に起因する知的・道德的價値觀の混亂といふ狀況に對しては、かつて明六社に結集し、今はそれぞれの道で大成に達した知識人達が各種の論策を發表してゐる。西村の連續講演も當時いくつか提出されたその種の論策の一と考へておいてよいことである。

よく知られた插話と思はれるが、教育勅語の文案の起草は、最初、明治天皇の聖旨を直接奉戴した文部大臣芳川顯正から元老院議官（明治十九年三月任命）中村正直（明治二十三年當時五十九歲）に委託された。中村が元來儒者でありながら壯年時に『西國立志編』（明治三―四年）、『自由之理』（明治五年）、『西洋品行論』（明治十一年）といつた譯業によつて西洋の實踐的道德學に通曉してゐる碩學であると思はれてゐた、又何よりも名文家としての聲望が高かつたところを見込まれたのであらう。中村は依囑に應じて勅語の草案としての「德育大意」なる千百字ほどの文章を作つて文部省に提出した（因みに完成した勅語は三百十五字）。

中村の文案は文部省から內閣法制局に廻され、長官の井上毅の校閱を受けたところ、勅語としては不適當との數々の嚴しい批判を受けて簡單に斥けられてしまつた。井上毅の批判が第一に擧げてゐるのは、中村案にある〈忠孝ノ二者人倫ノ大本ナリ〉とか〈敬天敬神ノ心ハ人々固有ノ性ヨリ生ズ〉といつた文言で、此等の語は〈忽チ宗旨上ノ爭端ヲ引《（ママ）》起スノ種子トナル〉からだといふにあつた。つまり〈各派ノ宗旨ノ一ヲ喜バシメテ他ヲ怒ラシムルノ語氣アルベカラズ〉といふのである。筆者の推測に過ぎないことではあるが、中村は例へば明治十二年の「聖旨　教學大旨」（明治天皇侍講元田永孚の撰述する所であるが謂はば間接的勅語である）の中にも〈道徳ノ學ハ、孔子ヲ主トシテ、人々誠實品行ヲ尚トヒ《（ビ）》〉とか、〈仁義忠孝ノ心ハ、人皆之有リ〉といつた文言を見てゐて、内閣の企畫してゐる勅語の根柢におくべきは概して儒教的原理であつてよい、と考へたのではあるまいか。

然し井上は勅語に〈漢學ノ口吻ト洋風ノ氣習〉とが生《なま》のままで文字になることを嚴しく拒んだ。又中村案中の〈善ニ福シ淫ニ禍スルハ天道ノ常ナリ〉といつた古文尚書の僞作に出てゐるとされる文言、而も佛教の側から激しい論駁の浴せられさうな功利的哲理の臭みのある表現には多分に拒否反應を起したらしい。結論として、中村案は〈如是勅語ハムシロ宗教又ハ哲學上ノ大知識ノ教儀ニ類シ、君主ノ口ニ出ヅベキモノニ非ズ〉との斷案が下されて葬り去られることになつた。

教育勅語の在るべき姿について、井上毅の見解は、結果として西村の道徳教理のそれについての要求と重要な一點で一致してゐた。卽ち「神々の爭ひ」を惹起す様な字句が入つてゐてはならない、といふことである。それを恐れたが故に、西村は宗教の導入を避け、世教たる儒教と哲學とを以てその原理を構成しようとした。然し井上が中村の草案を檢討してみたところ、世教に屬する傳統的儒教と輓近の西洋實證主義哲學との間に於いてさへも、「神々の爭ひ」は避けられさうになかつた。後世の我々から見れば井上の愼重さは少しく過剩の配慮の様にも思はれるのだが、彼が〈此無形の一戰場ともいふべき百家競馳之時に於て、一の哲理の旗頭となりて世の異說雜流を驅除するの器械の爲に至尊の勅語を利用するとは餘りに無遠慮なる爲方〉云々の語をなしてゐるのを聞けば、なるほど彼は世に謂ふ帝王學なるものの神髓を把握した上で物を言つてゐるのだといふことがよく諒解できる。

かくて井上は中村草案を棄て、明治天皇の信頼の厚い樞密顧問官元田永孚の協力を得、明治天皇の宸慮をも繁く拝承しつつ勅語の文案を自ら練り上げる。元田は根からの漢學者・儒學者であるが、明治十二年の「聖旨　教學大旨」の撰述獻上に次いで撰録した『幼學綱要』（初版には私的復讐肯定の說が見られ、叡慮を以て削除を命ぜられるのこともあつた。明治十五年改訂版刊行(7)）を見れば、二十箇條を排列した德目講義の主題設定は全て四書五經から採りながらも實踐の例話にはむしろ主部として極めて多彩な國史中の諸人物の逸事を以て充ててゐる。井上・元田の協力體制とその目指した方向が甚だ適切であつたことは、完成して今日に傳へられてゐる勅語の本文を見れば全てよく納得がゆく。

即ちそこには西村や井上が極度の愼重を以て配慮した結果として「神々の爭ひ」を刺激する様な字句は一切用ゐられてゐない。世教に屬する哲學的理法に關はる字句すらが無い。それが要請さるべきところではないかと思はれる論列の主部に、代つて位置する理念は「歷史」である。

冒頭の〈朕惟フニ我カ皇祖皇宗國ヲ肇ムルコト宏遠ニ德ヲ樹ツルコト深厚ナリ〉といふのは、釋してみれば、我が國の歷史は正に宏遠の語がふさはしいほどに古く、且つその宏遠の昔に皇室の御先祖が既に「德」なるものを樹立してをられたのだ、と說いてゐる。德の據つて立つ理を言ふのではなく、その德が行はれてきた歲月の長さに注目させようとしてゐる。

次いで〈我カ臣民克ク忠ニ克ク孝ニ億兆心ヲ一ニシテ世々厥ノ美ヲ濟セルハ此レ我カ國體ノ精華ニシテ教育ノ淵源亦實ニ此ニ存ス〉といふのは、皇祖以下歷代の皇宗が樹て給うたところの德は臣民が素直に受容れるところとなり、國史を通じて一貫してその美點を實現せしめてきた、の心であり、ここでは〈世々厥ノ美ヲ濟セル〉が字眼である。つまり有史以來今日迄、その德が動搖したことはない、その德の有效を立證するのは偏にその連續性であり、その德の有つ不朽の生命力である、との論理が述べられる。これが日本といふ國の國體の精華、即ちその性格が最も特徴的に表現されてゐる點であつて、國民教育の淵源は實にこの國體の神髓のうちにそれを求めることができる——。なるほど、ここでは德育なるものの論定に宗教の力は一切借りてゐないどころか、いかなる哲理＝世教をも顧みてゐる氣配がない。德育の根據となるものは唯我が國の國體の基底に貫流してゐる傳統の力、謂はば道統である。

＊

扨、斯樣にして誕生した明治天皇の教育勅語は、撰錄に携つた臣達の叡智と深慮が功を奏して、見事なまでに「神々の爭ひ」を克服し、宗教の如何なる宗派・教義、哲學の如何なる學派・主義《イズム》の次元をも超脫した、文字通りの普遍的な教育原理を打ち出し得た。明治四十一年にこの勅語の外國語譯（英・獨・佛・華）が文部省によつて作成され、國際社會への紹介と普及が試みられた時、主に想定されてゐたキリスト教文化圈の何れの國に於いても否定的反應に遭遇したことは無かつた。既に筆者が別稿で度々言及したことだが、戰後西ドイツの政治・外交を雙肩に擔つて奮闘したコンラート・アデナウアーがこの勅語の獨譯文を公邸の執務室の壁に貼つて日夜熟讀玩味してゐたといふ逸話はほんたうのことである。

かうした國際的に通用する普遍性の發揮に成功したのは、慥かに宗教性の排除といふ配慮に歸せられるところ大きいであらう。

ではこの教育勅語を原理として明治中期から昭和二十年度までにかけての約四十年間に於ける我が國の學校に於ける道德教育、當時呼んで謂ふ所の修身教育はどの樣に展開されて行つたか。教育現場での實態は教育史の專門外の者には調査も難しいので、便法としてこの期間に使用されてゐた修身教科書を調べてみることにする。するとやはり、教育勅語撰錄の基本方針と符節を合せての、なかなかに興味を唆る傾向が現れてゐるのが看て取れる。卽ち宗敎色の稀薄さである。

わかり易い指標を取つて言ふならば、史上の樣々の人物の逸話集の趣を呈してゐる修身敎科書（三年生用以降が物語集の體裁を持つ）のどの學年用を見ても、およそ佛僧の話が皆無である。弘法大師もなければ日蓮もなく、聖德太子すらが名を擧げられてゐないのには少々驚く。もちろん佛敎無視だけではない。西洋の人名として出てくるのはジョージ・ワシントン、ベンジャミン・フランクリン、エドワード・ジェンナー、リンカーン、コロンブス、ソクラテス、フロレンス・ナイチンゲールの七人であるが、いづれもキリスト敎とは全く無緣の文脈で（ソクラテスについては當然だが）取り上げられてゐる。リンカーンの奴隷解放の熱情にしてもナイチンゲールの獻身的な博愛の行爲にしても、全て敎育勅語に擧げられてゐる德目の實踐者としての紹介が可能であり、この人々の宗敎的背景に說き及ぶ必要は全く無い語り口がとられてゐる。

この傾向は、實は國語の敎科書でも同じであつて、筆者が檢分してみたのは大正七年頃から昭和十四年頃まで使はれてゐた「尋常小學國語讀本」全十二卷の覆刻版であるが、佛敎關係では六年生用に「鐵眼の一切經」と「釋迦」の二話があるだけである。

道德敎育は宗敎性を拔きにしても成立つ、との西村茂樹の提題は、他ならぬ修身敎育の敎科書の編纂ぶりがそれを立證してゐると見てよいのだが、ここに一の注意すべき留保が生ずる。それはこのことを、本稿の冒頭でふれた現行憲法と敎育基本法の條文に立ちもどつて考へてみたらどうなるか。

周知の如く、公立の敎育機關に於いて憲法と敎育基本法（その改正版に於いてさへも）が禁じてゐる宗敎敎育のその宗敎とは實は主として神道の事である。所詮米占領軍發出の神道指令の殘骸といふより他ない憲法・敎育基本法が禁止を宣告してゐる宗教教育とは、つまりは神道の風儀を狙ひ撃ちにしたものだつた。それを受けて言へば、戦前の修身教科書の説いてゐた徳義の教への背後には、明らかに皇祖皇宗の樹立し給うた徳としての神道の風儀が背景に存してゐたのだから、これは强辯すれば卽ち宗教教育だといふことになつてしまふ。

更めて言ふまでもないことだが、教育勅語撰録者達に神道を宗教の一派と捉へる理解はなかつた。神道とはその名の表す通り「道」であり、〈斯ノ道は實ニ我カ皇祖皇宗ノ遺訓ニシテ〉とある通りの「道」なのであつて、教祖や祖師の唱へた教義・教理ではなく、言語化もされぬままに千何百年かの長い歳月を國民全體によつて履み行はれてきた生き方の事なのである。

背後に斯道の貫通を髣髴と感じさせながら而も明らさまな言葉を以てそれを説いてゐるわけではない、修身教科書の工まずして巧妙な方法を說き明してくれる一の比喩的表現がある。西行法師が伊勢大神宮の御祭日に際して詠んだ感懷として人口に膾炙する、〈何事のおはしますをばしらねどもかたじけなさのなみだこぼるる〉(8)である。

伊勢の杜《もり》の奥におはしますものの何者であるかを人は知らない。知らないでもよい。それが何ものであるかをつきとめ、說明しようとすればそれは宗教に關はる。だから說き明かす必要はない。ただ〈かたじけなさの涙こぼるる〉の感慨に共感でき、そのかたじけなさを共有できる感性を有してゐれば、そこに立派に聖なるものに對する畏怖と敬虔の感情が湧出する。これは凡そ人間の宗教心といふものの原型であり、道徳の根柢である。この宗教的感情と道徳心とは要するに同じものであり、一切の宗教の教義、あらゆる世教の學理を超えた普遍性を有つ。

道徳教育の最も重要な一點は、この〈かたじけなさ〉の感情、言葉で指し示すことはできず、又その必要もない〈なにもの〉かの聖なる存在に向けての畏怖と敬虔の情を育成することである。それは占領基本法が禁止する宗教教育でないことは慥かであるが、然し必要にして十分な宗教心を育成する道徳教育の模範型だと称してよいものである。

注

（1）引用の中からの再引用に類する事例であるから、本文中にその名を引くことを敢へて控へたのだが、太田氏が擧げてゐるのは鶴見俊輔氏である。鶴見氏が一九七九年九月から十二月にかけてマッギル大學で持つた講義「戰時期日本の精神史―一九三一～一九四五年」は、それから三年後に岩波書店から同じ題で刊行された由であるが、その本文の前置の部分に太田氏の聽いた通りの文言が記してあるとのことである。曰く、〈私はひとつこれは論理の上ではないけれども統計の上で支持できると思う信念を持っています。それは、英語を話す日本人は信頼できないということです。一九四五年から五二年までの米軍による日本占領の時代に、私は、私の出會ったアメリカ人に何度もこのことについて説明しました。從って私としては、日本について私が何を言おうと、私の言うことについても割り引きして考えてほしいという意圖を持っています〉といふのである。穿鑿してゆけば面白い問題が出て來さうな、裏のある見解だが、本書の著者は此の疑問に深入りする氣を有たない。

（2）改訂第二版で削除された文言の委細は本文中に擧げた全集第一巻の注に詳しいが、今その最長の削除を受けた一節を、現行岩波文庫本の稿態で示せば次の部分である。

〈……國民の道德衰替したるときは其國の狀態如何ん。今假りに其狀態を畫き出さんに、官吏は賄賂を貪り、諂諛を事とし、貴族富民は奢侈に長じ、淫佚に耽り、商賈は欺騙を事とし、農民は怠惰にして田野荒蕪し、工人は粗悪の器物を作り、書生は放蕩にして學業を修めず、婦人は淫奔にして、盜賊は國中に横行す、是道德の衰廢せる社會の狀態なり。若し或る國に於て其國民の風俗、社會の狀態此の如き者ありて之を歷史に記し地理書に載るときは、之を讀む者は實に其國の醜陋なるを悪み之を賤侮輕蔑し、其國人を見るときは、其面に唾きせんと思ふなるべし。此の如き國は縱令敵國に侵奪せられずと雖ども、實に人心腐敗社會汚穢の國にして、其國民に榮譽品格は毫髪も存在せざるなり。試みに本邦今日の社會の狀態を見よ、決して此の如き醜陋なる者に非ずと雖ども、亦此中の分子は一分も之なしと明言することを得ざるなり、既に一分にても此分子あるときは、草木禾穀に毒蟲の發生するが如く其蔓延する所豫め測るべからざるなり。本邦の如き舊時の道德學既に衰へ、新たなる道德學未だ起らざるの國に於ては最も儆戒せざるべからざる所なり〉

（3）本章の初出は「明治聖德記念學會紀要」復刻第四十七號（平成二十二年）であり、紀要論文として紙幅の制約を負うてゐた。因みに、『日本道德論』全篇の要約よりも更に當を得た紹介の試みとして推奬したい書に尾田幸雄『品格の原点』（小学館新書、平成二十二年）がある。卽ち『日本道德論』全卷の解說付現代語譯である。

（4）必ずしも眼に觸れ易い文獻ではないので、森清人謹撰『みことのり』（錦正社、平成七年）より全文を引用しておく。

皇道の興隆に關する御下問（明治二年五月二十一日）

我皇國《わがくわうこく》、天神天祖《てんしんてんそ》極《きよく》ヲ立《たて》、基《もとゐ》ヲ開《ひら》キ給《たま》ヒシヨリ、列聖相承《れつせいあひうけ》、天工《てんこう》ニ代《かは》リ、天職《てんしよく》ヲ治《をさ》メ、祭政唯一《さいせいゆゐいつ》、上下《しやうか》同心《どうしん》、治教上《ちけうかみ》ニ明《あきらか》ニシテ、風俗下《ふうぞくしも》ニ美《うるは》シク、皇道昭昭《くわうだうせうせう》、萬國《ばんこく》ニ卓越《たくゑつ》ス。然《しか》ルニ中世以降《ちゆうせいいかう》、人心渝薄《じんしんゆはく》、外教《ぐわいけう》コレニ乘《じよう》シ、皇道《くわうだう》ノ陵夷《りようい》、終《つひ》ニ近時《きんじ》ノ甚《はなはだし》キニ至《いた》ル。天運循環《てんうんじゆんくわん》、今日《こんにち》維新《ゐしん》ノ時《とき》ニ及《およ》ヘリ。然《しか》レトモ紀綱未《きかういま》タ恢張《くわいちやう》セス、治教未《ちけういま》タ浹洽《せふかふ》ナラス。是《これ》皇《くわう》道《だう》ノ昭昭《せうせう》ナラサルニ由《よ》ル所《ところ》ト、深《ふか》ク御苦慮被レ爲レ遊《ごくりよあそばされ》、今度《こんど》祭政一致《さいせいいつち》、天祖以來《てんそいらい》固有《こいう》ノ皇道復興《くわうだうふくこう》被レ爲レ在《あらせられ》、億兆《おくてう》ノ蒼《さう》生《せい》、報本反始《はうほんはんし》ノ義《ぎ》ヲ重《おもん》シ、敢《あへ》テ外誘《ぐわいいう》ニ蠱惑《こわく》セラレス、方嚮一定《はうかういつてい》、治教浹洽《ちけうせふかふ》候樣《さふらふやう》、被レ爲レ遊度思食候《あそばされたくおぼしめしさふらふ》。其施爲《そのしゐ》ノ方《はう》、各《おのおの》意見無二忌憚一可二申出一候事《いけんきたんなくまをしいづべくさふらふこと》。

（5）右に同じ。

惟神の大道を宣揚し給ふの詔（明治三年正月三日）

朕《ちん》、恭《うやうや》しく惟《おもん》みるに、天神《てんしん》・天祖《てんそ》、極《きよく》に立《た》ち統《とう》を垂《た》れ、列皇相承《れつくわうあひう》け、之《これ》を繼《つ》ぎ之《これ》を述《の》べたまへり。祭政一致《さいせいいつち》、億兆同《おくてうどう》心《しん》、治教上《ちけうかみ》に明《あきら》かにして、風俗下《ふうぞくしも》に美《うる》はし。而《しか》るに中世以降《ちゆうせいいかう》、時《とき》に汙隆《をりう》有《あ》り、道《みち》に顯晦《けんくわい》有《あ》り、今《いま》や天運循環《てんうんじゆんくわん》し、百度《ひやくど》惟《こ》れ新《あらた》なり。宜《よろ》しく治教《ちけう》を明《あきら》かにし、以《もつ》て唯神《かむながら》の大道《たいだう》を宣揚《せんやう》すべきなり。因《よ》りて新《あらた》に宣教師《せんけうし》を命《めい》じ、天下《てんか》に布教《ふけう》せしむ。汝群臣衆庶《なんぢぐんしんしゆうしよ》、其《そ》れ斯《こ》の旨《むね》を體《たい》せよ。（「太政官日記」）（原漢文）

（6）〈一、勤勉。二、節儉。三、剛毅。四、忍耐。五、信義。六、進取の氣に富む。七、愛國の心盛ん〉となつてゐる。

（7）『幼學綱要』は昭和十三年に岩波文庫に收められ、四刷を重ねて廣く普及したはずであるが、今は此も稀覯書に屬するであらう。文庫本に付せられた渡邊幾治郎の解說に依れば、「孝行」の徳の項に阿新丸の、「忍耐」の徳に大石良雄の復讐成就の事蹟が語られてをり、私的復讐は國法の禁ずる所、といふことで文部卿福岡孝弟、右大臣岩倉具視の間でこれを問題視する議が生じた。結局、天皇の叡慮を煩はせる形で、此等を削除の上、刋行の運びとなつた。

（8）この歌は〈何事のおはしますかはしらねどもかたじけなさになみだこぼるる〉の形がよく知られてゐるが、出典とされる『異本山家集』（著者が依據してゐるのは、尾山篤二郎校註『西行法師全歌集』〈創元文庫、昭和二十七年〉）によれば本文に引いた通り〈何事のおはしますをばしらねどもかたじけなさのなみだこぼるる〉となつてゐる。

第六章　東京裁判「鵜澤總明最終辯論」考
——異文化差別の現場から理性への訴へ——

一　『パル判決書』棹尾の名句

本稿着想の抑〻の動機は、極東國際軍事裁判のインド代表判事だつたラダ・ビノード・パル博士の、今更脚注的な辭を費やすまでもない高名な『パル判決書』の棹尾を飾る不朽の名文句への考察に發する。具體的に言へば同判決書第七部「勸告」と題する短い結論部の末尾は、〈……指導者の罪は單に、……その様な自己中心の妄想であつたとしても、斯様な妄想は到る處の人心に深く染み込んだものであるといふ事實を看過することはできない。まさに次の言葉の通りである〉として、今日では廣く知られてゐるはずの以下の如き一句で締め括られてゐる。卽ち、原文で引けば、

When Time shall have softened passsion and prejudice, when Reason shall have stripped the mask from misrepresentation, then Justice, holding evenly her scales, will require much of past censure and praise to change places.

といふものである。南京事件の眞相の探求者として高名な故田中正明氏は、昭和二十八年四月二十八日（サンフランシスコ平和條約の國際法上の効力發生、日本國の獨立主權回復の當日）付で占領中密かに準備してゐた『パル判決書』の日本語譯たる『眞理の裁き・パール日本無罪論』を刊行してゐる。その記念的刊本を筆者は見てゐないが、同年十一月譯者名を付さぬままに日本書房から出た『日本無罪論』の初版は幸ひにして我が所藏である。その初版本以來定着してゐる問題の一文の邦譯は甚だ秀れたものであり、是亦廣く知られてゐよう。今引用者が僅少の成形を施した形で引いてみるに、

「時」が、熱狂と偏見とを和らげた曉には、
「理性」が、虚僞からその假面を剝ぎとつた曉には、
「正義」の女神は、その時こそ、その秤を平衡に保ちながら、
過去の賞罰の多くに、その處を替へることを要求するであらう。

といふ形になるのだが、今、僅かに成形を施して、と記したのは、この句がパル判事の原典でも邦譯でも散文の形をとつてゐるところを恰も四行詩であるかの如き改行・排列を試みた故である。

平成十七年六月靖國神社境内遊就館の左傍にパル判事の肖像入り顯彰碑が建立され、その碑の表側左半分にこの結語の邦譯文が、裏面にその原文が掲示された。幸ひにしてこの建碑事業は廣い反響を呼び、神社參拜者がこの碑の前に暫く佇立して肖像と竝べて掲げられたこの銘文と博士の事蹟を讚へる下部の碑文とを熟と讀んでは何やら頷いてゐ

るといふのが不斷の情景となつた。そこで平成十九年六月に至り、神社と建碑事業實行の有志者とが相談の上、それまで碑の裏面に刻んだあつたその原文を表の面の肖像の下部餘白に移し、より人眼につきやすい形にした。この處置を施す際に、關係者の間で、改めてこの名文句の出自やそのあるべき表記の形が話題になるといふことがあつた。

この四行の結句の前に、〈まさに次の言葉の通りである〉(It is very likely that:) といふ前置きがあるところから見て、この結句はパル判事自身の文章ではない、何らかの典據からの引用であるらしいといふことは、原典にせよ翻譯にせよこの厖大な判決書を繙いた經驗のある人の大部分が夙に直感的に看て取つてゐたところである。然しそれではその出典が如何なる文書かといふ事になると誰にも皆目見當がつかなかつた。古典か近代か、英米文學の廣く知られた名作の中からの引用だとすれば、これだけの高い格調と含蓄とを具へた句である以上、この判決書の原文がともかくも世に出てから六十年近い歳月の經過の中で、その出典を指摘してみせる博覽多讀の士が一人くらゐ現れてもよささうに思へるのだが、その事はなかつた。邦譯文もこれが讀書界に贈られてより半世紀を經、この句に深い感銘を覺えてゐる日本の知識人も少なくないと思はれるのに、やはりその出典を話題にした人は此迄なかつた。

パル判事顯彰碑の正面にこの句を新たに刻む(といつても石の面への印刷なのだが)に當つてこの出典不明といふ狀況はやはり少しく氣になる事であつた。浩瀚な『パル判決書』全篇の結語である以上、この句はパル博士自身の責任に於いて撰せられたものと見、その後にパル氏の名を入れて碑面に刻むといふ事に別段の不都合はないのであるが、それでも何となくわり切れない氣持が殘る。十九年六月の顯彰碑の模樣替への時點で關係者達が等しく氣にしたのは、第一に、もしこれが推測通りに既出の何らかの文獻からの引用であるとするならば、その原作者は一體誰か、といふ事、第二に、これが引用なのかパル氏自身の作文かといふ判定はさて措いて、この樣に或る意味で甚だ文學的な表現の句が、それまでの長大な法理論的・論證的文脈の連續の後に、突如として、パル氏が不意に詩人にでもなつたかの如き姿で、悪く言へばまるで取つて付けた様に出現する、この謎めいた事の成行を説明しうる何かの裏の事情があるのだらうか、といふ事だつた。

本稿は『パル判決書』の最終章たる「勸告」を締め括る、靖國神社での建碑以來既に十分に有名になつたと思はれる結びの一句について、斯くも長い年月の間不問に付せられてゐた狀態の果に圖らずも浮かび上がつた二項目の疑問についての解明の試みである。第一の疑問は最近いとも明快に解決されたのでただその結果のみを以下に簡單に紹介すればよく、主要部分は第二の疑問への考察である。この後の方は本稿を以て解明し得たといへるものかどうか、それは筆者自身が先に言ふべき事ではない。

二　南北戰爭の教訓

パル判事顯彰碑に刻まれ、謂はば金石文として永久にこの地上に遺る事になつた『判決書』「勸告」の結句が實は他の文獻からの引用らしいとの疑ひは當初から濃厚だつた。どうすればその事を確認できるか。元來この言葉があの文書の末尾に書き留められてから六十年近くの歳月を經た今になつてその出典を問ふといふ事自體よほど間の抜けた話である。だが現にさういふ巡り合せになつてしまつた以上は致し方ない。この種の文獻探索の作業を、筆者はもともと嫌ひではない。むしろ好む所と称してもよいのだが、老來其の様な作業に豫想される心・身兩面の多分の辛勞の前にいささかたぢろぎを覺えた。

そこで、これは研究者としては横着な話で汗顔の至りなのだが、この出典探索の作業を今働き盛りの氣鋭の學究牛村圭氏に持ちかけてみた。牛村氏は『「文明の裁き」をこえて』（中央公論新社）の成功で廣く注目を浴び、續いての『「勝者の裁き」に向きあって』（ちくま新書）、『「戰爭責任論」の眞實』（ＰＨＰ研究所）等で聯合國による對日戰爭犯罪裁判の實體を嚴しく檢證し、この問題を比較文明論的考察の次元にまで深化して論じてゐる現代史家である。

同じ『パル判決書』の第四部「全面的共同謀議」の結論部には、後に甚だ有名になつた次の如き引用がある。引いてみれば、〈現代の歴史家でさへも、次の樣に考へることができたのである。卽ち「今次戰爭について言へば、眞珠灣攻擊の直前に米國國務省が日本政府に送つたものと同じ樣な通牒を受取つた場合、モナコ王國やルクセンブルク大公國でさへも合衆國に對して戈を取つて起ち上つたであらう」〉といふものであるが、この警句を發した現代の歴史家とは誰であるか、といふことも長い間不詳のままであつた。この警句は極東國際軍事裁判の法廷に於いてＢ・Ｂ・ブレイクニ辯護人がその辯護側最終辯論の「日米交渉」の件りで、〈ハル・ノートは今や歴史となつた。されば之を現代史家の語に委ねよう……〉との前置きで既に引用したものであつた。パル判事はこの句をブレイクニ氏の最終辯論から引いたまでのことだつたと推測される。

ところでブレイクニ辯護人も亦法廷での辯論の中でこの警句を筆にした「現代史家」の名をあかしてゐなかつたのだから、日本の東京裁判研究者達にとつてこの文の出自は長く謎であり續けた。この謎を解いたのが米國留學中の若い學徒牛村圭氏だつたので、氏の調査により、この現代史家とは、アルバート・Ｊ・ノックといふ、およそ日本には名を知られてゐなかつた地味な歴史家で、この人が一九四三年（昭和十八年）に著した『要らぬ男の回想錄』(*Memoirs of a Superfluous Man*)と題する回想記の中にこの句が出てくることが判明したのだつた。筆者が牛村氏にパル判決「勸告」末尾の句の出典探索を依賴したのも氏の拔群なる調査能力に期待してのことであつた。

氏も當初、「ノックの時の樣にうまく行くかなあ」と、いささか難問扱ひの樣子であつたが、驚くべきことにそんな話を取交してからわづか數日のうちに、氏からは「あの件判明しました」との連絡が來たのだつた。

牛村氏がいとも簡單に謎の出典をつきとめた次第は、氏自身が「東京裁判パル判決の謎を解く」と題する雜誌掲載の一文(1)に詳しく報告してゐるので、ここに改めて紹介に及ぶ必要はないであらう。結論だけを言へば、宛ら四行詩の如き律動的な格調を具へた、かの判決書末尾の一句は、アメリカ南北戰爭時に「合衆國」から脱退して此と對峙した南部十一州の結成する「聯合國」の大統領ジェファーソン・デイヴィス（Jefferson Davis 1808～89）の筆になるものだつた。日本ではあまり知られてゐないと思はれるデイヴィス（筆者も南北戰爭で北と戰つた南部聯合を率ゐたのが一代で終つた「大統領」であつたといふ史實は此度初めて知つた）といふ人物が如何なる經緯でこの歷史的な一句を筆にすることとなり、又それが如何なる經路でパル判事の眼にとまり、その文章に引用される事になつたのか、その次第も全ては牛村氏の論考を直接參照して頂くこととして此處に贅しない。

但筆者として、單に出典の判明といふだけでは言ひ盡せない、深い感慨に誘はれざるを得ない奇しき聯關が、パル氏の判決とその結びの一句との間に存在してゐた事に氣付いて不思議の思ひに捉はれざるを得ない。この樣に言ふのは專ら、アメリカ史に於いて南北戰爭の有する意味は、從來漠然と想像してゐた程度よりは實は遙かに重大なものがあつたのではないか、との頃日の感想に又一つ參考資料が加へられたからである。

日米戰爭開戰時の合衆國大統領Ｆ・Ｄ・ルーズヴェルトが、單に對日宣戰の最高責任者であるのみならず、實は二重三重の謀略を仕組んで日本を對米開戰に挑發した張本人であることは周知である。そして何よりも恐るべきだつたのは、かのカイロ宣言に〈……以上の目的で、三同盟國は、同盟諸國中の日本國と交戰中の諸國と協調し、日本國の無條件降伏をもたらすのに必要な重大で長期間の行動を續行する〉といふ文案を彼が提唱した事、かくてチャーチル英首相の疑念と憂慮を押し切つて、日本打倒の終戰形態として無條件降伏方式の採用を斷言したといふことである。

無條件降伏といふ終戰方式の持つ恐ろしい意味[2]について、それまで敗戰經驗のなかつた日本國民は要するに何らの認識もなかつた。それがどれほど恐ろしい意味を籠めてゐるかを知らずに、氣樂に口にした。幸ひにして大東亞戰爭はルーズヴェルト急死の後を承けたハリー・トルーマンといふ前任者よりは明らかに器量と指導力に缺ける所のある新大統領の下での停戰工作が具體化した故に、結果としてポツダム宣言の提示する一應理性的な條件を全て日本が呑んだ形で、且つ天皇の國法上の地位に變更を要求せぬことといふ日本側の附けた條件を米國は了承したのだといふ心證を得て停戰交渉が成立した。二十年九月二日の停戰協定締結の直後に、アメリカ側に開戰時に劣らぬ悪辣な背信と僞計[3]が生じはしたものの、とにかくカイロ宣言に言ふ意味での無條件降伏は回避できた。つまり日本人は無條件降伏といふ事態の苛酷な實體をその字義通りの形では經驗せぬままに過ぎた。實を言へば米軍による日本占領の六年八箇月の期間に、敗戰國日本は殆ど無條件降伏に等しい冷酷で陰險な占領政策に苦しめられ、その期間に受けた創痍の後遺症は六十年後の今日に至るまで歴々たるものがあるのだが、日本側の附けた條件、天皇の地位の御安泰（國法上の地位に變更なき事、といふ條件の內實について言へば實際には重大な變更を强ひられたのだが、敗戰に伴ふ退位といふことはなかつたのだから）といふ約束だけは守られたかに見える。であるが故に、現に見てきた通り、日本はドイツに於けるが如き眞正の無條件降伏がもたらす屈辱と崩壞とを經驗せずに濟んだ。

それにしても、カイロ會談當時のルーズヴェルトの腦裏にちらついてゐたらしい、日本國の無條件降伏を以て終戰とする、といふ冷酷無殘な發想は抑〻奈邊に由來するものだつたのか、といふのが筆者が長く懸案とし問題視して來た疑問であつた。そしてアメリカの歴史については如何にも淺學無識であつた故に、全くの素人としての覺束ない足どりで迂路を辿つた擧句に逢着した回答が、それは米國人の意識の底深く染みついてゐるらしい南北戰爭の經驗ではないかといふことであつた。

南北戰爭に於いて南部聯合が北軍に無條件降伏といふ形で敗北した結果、合衆國政府からどの様な處遇を受けることになつたのか。それは實際には、二十世紀半ばにナチス・ドイツが直面したdebelatioによる徹底的な破局ほどには殘酷なものではなかつたらしい。文明の法理を蹂躙する「事後立法」が生じたことはあつた様であるが、それがどの様な實害をもたらしたかは詳らかでない。ともかく牛村論文が報告してゐる如く、捕虜虐待といふ「戰爭犯罪」によつて死刑に處せられた南軍の軍人は唯一人だけだつた。無條件降伏といふ終戰方式は、勝利者には敗北者の上に法を超えた絶對的支配權を與へ、敗北者には如何なる理不盡と屈辱をも甘受する絶對の服從を要求する決定なのだ、從つて不倶戴天の敵に對しては無條件降伏方式による打倒が是非必要なのだ、といふ傲慢な發想はどうやらルーズヴェルト個人の腦中で肥大して行つた妄想に近いものであつた様である。然しこの妄想が昭和二十年九月以降の數年間（公式には昭和二十七年四月の平和條約發効までだが、ほぼ二十五年六月の朝鮮戰爭勃發頃までと算定してよいであらう）米軍による日本全土の軍事占領といふ事態の中でかなりの程度まで現實化してしまふ。そしてその結果として稍ゝ比喩的に言へば我々日本國民は征服者の手によつて自らの歴史を奪はれたといふ狀態に陷つたのである。

パル判事が東京裁判の判事團席に坐つて、眼前の法廷で展開されてゐる日本帝國の現代史への誹謗と糺彈といふ、傲りに滿ちた「勝者の裁き」の過程を眺めながら、それより約八十年前の歴史、アメリカ南北戰爭での敗者デイヴィス大統領の胸中の感懷に思ひを馳せてゐたのであらうかと想像する事はなかなかに我々の興味を惹く。筆者のアメリカ史についての知識は至つて貧弱であり、この點での自分の調査結果を述べるだけの知見はないが、便法として『エンサイクロペディア・アメリカーナ』記載の「ジェファーソン・デイヴィス」の項（大辭典の三頁に亙る長文である）に據るだけでも次の事が知られる。卽ちデイヴィスは一八六五年四月の南軍降伏による停戰の後、五月十日に「國家叛逆」とリンカーン暗殺への關與といふ容疑で逮捕され、二年の拘禁生活を經て一八六七年五月に釋放されるのだが、獄中で受けた屈辱的な處遇の風聞が彼を南軍の敗軍の將であるリー將軍に次ぐ南部聯合の悲劇の英雄に仕立てる作用をしたらしい。但し彼は裁判にかけられること無きままに釋放された。戰後の餘生は當然辛いものだつたが財政的窮乏を救つてくれる支援者も現れたし、講演の依頼等も頻繁だつたが彼がそれに應じた例は少なかつた。ただ口を開けば必ず、南部聯合が合衆國から離脱したことの正當性を強調し、聯合政府の合法性を論じ、合衆國政府に對する侮蔑の情を隱さなかつた。つまり敗戰の悲運と自らの正義の保有とは別箇のものと考へてゐた。敗北してもなほ己の正義についての信を枉げない氣骨の士としての面目を立て通した。そこで、相手に己の非を認めさせるのでなくては本當に戰爭に勝つた事にはならないのだ、といつた認識が或いはこの時に合衆國政府首腦達の共通の記憶とならなかつたかどうか、これも改めて我々の興味を唆る。戰爭に勝つといふ事は相手の心からの改悛までをもかちとる事なのだ、との命題がこの時に成立したとするならば、日本占領中の米國國務省による War Guilt Information Programm といふ思想の出自の一端がここにある、との見方も成立つであらう。

一九四六年一月、アメリカ合衆國政府は日本駐在の聯合國軍最高司令官D・マッカーサーに委任し、彼の名に於いて「極東國際軍事裁判所憲章」を制定公布せしめた。この時點での合衆國政府がもし八十年前の南北戰爭收拾時の記憶に何かを學んでゐたとすれば、それは疑ひもなく、南軍の俘虜收容所長を報復的な死刑に處したことの誤りへの反省ではなく、敗者でありながら己れの政治的正義に確信を持ち、勝者の裁きへの彈劾の舌鋒を最後まで收めようとしなかつたデイヴィスの如き義士の存在を、日本に對しては決して許してはならぬ、との苦い教訓だつたであらう。そして彼等はその教訓に學んだ。その結果として彼等は敗戰國日本の國民をして敗者の正義に固執せしめる事の無き樣、思想と言論による抵抗の武器を全て奪つた。その彈壓を徹底させるために、更に日本人からその矜恃の根柢となるべき歴史を奪ひ、言葉そのものをまで奪はうとした。そんな事は事實上不可能のはずだつたが、實に不思議な事に彼等は日本國民相手のこの暴擧に於いて相當程度の成功を收めたのだつた。

三　人格立證の試みだつた鵜澤辯論

パル判事が東京裁判の進行中の或る時期、おそらくはその後期、檢察側と辯護側との法戰・論戰の戰況に十分の熟成が生じてゐた段階であらうが、如何なる契機によつて南部聯合大統領J・デイヴィスの痛憤の事蹟とその回想に着目したのか、文學史の研究の成功例に於ける如き考證と論判の成果は望むべくもないが、以下に試みる程度の推定はできないわけではない。

東京裁判法廷での辯護側の主要辯論のうち、常時の日本國際法學の碩學高柳賢三辯護人により檢察側の國際法論への反駁として構想された辯護側冒頭陳述(4)は、最初は（昭和二十二年二月、第一六六回公判）全文却下（朗讀禁止）の憂目に遭つたが、辯護側最終辯論段階（二十三年三月、第三八四、五回公判）では改定稿を全文朗讀する機會を與へられ、且つその英文稿は裁判官全員の手に渡つてゐたはずである。又この日の法廷にパル判事はもちろん出席と記録されてゐる。その高柳最終辯論の中に次の一節がある。

英國議會はその無制約的機能にもかゝはらず一六八八年以降においては政治犯人を處罰するため事後立法を行つたことはない。又アメリカ合衆國憲法は、州法たると聯邦法たるとにかゝはらず、ひとしく事後法を禁止してゐる。そしてアメリカの立法史を通じて、政治犯に關する事後立法はきはめて稀《まれ》であるやうである。南北戰爭後かやうな事後立法が行はれ、南部聯邦の援助者の處罰を定めた州法及び聯邦法に關聯した二つの事件が合衆國最高裁判所に提起されたことがあるが、同裁判所は當時の興奮した民衆感情のたゞ中にあつて、フィールド判事を通じ州法聯邦法ともに違憲であると判示し、その歷史に永遠の榮光をそへたのである。

この僅かな言及がパル判事に、判決書第六部「嚴密なる意味における戰爭犯罪」の項で、これも牛村氏の論文が既に指摘してゐることだが、W・B・ヘッセルタイン著『南北戰爭下の捕虜收容所』を參照する（アイオワ大學敎授A・アンダーソンの論文を通じての間接のかもしれない）べく何らかの示唆を與へる役割を果したであらうと迄は言ふつもりはない。ただ無視默過するわけにもゆかぬといふ理由でここに引いておく。南北戰爭で生じた冤枉の戰爭犯罪といふ悲劇の文脈でより注目すべき關聯は、同じ辯護側最終辯論の筆頭に「結論」として陳述された日本側辯護團長鵜澤總明法學博士の總論である。

鵜澤辯護人の最終辯論總論は昭和二十三年三月二日の第三八四回公判で朗讀された。これももちろん英語への翻譯つきであり、その英文稿は全裁判官の手に渡つてゐる。朗讀はこの日の午後の法廷で一時間ほどで完了するのだが、法廷で開陳された鵜澤博士の最終辯論總論は實は博士が用意した長大な法哲學的論文の一部抄出にすぎない。極東國際軍事裁判速記錄の邦文版に採錄されてゐるのは、當然ながら法廷で讀まれた抄出部分のみであり、構想された辯論の總體を窺ふには又別の手段を取らねばならない。

と言つても話は簡單で、卽ち同氏著『法哲學』（昭和二十九年初版、以後『法律哲學』と改題して複數の版本あり）の第九章「人生鬪爭の現實から世界平和への法律」が實は最終辯論の總論として準備された論文の全部である。それは執筆中に逐次印刷してその途上で日本人辯護團に配布し、協議を取交したものの樣であるが、博士自身の辯護方針は最初から一貫してゐて、淸瀨一郎辯護人の冒頭陳述とは全く性質を異にし、多勢の意見を合議制で檢討して練り上げた合作といつたものではなかつた。第一「易經」や「老子」の研究者としても著名な存在だつた鵜澤の東西兩洋に亙る博大な學識の上に築かれた高度の法哲學的議論に、自分の疑念や修正の意見を插むほどの學識の持主は辯護團中にはたぶん居なかつたであらう。

ところで鵜澤最終辯論が英語の通譯を通じて當日の法廷のその場でパル判事に强い印象を與へたについては明白な證言がある。證人は嶋田繁太郎海軍大將の辯護人だつた瀧川政次郎博士で、聯合國との平和條約發効により日本人が言論出版の自由を恢復するや、氏は逸早く（昭和二十八年八月）『東京裁判をさばく』といふ痛烈な標題の論著を刋行して、東京裁判の欺瞞と誤謬とを剔抉し斷罪した。この書の中の鵜澤辯護團長の最終辯論での活躍を稱揚した部分で瀧川氏は以下の如くに述べてゐる。

――東京裁判を通じて改めて明らかになつたのは、西洋人が西洋の尺度を以て世界を測らうとしてゐるその傲慢である。東洋には東洋の尺度があるといふことを彼等は全く認めようとしない。それが人種的偏見として裁判法廷を覆ふ基本的色調となつてゐる。鵜澤辯論はそのことを嚴しく（瀧川は〈婉曲に〉と形容してゐるが）突いた。然し鵜澤の批判は西洋諸國の裁判官達には何のことやら理解できなかつた。といふより初めから聞く耳を持たなかつた。パル判事だけが鵜澤辯論の持つ重い意味に注目した。一時間ほどで鵜澤辯護人の總論朗讀が終り、休憩時間に入つたところで直ちにパル判事は辯護人控室に鵜澤博士を訪ね、「君はいいことを言つてくれた。私は日本の辯護人が國際法の議論ばかりしてゐて、東洋の思想に觸れて論ずる者がゐないのを見て、はがゆく思つてゐたのだ」と述べて握手を求めた――、といふことである。

鵜澤博士の最終辯論用に準備された論文の全體像は、上記の如く刋本『法哲學』及び『法律哲學』所收の形によつて窺ひ見ることができるが、その全文と、現在「法廷速記録」に収録されてゐる法廷で朗讀できた部分との異同は、二つのテキストを讀み比べてみる事により容易に檢證できる。その比較檢討の結果、パル判事が必ずしも尊重しなかつた他の辯護人達のそれと同様の、西洋世界に於ける國際法を（殊にその法哲學的側面を古代・近代に亙つて詳細に）論じた博大な學識の開陳は、法廷では省略されてゐた部分（全體の約三分の二）に入つてをり、一方パルに印象を與へた東洋哲學に關はる部分（「八紘一宇」の思想、その源泉にある周易や『淮南子』の「原道訓」、聖德太子『十七條憲法』、『大學』等）は殆ど省略せずに法廷で陳述されてゐたことが判る。

それでは、『法哲學』所收の論文全篇についての評は別の機會に譲る事として、今差當り法廷で開陳された抄錄部分のみに話を限る事とするが、これを收めた法廷速記錄自體が決して一般讀書人にとつて入手し易い代物ではない。但、これは法廷で却下の扱ひを受けたわけではないけれども、當初却下された髙柳冒頭陳述、部分的朗讀禁止處分を受けた清瀬冒頭陳述との關聯性を考慮して『東京裁判却下未提出辯護側資料』の第七巻に收載してあるので、この資料集ならば多くの圖書館が架藏し、利用者に閲覽の便宜を供してゐるであらう。

とにかくその朗讀濟の最終辯論の構成の概略を記しておくと、本文は「第一　世界の危機と東洋の不安」「第二　正義と責任」「第三　平和と王道」の三章から成る。第一章では、十九世紀後半以降、歐米の植民地支配勢力が極東アジアへの進出を一段と强力に推し進めてきたのに對し、日本が國際協調の精神を第一義として、歐米の壓迫を如何に〈忍耐と寛容〉を以て堪へ忍んできたか、その極限まで追ひ詰められて遂に自存自衛のために立ち上つた日本の決斷を捉へて侵略戰爭であるとの誹謗を敢へてする、これは法の正義の決して許さざる所である――と、論ずる。因みにその部分でW・チャーチルの一九二三年の著書『世界の危機』が『默示錄』第十六章の〈往きて神の憤恚の鉢を地の上に傾けよ〉といふ〈大なる聲〉を引いて迫り來る戰爭の危險を豫言してゐたのに對し、『默示錄』の如き蒼古の豫言の書といへば東洋にも『周易』が存する、そして『周易』は戰爭の豫言と共にそこに至らざるの工夫を準備せよと敎へてゐるものであり、現在の被告の中にはその思想を學んでゐる者もある、と應酬してゐるのは興味深いが、法廷のその場に於いてこの應酬の意味を酌んでその効果を感得し得た者は皆無であつたらう。

もう一つ觸れておくと、この章に〈第一次世界戰爭から第二次世界戰爭に進展した世界の新革命〉といふ表現がある。日本は〈世界新革命の渦流に捲き込まれ、小國ながら平和の維持の爲めに敢然として立たねば〉ならなかつた、とされる。日本を脅かした〈世界新革命〉とは何か。これはどうやらロシアの共產主義革命の日本への波及を指してゐるものの樣である。何故日本の防共努力について率直な表現を以て訴へる事ができなかつたのか。それはソ連の檢察官・判事、後に中共に走ることになる中華民國の判事が必ずこれに異議を申し立て、部分的もしくは惡くすれば全面的朗讀禁止の措置を誘發するおそれがあつたからである。ソ連の世界共產主義化攻勢と中國共產黨の脅威に關して提出した辯護側の法廷證據はその殆んど全部が却下された。それは辯護團にとつて實に苦々しい裁判所の偏向であつたが、又是非もなき敎訓であつた。裁判長にしてからがソ連判事・檢察官に氣を遣ふ事甚しく、法廷には共產主義批判を禁忌とする空氣が支配してゐたからである。

第二章では、淸瀨冒頭陳述にも出てくる「八紘一宇」の理念が、出典の『淮南子』に卽して語られ、それが大東亞共榮圈構想の根柢をなす文化思想であり仁愛思想である所以が語られる。「八紘一宇」論爭は、法廷で辯護團側が檢察側の論難に對する辯明に十分の成功を收めた、謂はば論じ勝つた僅少なる例の一である。その論戰の始終は横溝光暉著『東京裁判における八紘一宇』(5)に詳しい。該書は今や稀覯の文獻であると思はれるが念の爲に注記しておく。

第三章「平和と王道」ではこれを受けて東西兩洋の哲學に於ける「王道と覇道」の比較硏究の一端を鵜澤氏自身の過去の硏究（一九二五年）に言及して說くのだが、あまりに簡單な記述であつてその硏究の全貌を窺ふよすがには足りない。わづかに『大學』の首章を引いて「明明德」「新民」「止至善」の三綱領を説明した部分が印象的といふ程度であり、この部分は、參考に添へたといふ一九二五年の論文とまでは言はなくても、せめて『法哲學』所收の論文全篇に溯らないと、辯者の論旨は十分に傳はらないであらう。博士はそこで〈個人個人の性格立證は許されないところであり、又それは必ずしも必要でない。けれども被告人一般が如何なる教養を受けた國民であり、又如何なる世界的生活の水準に在るかは明かにされねばならなぬ〉との觀點から、〈被告諸氏は多くは王道の教養の持主である〉ことを說いた。この立論は裁判に所謂人格立證の方法を採つたと看做されるもので、被告辯護の技術としては如何にも非力であらう。キリスト教文明圈の國の裁判で、被告は平生敬虔なクリスチャンであつたと述べてゐる程度の意味しかないからである。日本側の基本方針であつた國家辯護の原則に照らしてみても、被告に國際法違反は無かつたとの論證に匹敵する効果があつたとは考へにくい。然しともかくも鵜澤博士の總論の中で說かれた東洋哲學に基づく「東洋の尺度」の主張は、パル判事の耳には他の辯護人達の辯論とは一味違つた高き見識の聲と響いたものであつた。

四　緒言に見る「理性」への訴へ

鵜澤最終辯論の本文の朗讀に入る前に、法廷速記錄では「緒言」との見出しのついた前置きの口上がある。この部分には少しく妙な問題が絡んでくる。それは英文の速記錄については校訂上の疑義は生じて來ないのに對し、日本語の文には初步的・基本的な疑點が存し、殊に『却下未提出辯護側資料』所收の方の稿體には、英文速記錄の「誤譯」によつて生じたのではないかと思はれる樣な、日本語として在り得べからざる妙な表現が生じてしまつてゐることである。然し事は既に遠く過ぎ去つて今は問題にしても無意味な瑣末事に屬するので、文獻校訂の件は篇末の付記に廻し、本稿の主題に關はる論旨の考察に入ることとする。

「緒言」は法廷での發言者としての「挨拶」の部分は看過すとして、次の如き一節から成る。法廷速記録の稿體のままに引用する。

〈主席《ママ》檢察官は最終辯論に於て我々は、「門戸を閉鎖する」段階に到達したと述べられた。若し卑見を許されるならば、我々は理性及法律の支配への門戸を開放すべき段階に到達したと申し上げたい。開かるべき視野は人類の道德、正義及法則の普遍性に、深く根柢する所がなければならぬ。且歴史竝に人類の永い經驗に基く敎訓に背馳するものであつてはならぬ。この大事業の目的は被告等の有罪又は無罪を決定するだけに止るものではない。それは人格の尊嚴性が重ぜられる平和と正義との世界に到る道程を、我々及我々の子孫のために示すことに在るのである〉

冒頭に引かれた首席檢察官キーナンの言葉といふのは、昭和二十三年二月十一日の法廷での檢察側最終論告序論の皮切りの文句で、邦譯速記録によれば、〈これから論告いたします。／法律の古い制度より言葉を借りて申しますならば、我々は「門を閉ぢる」時刻に達したのであります〉といふ形で出てくる。この成句を受け、その適用を裏返しにして、閉づるのではない、今こそ理性と法の支配への門戸を開く時が來たのだ、と應じたのは、痛烈な皮肉には違ひないが、所謂ひねりを利かせた皮肉といふよりはむしろ堂々たる修辭術の驅使であらう。これは、それまでの審理が理性と法の支配に對して門を閉ざした底のものだつた、と論斷したに等しい諷喩である。

ところで、分析が少しく瑣末に亙る如くで躊躇を覺えはするのだが、〈理性と法律の支配〉とは鵜澤の如き法哲學の泰斗が用ゐる表現ではあるまい。次の行の〈正義及法則の普遍性〉も同じ事で、兩所いづれも「法」の一語でよいはずである。『法哲學』所收の鵜澤論文全文の方には〈力に對する法の支配〉といふ句で「法」概念の在るべき通りの用法が出てくる。法廷速記錄英文版に徵してみれば、誰しも容易に推定し得るであらう通り、その部分は we are come to the "opening of the gates" to the rule of reason and law であり、又 the universality of human morality, justice and law である。この law を前例で法律、後例で法則と譯すのは一般敎養的法學の知識すら持たぬ輩以外にはあり得ぬ失錯と言ふべきであらう。〈門戸の開放〉も敢へて言へば誤用であり、此處はただ〈門を開く〉とすればよい所である。

執拗ながらまとめて言へば、此處は〈理性及法の支配〉、〈人類の道德、正義及法の普遍性〉でよい。鵜澤辯護人自身の朗讀用原稿がこの部分にまで及んで遺つてゐたとすれば、その稿體での字句はおそらくこの形をとつてゐたことであらう。

速記錄での字句校訂の問題は以上の如くで片づくとして、此處で注目したいのは、辯護人が前置きといふ目立たぬ形ではあるが、檢察側に對して敢然と且つ昂然と言ひ放つた反論の姿勢である。それは、この大規模な裁判に於ける檢察側の辯論は、實體は理性と法の支配に對し門を鎖した底のものであつた、然し今や我々辯護側に發言の順番が廻つて來た、そこで我々の辯論こそが理性と法の支配の下での人類の道德、正義、法の普遍性に根ざした主張になるのだ、さあ聞くがよい——、とでもいつた烈々たる氣概を感じさせるものであつた。

以下は、畢竟筆者の想像に出る以上のものではないが、パル判事は胸中この緖言に溢れてゐる氣概に敏感に反應し、以下の鵜澤最終辯論に注意深く聽き入つた。現在の我々から見れば、鵜澤博士が用意しておいた長大な論文から國際法の哲學的側面の歷史と、現實に本法廷での審理の對象になつてゐた現代史の諸事件への考察とが省略され、法廷で朗讀されたのは全體の三分の一ほどでしかなかつた事は甚だ殘念であるが、それでもパル判事がこの辯論に強い印象を得て直ちに鵜澤辯護人を控室に訪ね、同感と稱揚の意を表明したことは瀧川政次郎氏の證言してゐる通りである。

歐米人種の心の深層に蟠まる異文化への侮蔑に發した憎惡と復讐の情念が熱《ほとぼ》りを冷《さ》まし、理性が主役としての發言權を獲得するには、然るべき時を待たねばならない、との預言はパル判事の深い共感を呼んだ。どの様な順序を經た上での事であるかは全く忖度の限りでないが、判事は米國の南北戰爭での戰後處理の記録をも參照する要があると感じた。そしてその調査の結果として敗戰側の最高責任者であるＪ・デイヴィスの不屈の信條の表白を見出した。そしてこれを鵜澤總明の最終辯論の緒言に見る、表現は穩健だがその奥に鋭利な理性の刃を祕めたあの呼びかけに適しい應答の言辭であると看て取つた。斯くて、圖らずもパル判事による引用の結果として、人類の理性の空間に燦く不朽の名句としてのこの四行がパル判決書全篇の棹尾を飾る事になつたのである。

〔付記〕『東京裁判却下未提出辯護側資料』第七巻所收の鵜澤總明最終辯論「緒言」の件の部分は、〈開かるべき視野は、人間の道義、正義及法則といふ普遍的立場から見て健全でなければならぬ〉といふ意味薄弱とでも評すべき妙な表現である。これも、鵜澤博士の如き碩學の言辭とも思はれぬ、との疑問を呼ぶ。これはその部分の英文速記録にある、The vista to be opened must sound in the universality of human morality, justice and law の述語部を must be sound と誤讀した故であらうと推定するのが最も説明し易い。卽ちこの前置き部分は日本語の朗讀豫定原稿にはなく、文字記録としては初めに英文速記録のみがあつた。そこから先づ作られた邦譯が上記の通りで、それが公刊の速記録に編集される際に、この誤讀に氣付いた校閲者により現行の稿體の如くに訂正されたのであつたと推測できる。別段の實害もなき瑣末な誤記ではあるが、ともかくもこの様な校訂の結果を記して置く。

注

（１）「文藝春秋」平成十九年九月號所載。

（２）無條件降伏といふ終戰形態の意味については、吉田一彦『無条件降伏は戰争をどう変えたか』（ＰＨＰ新書、平成十七年）

といふ好研究がある。又英米佛ソ四箇國による分割占領・共同管理を蒙つた無條件降伏後のドイツの慘狀については、その〈恐ろしい意味〉を語る文獻は夥しく、枚擧に遑がない。

（3） この僞計について、小堀桂一郎『東京裁判の呪ひ』（ＰＨＰ研究所、平成九年）の序章「欺かれた人々」を參照頂ければ幸甚である。

（4） 高柳賢三辯護人の辯護側冒頭陳述は『東京裁判却下未提出辯護側資料』第七卷（國書刊行會、平成七年）に收錄されてをり、その改訂增補稿に當る辯護側最終辯論段階での檢察側への反駁文は、却下されたわけではなかったが上記の『資料』第八卷に收錄し、且つ講談社學術文庫の『東京裁判　日本の弁明』にも收錄した。猶高柳賢三著『極東裁判と國際法』（有斐閣、昭和二十三年）は、右の增補部分を含めた最終稿とその英譯文とを併せ收めた貴重な單行書であり、刊行後六十年餘を經た今日でも依然として再刊が望まれる歷史的文獻である。

（5） 昭和四十七年十一月、里見日本文化學研究所編集發行。

第七章　統帥權と文民統制原理
――天皇と軍隊・過去の理念型と將來の難問――

序　統帥權とは何だつたのか

東京裁判の遺した謎

極東國際軍事裁判から說き起してみよう。アメリカを中心とする連合國の檢察官は多くの先入見と豫斷とを懷いて東京裁判の審理に臨んだものであることはよく知られてゐるが、その大きな豫斷の一に、昭和三年の張作霖爆殺事件に始まり昭和十六年の對米英開戰に至るまでの日本の攻擊的な對外政策は、一握りの「犯罪的軍閥」によつて指導されてゐたものだ、との觀測がある。この「犯罪的軍閥」の存在といふ妄想は蓋しドイツに於けるナチスの在り方から類推し、臆測されたところに發生したものである。昭和日本の議會制度を始めとする全ての政府の官制と組織は、ナチスの場合と同樣、侵略の道具として使用されてゐたのであり、その侵略的意志を結集する方式が「共同謀議」と稱せられる犯罪計畫であつた、とされた。

ところが審理を進めてゆくうちに、强引な檢事團も屡〻途惑ひ、首を捻らざるを得ない場面が多くなつた。東京裁判法廷の被告席に座つた二十八名の戰時國政指導者達は、性格的にも職務の上からもナチスの黨幹部達とは明らかに異質の人々であり、何よりも被告達相互間の關係がナチスの如き一黨獨裁の政治を可能にする様な鞏固な黨人的繋りを有してゐない。ヒトラーの類推で捉へようとした東條英機大將には、全ての權力を己が一手に掌握し、壟斷した獨裁者の俤などは到底なかつたし、他にも開戰と戰爭遂行の責任を一身に帶びた强力な指導者といつた存在が抑〻見當らないのである。內閣々議、大本營政府連絡會議、御前會議、重臣懇談會、軍事參議官會議等、此等の各種會議を、檢察側の謂ふ「共同謀議」の實行機關であるとの見當をつけたのは尤もであつたかもしれないが、それらの各種會議の議決とその結果の執行に當つての責任の所在如何となると、どうも雲を摑む樣に手應へがない、といふ感觸が次第に露はになつてきた。殊に檢察側に怪訝の念を起させたのは、日本に於いては戰爭遂行中に於いてもなほ「國務」と「統帥」とが分立、むしろ分裂したまま國政の運營が爲されてゐる、といふ事實だつた。

かうした日本獨特の政治形態は、それだけでも既に日本に於ける「全體主義」の支配といふ假定的觀測に疑念を生ぜしめる體のものだつた。東京裁判法廷に於いて、檢察側の起訴事實立證段階が終り、辯護側の反駁立證作業が個人辯護の段階にまで進んできた時のことであるが、注目の焦點となつてゐた東條英機大將が、被告の身分のままに證人臺に立つといふ事態が生じた。昭和二十二年十二月二十六日のことである。そこで二十六日、二十九日、三十日と三日にわたつて、有名な「東條口供書」の朗讀がブルーエット辯護人によつて行はれるわけであるが、十二月二十九日、口供書の第九三項として讀み上げられたのは次の如き趣旨のことであつた。それは昭和十六年十一月五日の御前會議についてであるが、曰く、

九三　元來此の種の御前會議は政府と統帥部との調整を圖ることを目的として居るのであります。日本の制度に於ては、政府と統帥部は全然分立して居りますから、斯の如き調整方策が必要となつて來るのであります。此の會議には豫め議長といふものもありません。その都度陛下の御許しを得て首相が議事を主宰するを例と致します。此の會議で決定したことは、その國務に關する限りは更に之を閣議にかけて最後の決定をします。又統帥に關することは統帥部に持ち歸り、必要なる手續をとるのであります。斯の如くして後、政府竝に統帥部は別々に天皇陛下の御允裁を乞ふのであります。從つて憲法上の責任の所在は、國務に關することは內閣、統帥に關することは統帥部が各々別々に責任を負ひ其の實行に當るのであります。又幹事として局長なり書記官長が出席しますが、之は責任者ではありません。

御前會議、連絡會議の性質及內容は右の如くでありまして政府及統帥部の任務遂行上必要なる當然の會議であり檢事側の觀測しあるが如き共同謀議の機關と見るは誣言であります。

七十年後の今日でも我々は此を讀んで、――さういふ仕組だつたのか、と改めて驚くのだが、極東國際軍事裁判所の檢事達、判事達も、いつたいこんな體制で戰爭指導などができるのか、といふ意外の思ひに捉はれたことであらう。國務と統帥の分立といふことは、表現を變へて言へば「統帥權の獨立」であつて、この表現の方は比較的よく世に知られたものである。「東條口供書」の前引の終りの方では、國務の責任は「內閣」、統帥の責任は統帥部に、と表現してゐるが、前半部では、「政府」と統帥部は全然分立、「政府」と統帥部は別々に陛下の御允裁を乞ふ、と言つてゐるので、これはつまり、統帥部は「政府」に屬してゐるわけではないこと、軍事が政治の支配を受ける文民統制（所謂シビリアン・コントロール〉といふ關係が日本には成立してゐなかつた次第を明言してゐることになる。

東京裁判での連合國檢察官團は、彼等の謂ふ所の「侵略戰爭」を計畫し且つ實行した指導者達の責任を追及し、斷罪することをもちろん究極の目的としてゐた。ところがその責任の所在がどうも曖昧である。それでも强引に全員に有罪の判決を下すことに成功して彼等の目的を達した。他方法廷の審理の記録を一個の歴史史料として讀む立場に立つた戰後の現代史家達から見ると、法廷での審理過程で明らかになつた、責任の所在の不分明といふ體制それ自身が又怪訝と不滿の種子となり、やがて政治史の分野での研究對象の一として浮上してくる。つまり、統帥權の獨立とはいつたい何だつたのか、といふことが研究題目として一部の史家の注目するところとなつた。

本書の著者も、思ひ返してみると、昭和三十一年に竹山道雄『昭和の精神史』の中で〈天皇の機關說的性格〉と〈天皇の統帥權的性格〉の二重性とその相互の相剋・消長が昭和の動亂の大いなる禍根の一だつたとの考察にふれて以來、「統帥權の獨立」といふ不思議な問題について時々考へることがあつた。そして平成の御代替りから程無い時期の事、專門としてゐた研究領域にや、餘裕が生じ、三十年代の學生時代に心裡に懷いた疑問に立ち戻つてみる要求を覺えたことで、平成三年の末に現代アジア研究會編の『世紀末から見た大東亞戰爭』といふ共同研究論集に「統帥權とは何だつたのか」なる一論文を寄せた。それを機緣として、以後複數の發表機關に度々此の主題についての考察を發表してゐる。回數を重ねたからといつて、それ等を合せて決定的な答案が提出できるといふほどの學識が著者にあるわけではないが、ともかくも此の機會に以下に述べるほどの考察を公けにしておきたい。

露呈した後遺症

平成二十二年九月七日に沖繩縣尖閣群島海域で發生した中國漁船（民兵の操舵する工作船であつた可能性が濃い）が、我が海上保安廳の巡視艇に攻擊的衝突を仕掛けてきた事件は、日本國民を所謂「平和憲法」體勢の惰眠から呼び醒ます現實的効果を發揮した。百六十年近い昔の話である〈泰平の眠りをさます蒸氣船……〉の狂歌を思ひ出させる衝擊的な事件だつたのだが、その國民の眠りを醒まさせまい、惰眠を貪り續けさせようとする心理的謀略工作が蠢動をやめない點で、國家の危機は今回の方が深刻である。

だが、この危機が極めて切迫したものであることに眼を開き、事態の打開には何が必要なのか、今打つべき手は何なのかを眞劍に考へ始めた人々も少なからず居る。その人々の思ふ所は、概ね以下の様な理路を辿るであらう。――この衝突事件は、火器の發砲こそ件はなかつたものの、事實上中國人の組織による、その國家意思を體しての日本國への主權侵害事件である。斯様な暴力的秩序破壞行爲は起こらないといふことを假定的前提として成立つてゐる日本國憲法前文とその第九條が據つて立つてゐる所の假定が、日本國民の眼前で明白に崩され、否定された。論理的には夙に破綻してゐた憲法の空想的前提が現實にも崩潰したことをまざ〳〵と見せつけられた。さればといつて現在の我が國の政治狀況では、空文と化した現憲法を破棄して現實に對應できる様なまともな憲法を制定し公布するといつた正攻法は應急手當としては不可能である。そこで我々が想起するのは一朝有事の際の超法規的措置といふ行動があり得る、といふ發言の記憶である。だが公人としての立場に在つてこの發想を口にした昭和五十三年七月の栗栖弘臣統幕議長は卽座にその職を解かれ追放された。これは日本國政府が自ら「超法規的措置」はあり得ないと否定したことを意味し、その國家意志は依然として國民を拘束してゐると見られる。ではどうすればよいのか――。

結局、憲法の部分改正を至急國會に上程し、第九條の〈……武力行使は、國際紛争を解決する手段としては、永久にこれを放棄する〉の文言と②項の〈國の交戰權はこれを認めない〉の規定を廢棄するといふ緊急非常の措置をとる以外に、我が國家主權への此以上の侵害を防ぐ手段はない。

そこで、この様な緊急對應が、刻々と悪化してゆく國際關係の危機に果たして間に合ふかどうかは別として、ここに浮上する問題は以下の如きものであらう。卽ち現憲法に規定がない故に、我々日本國民がここ六十五年間經驗してゐない、國際紛争解決の手段としての武力行使、及び交戰權の保有・行使といふ事態が出來した場合、その行使の責任の所在は何れであるか、といふ判斷乃至決斷である。

日本が凡そ國家としての自然權であり生存權である交戰權を回復し保有するといふ事態になつた場合、現在の自衛隊は、晴れて國軍としての地位を得、正規の國防軍として法的に認知されるであらう。その國軍の全ての行動の責任の所在、つまり統帥權を掌握するのは一體誰なのか?

現在の自衛隊ならば、その最高指揮官は內閣總理大臣である、といふことでよろしい。それ以外に規定の爲様もないとて誰もが納得するであらう。自衛隊は、現在「國際連合平和維持活動等に對する協力」を立派に法律を以て認められてをり、それに基いて「國際平和協力業務實施」のため、或いは「國際緊急援助隊」としての業務に從事するため、平成三年のペルシャ灣での掃海作業や平成十五年以降のイラク復興支援の如く、國際的武力紛争の生じた地域や現に紛争が續いてゐる地域への出動も認められてゐる。然しそれは結局「人道的支援」であり「平和維持への協力」であつたから、內閣總理大臣の命令によつて動員が可能であつた。然し實際に「武力行使」「交戰」の可能性を前提としての出動であつたらどうなのか。つまり「戰死者・戰傷者」が優に發生し得る様な狀況に向けての動員に、單なる總理大臣の名を以てしての命令で足りるのか、いや、動員される軍隊の隊員の方で、首相命令に納得して生死を賭けての戰場に赴く覺悟を決め得るのか、といふ精神的問題が浮上してくるのを避けることができない。忌憚無く言へば、もしその樣な事態が出來した場合、その時國家元首たる天皇は何處に居られるのか、といふことである。

現行憲法第一章「天皇」八箇條の中には、第四條「天皇の權能の限界・天皇の國事行爲の委任」及び第七條の「天皇の國事行爲」の規定自體及びその現行解釋に對して嚴しく異議を唱へざるを得ない重大な疑問がそれぞれに含まれてゐる。第九條のあまりにも普遍性を逸脱した、不條理な文言のみを削除すれば、との前提で論を進めてゐるこの文脈では、然し直ちにそこまで論ずる餘裕がない。天皇と國軍の關係までをも、法理的に確乎たる基礎固めをして、といふことで取り掛つたら、自主憲法制定に至るまでの議論は、おそらく止處ない紛糾を續けるだらう。

天皇と軍隊の關係は？

文字通りに議論の紛糾が豫想されるこの難しい問題に對して、本稿は直接答へ得るものではないけれども、問題の中の最大の眼目に觸れるだけは觸れておかう。卽ち現在の自衞隊が法的に認知を受けて國軍としての地位を定め得た場合、この軍隊と天皇との關係はどうなるのか。簡單に言へば、國家元首としての天皇は、大日本帝國憲法に於いて保有されてゐた大權を回復して統帥權を保有されるのか。それとも〈國政に關する權を有しない〉といふ現憲法での地位規定が持續するのか。もしさうだとすれば統帥權の保有者として軍隊に交戰權の行使を下命する者は誰になるのか――。

この難しい設問に答へるための豫備的もしくは基礎的作業として、大日本帝國憲法體制の下での統帥權についての解釋の歴史を回顧してみるといふ作業にともかくも着手してみよう。

大日本帝國憲法の體制の下では、天皇と軍隊との關係は極めて明快に規定されてをり、それは第一一條から第一三條までのいはゆる統帥權條項三箇條に盡されてゐた。念の爲に引用して見るならば、

第一一條　天皇ハ陸海軍ヲ統帥ス
第一二條　天皇ハ陸海軍ノ編制及常備兵額ヲ定ム
第一三條　天皇ハ戰ヲ宣シ和ヲ講シ及諸般ノ條約ヲ締結ス

と、以上の通りである。

第十一條は洵《まこと》に簡潔な定言命法だが、これを特に統帥大權と呼び、第十二條を之に對して編制大權と呼ぶ慣行が成立してゐた。第十三條は讀めば分ることだが、宣戰を布告し、講和條約及びその他の國際條約を締結し裁可する權限で、本條も亦《また》國政に關する天皇大權と呼ばれる重大な決定事項の一である事は、別に國家學・政治學の教育を受けてなどゐなくても、誰の眼にも明白なわかり易い話である。

先に記した通り、現在の我が國は憲法に根據を有する國軍といふものがなく、天皇は〈國政に關する權能を有しない〉と憲法に明記してある。だから、現實に國防軍の役割を果すべき、且つ安全保障裝置として立派にその國防上の役割を果たしてゐる自衞隊と國家元首としての天皇との關係を、法的にどの樣に構築すればよいのか、その手がかりさへつかめないといふ、實に「普通の國」とは呼べない樣な變則の状況に置かれてゐる。

さうである以上、大日本帝國憲法に於ける統帥權條項をいくら檢討してみても、目下我々が直面してゐる「天皇と軍隊」の關係の在るべき形の構築には何の參考にもなるまいとお考への向もあるかもしれない。然しそれはやはり違ふのであつて、かつての統帥權の思想と實體とを知つておく事は、問題解決への積極的な指針とはならないにせよ、むしろ此事だけは知つておかなくてはいけないといふ、最低限度の豫備知識と見做《みな》すべきものである。

現に、統帥權の實體が存在し様もないこの米軍占領行政の遺制下にある今日の我が國で、歷史問題としての統帥權の研究は、限られた少數の人によつてではあるが十分眞劍に行はれて來てゐるのであり、統帥權を主題とし表題にも掲げてゐる單行の研究書も複數刋行されてゐる事實はやがて御紹介できると思ふ。この法理念を手がかりとして我が國の過去の履歷を振り返つてみることなしに、天皇と軍隊といふ難問に切り込むことは不可能であると言ひ切つてよいであらう。

一　歷史的回顧

「統帥權干犯」の妄論

ところで、「統帥權」といふ單語は、現今多くの日本人の耳には或る漠然たる不吉の陰翳《いんえい》を帶びて響く様になつてゐるのではないか。どうして又そんなことになつたのだらう。

上智大學名譽教授で本業は言語學者の渡部昇一氏が、同時に一般の讀書人の世界に於ける拔群の高度な哲學的知性の持主であり、且つ歴史家として當代隨一の傑出した存在であることは、筆者が今更喋々《てふてふ》するまでもない天下公認の事實である。その渡部氏が平成元年五月に書き下しで刊行した『日本史から見た日本人・昭和篇――「立憲君主國」の崩壞と繁榮の謎』といふ名著がある。その第一章は「總理なき國家・大日本帝國の悲劇――「昭和の悲劇」統帥權問題はなぜ起きたか」と題する百二十頁に亙る詳密精緻の昭和史論なのだが、章の付題に見る如く、そこでは「統帥權」が悲劇の謎を解く鍵概念となつてゐる。

その鍵はどの樣に使はれてゐるのか。渡部氏の入念な考察をなるべく端折つて簡單に紹介しておくと――、發端は昭和五年四月二十五日、民政黨濱口雄幸內閣の下での帝國議會に於いて、その三日前に調印の濟んだロンドン海軍軍縮條約締結の可否についての議會質問の際、野黨政友會總務の鳩山一郎代議士が突如として〈統帥權干犯〉といふ人々の耳に慣れぬ標語をふりかざして政府への攻擊・糾彈を開始した事にある。

事の經過と內情は追つて御說明することとして、問題は、研究の進んだ今日の視點から見れば反駁《はんばく》するのに格別の困難があるとは思へないこの一知半解の、然し底意地の惡い質問に對し、時の濱口內閣が適切な對應を示すことができず、いたづらに事態を紛糾させ、結果として遂に〈統帥權干犯〉といふ彈劾の詞に魔語の如き呪縛力をもたせてしまつた事である。それによつて「統帥權」は現實に神聖不可侵の魔力を帶び、この呪文を振りかざす事によつて軍部は憲政の王道を蹂躙したどんな橫暴でも押し通す事ができる樣になつてしまつた。軍の意志が政府や議會のそれを上廻る權力を持つとすれば、それはいはゆる軍國主義である。誤解を避けるために注記するならば、昭和五年以降の我が國は、國策としてイデオロギーとしての軍國主義を政府と國民が奉じたのではなく、むしろ兩者の意志に反して、軍部の意向が政府のそれを支配するといふ事態を發生させてしまつた形である。

渡部氏の考察の眼目は以下の如くである。卽ちロンドン軍縮會議に於いて政府代表の若槻禮次郎主席全權と財部彪海軍大臣が、統帥の輔翼機關である軍令部の強い反對意見を無視して軍縮條約に調印したのは、憲法第十二條の天皇の編制大權を干犯するものだとの政友會側の屁理窟を、政府は法理論的に論破することができなかつた。この政治的無力・不見識及びその際內閣が反論の根據とすべき明治憲法にひそむ缺陷が、結局大正デモクラシーの成果であつた立憲君主制の下での政黨政治を破壞させてしまつたといふ、極めて的確な指摘であつた。

ところが渡部氏の示した樣なかうした少しく難しい法理論上の創見的解釋には、多くの場合その考察への追隨者が現れるものである。そしてその人々は亞流の特徵として、とかく肝腎の因果關係の特に原因の部分を見過ごして、提示された結果のみについて、そこに自分の好惡や先入見に基く判斷力を投影し、結局誤つた結論を捻り出してしまふ失態を演じることも起る。

司馬遼太郎氏の作家として業績の偉大なることは今更言ふまでもない國民周知の事實だらう。『坂の上の雲』が國民文學とでも呼ぶのに相應しい廣汎な支持と愛讀者を獲得してゐる事も今日目前の現象である。

だが司馬氏はどこまでも物語作家であつて歷史家ではない。氏の歷史小說の中に、それを史實と受取つては當を失する樣な記述が時として散見されるとしても致し方ない次第である。今にして人氣が益々高まつてゐる『坂の上の雲』にも、旅順要塞攻略戰の記述に於いて、殊に第三軍司令官乃木希典將軍の評價に關して、讀者の側からの異論は本作の發表當時からあつたが、殊に輓近は後進の眞摯な歷史硏究者諸氏の間から強い訂正要求の聲が高まつてゐる。それは單なる事實誤認や考證の不備の指摘といふ次元を超えて、司馬氏の人物觀・歷史觀の深い所にまで及ぶ公正鋭利な批判ではある。

司馬氏は平成五年一月から四月にかけて、雜誌「文藝春秋」連載の隨筆『この國のかたち』の中で「統帥權」を主題として論ずること四回に及んだ。話の流れは、幕末維新期の尊皇攘夷運動に於ける軍事力の發動から始まつて昭和の支那事變に至るまでの、日本帝國に於ける統帥權の發祥と變遷の經過を文字通り隨筆の體裁で概觀したものである。研究成果といふほどの文章ではないのだから、讀む方としてもあまり細部への穿鑿《せんさく》は避けることとして、全體としては、その樣な見方も成立つであらう、といつた感じである。

然し連載第三回の結びは、〈昭和陸軍軍閥は、昭和六、七年以後暴發をつづけ、ついに國をほろぼしたが、その出發點は明治初年の薩摩系近衛兵の政治化にあつたといつていい〉といふもので、これには首を傾げざるを得ないし、これを受けて第四回の書出しが、〈統帥權がかつての日本をほろぼしたことについて書いている〉となつてゐるのに接すると、この短絡的な發想は所詮小説家の文章であつて歴史家のそれではないといふ違和感が俄かに生じてくる。物語創作の筆を擱《お》いて地理・歴史の隨筆に專念する樣になつて以後、司馬氏の文體は獨特の澁みを帶びた重厚と沈靜の風格を有してゐるため、自然に讀者の信頼を喚び起す樣な風格を具へてはゐるのだが、然し右の樣な重大な問題についての重大な判斷を下すに當つてこの觀察は短小輕薄に過ぎるといふべきである。

〈統帥權がかつての日本をほろぼした〉と、この命題が國民的作家たる司馬氏の判斷の本音であるとすれば、その惡しき影響は頗《すこぶ》る大きいだらう。今のところその惡影響の及んだ範圍の測定などは筆者の手に餘る問題であるが、とにかくこれを以て統帥權とは卽ち惡である、といふ等式が罷り通つては困るし、又それがかつての（といふ留保が何を意味するのか不分明だが）日本をほろぼした元凶だといふのは單純化しすぎてつまりは誤りだと言はないわけにはゆかない。第一、日本といふ國は決してほろんでなどはゐない。大東亞戰爭での敗戰を捉へて、日本が亡んだ、といふ把握は人が往々にして安易に口に上せることだが、これは大衆的俗情の表現であつて知識人の口にすべきことではない。敗戰と亡國は同義ではなく、國を擧げて敗戰の屈辱を嘗《な》めはしたがそれでも國が滅んだわけではないといふ事態は、世界の歴史に徴してみれば少しも珍しいことではない。

司馬氏には大東亞戰爭中に一戰車部隊の隊員として勤務した經驗がある。そこで氏は昭和の軍隊内の空氣全體を支配してゐた合理主義的現實認識の感覺の稀薄さをいやといふほどに思ひ知つた。そのリアリズムの缺如に對する瞋恚《しんい》が、日本の軍隊の中に慥かに顯在してゐた精神至上主義への嫌惡に轉化され、又その精神主義の最大の淵源《えんげん》と目される乃木將軍希典への遡つての鬱憤と輕蔑となつて發した、といふ聯關だつたのではあるまいか。同樣に又、如何に理不盡な命令でも、それが軍隊といふ組織の中では否應なしの服從が鐵則である、さうした命令系統の有する强制力の根源としての統帥權に向けての憎惡が胸中に鬱積してゐたとも考へられよう。筆者の斯樣な忖度《そんたく》が幾分なりと當つてゐるとして、それは司馬氏の義憤への十分な同情の根據となるには違ひないのだが、だからといつて、統帥權が日本をほろぼした、といふ短絡的思考に左袒《さたん》するわけにはゆかないのである。

そこで、司馬氏を代表とする統帥權斷罪の見解が發生する源となつた、ロンドン海軍軍縮會議に向けての統帥權干犯糾彈問題の終始をなるべく簡單に振返つて理解しておかう。正確に言へば、統帥權の干犯が現實に生じたのではなく、統帥權干犯が生じたとの政治的な言ひがかりが世間を騷がせたといふ話なので、もとは議會内部の法理上の論爭でしかなかつた話題が、その處理を誤つたばかりに深刻な政治問題と化してしまつた、一種の醜聞事件である。

問題の淵源は畢竟《ひつきやう》アメリカ合衆國の對日戰略の根柢にひそむ日本への警戒感にある。日露戰爭の段階に於いては、日本帝國の存在とその國力は、米國にとつてはロシア帝國の極東進出の潮流に對する防波堤として、自國の利害の擁護勢力たるの意味があつた。その限りに於いて、合衆國大統領は日本が力盡きて頽勢《たいせい》から破局への顚落《てんらく》に陷らぬ前にロシア帝國との和を講ずべく、停戰の仲介に乘り出すといふ義俠に及んだ事は慥《たし》かだが、それはその目的が自國の國益と一致する事業であるが故に取組んだ事だつた。然し一旦停戰と講話が成立してみると、講和條約の内容は日本國民の戰勝氣分にとつては不滿と屈辱に滿ちたものであつたにも拘らず、日本は米國の眼から見ればロシアに代つて東アジアに確たる覇權を樹立してゐた。卽ち米國の宿命たる西方膨張政策にとつての不遜な障壁と映ずる存在になつてゐた。

この米國の國家戰略に對する障碍物《しょうがいぶつ》としての日本の上昇氣運を抑制し押し戻すために、米國は官民擧げての反轉攻勢を開始する。茲《ここ》に「民」といふのはアメリカ國民の骨髓に沱染み込んでゐる白人優位の人種差別感情から發する日本移民排斥運動であり、「官」といふのはいはゆるワシントン體制の構築に代表的に表れる米國政府の意志としての國家戰略である。

ワシントン體制の伏線と見るべきものが、第一次世界大戰の後始末を國際協議の場に上せたヴェルサイユ會議での、米國大統領ウィルソンの提議になる國際協調のための十四箇條の原則だつた。これはドイツとの講和交涉の基礎となるべきものと考へられ、無賠償、無併合、海洋の自由、關税障壁の撤廢、軍備縮小、ヨーロッパ諸國の民族自決、國際平和機構の設立等を謳つたものだが、右記の最後の項が國際聯盟の結成として實現し、軍備縮小の宣言がやがてワシントン、次いでロンドンの海軍軍縮會議として具體化されることになる。よく知られてゐる様に、日本は國際聯盟の設立に當つては、その規約の中に人種差別撤廢條項を入れることを提議し、これは多年白人による差別の被害を受け續けてきた有色人種の國々から強い支持の聲が寄せられ、その國々の期待をこめてヴェルサイユ會議の議題とはなり得た。だが、米・英兩國の强硬な反對に加へて兩國とほぼ利害を等しくする濠州・カナダも反對に廻り、議題としては贊成多數を得たものの、議長ウィルソンはかかる重要議題の議決には全會一致を要するとの突然の理由を持ち出して採擇を阻止してしまつた。ここにも日米間の反目の萌芽は明らかに看て取ることができる。

ヴェルサイユ條約の調印が大正八年（A.D.一九一九）、翌年に國際聯盟が成立すると、この國際協調による平和維持の一般的願望を背景に、アメリカは早くもその翌年大正十年（A.D.一九二一）にワシントンでの軍備縮小會議の開催を五大强國（米・英・日・佛・伊）に呼びかける。その下心は要するに太平洋に於ける日本の海軍力の强大化を抑制しようとの戰略である。この戰略の內實は日英同盟の廢棄と日本海軍の主力艦の削減にあつた。

日英同盟は日露戰爭に於いて十分にその効力を發揮してゐた。兩國の安全保障にとつてこの同盟條約が今後とも重要な役割を演ずるであらうことは兩國の識者が深く認識してゐる事だつた。さればこそ米國はこの同盟關係を嫌ひ且つ恐れた。早い話が、もし日米間に戰爭が勃發し、兩國海軍の大艦隊が太平洋の何處かの海域で對決するといつた事態が生じた場合、日本海軍の戰力を何らかの形で英海軍が支援するとしたら、それは米海軍にとつて不利な形に作用せざるを得ない。この關聯は日英同盟が堅持されてゐた日露戰爭、殊に日本海々戰に於けるロシア・バルチック艦隊の悲運といふ實績が實證してゐる所である。

米國はワシントン條約會議に於いて、國際協調に基く安全保障といふ大義名分を楯に、日英同盟を解消して日米英佛四箇國の加盟する四國條約への改編を工作し、それに成功した。この工作の下心は要するに日英同盟の廢棄であつた。軍事同盟は二國間同盟以外は殆ど意味が無い。三箇國以上の複數國間の同盟は必ず加盟各國の負擔すべき責任の擴散、釀出すべき支援義務の他者への轉化といふ事態が生ずるからである。二國間のみの同盟ならばその樣な跛行《はかう》を避けて堅實な關係を長續きさせることはできる。現行の日米安全保障條約に基く日米同盟の在り方を見れば（相互の負擔に最初からの不平等といふ歪みはあるにせよ）二國間同盟の安定性はとにかく信頼するに足るものといふ事が言へよう。

軍縮會議の提案・審議事項であつた英・米・日の主力艦保有率五・五・三の比率にせよ、日英同盟の存續が前提にあれば、太平洋に於ける日米の戰力比は互格乃至英海軍の支援を加算して日本の優勢と見ることもできる。日英同盟が存在せず、アングロサクソン兩國對日本の對決といふことになれば、戰域を太平洋に限定してみても彼我の勢力は二對一か、歐洲に平和があつて英米兩國が大西洋の武力をもアジアに振向けるとなれば、その差は壓倒的に彼等に有利となる。

かうした算用上の不安が見えてゐたにも拘らず、日本がこの條約に調印し、圓滑に批准にまで漕ぎつけたのは、英米兩國相手の「建艦競爭」にかかる財政負擔は當時の日本の國力を考へれば、やがては堪へ切れぬ重荷となるとの冷靜な計算があつたからである。その點で加藤友三郎全權（海軍大臣）の對處も內閣總理大臣原敬の思慮も理性的であり賢明だつた。但《ただ》、日英同盟の廢棄といふ外交上の失點については、米國外交の狡猾にしてやられたといふ悔しさが、達識の人々の間に痼《しこ》りとなつて殘つた。かくて大正十年に條約化し發足したワシントン體制とは、敢へて簡單に言へば、平和主義の美名に匿れて米國が日本に向けて企んだ戰略的箝制《かんせい》の成功の第一段階に他ならなかつた。

ロンドン會議で受けた威嚇

その十年後の昭和五年（A.D.一九三〇）に日本が參加の招請を受けたロンドンの海軍軍縮會議とは、畢竟《ひつきやう》米國主導の日本抑へこみ戰略第二段階だつた。海軍大臣の財部全權にせよ、若槻全權代表にせよ、十年前のワシントン會議で日本が苦汁を飮まされた經驗には十分學んでゐた。だが現實の國際關係の嚴しさ、といふよりも實質的にこの關係を裏で操作してゐるアメリカといふ强大國の覇權的意志の强悍《きやうかん》には、折衝の任に當る相手國の使節個人の學習成果などは到底齒が立たないほどの酷薄さがあつた。ワシントン條約で制限された主力艦の保有量を補ふのに大型巡洋艦と、殊に潛水艦を以てすれば辛うじて何とかなると考へてゐた海軍の軍令部にとつて、ロンドン會議が日本につきつけた兵力削減要求は日本の死命を制するものと思ひ込まざるを得ないほどの横暴なものであつた。

然しながら時の濱口雄幸内閣（昭和四年七月成立）は、施政方針たる十箇條の政綱の中に判然と國民の負擔輕減の一翼としての軍備縮小を謳つてゐたし、濱口自身元來英米との協調を眞劍に表明する政治姿勢の持ち主だつた。軍令部長加藤寛治大將、次長末次信正中將等に代表される海軍部内の不安に無理解といふわけではなかつたであらうが、とにかく内閣としては軍縮條約を締結し、國際協調路線を貫くといふ方針を選擇するのに迷ひはなかつた。それに加へて昭和五年といふ年は、ワシントン會議當時の戰後不況が慢性化してゐた事態に追ひ打ちをかける如く、前年秋にニューヨークに發生した大恐慌の世界的波及の餘波を受け、昭和恐慌と呼ばれる大不況、失業者の增大で國力は衰弱の極にあつた。軍備の縮小は國家の財政難それ自體が發してゐる自然の要求にもかなふ施策だつた。

ロンドン條約は五年の四月二十二日に調印され、國民は濱口内閣のこの方針を支持してゐたから、それから一箇月後の海軍大臣財部全權の歸朝は東京驛頭で民衆の歡呼を以て迎へられた。ただ條約の締結は憲法第十三條に見る如き天皇の大權事項であり、それは樞密院への諮詢《しじゅん》を經て天皇の御裁可を仰ぎ、其を以て批准され、國際條約としての效力が發生する。批准が濟むまでは國際條約はまだ日本國政府を束縛する力は無く、批准が得られなければ、調印はしても結局成立しないといふ事態があり得る。この條約では國防に不安があると考へる海軍部内の軍令部長以下にしてみれば、樞密院に働きかけて批准を妨げ、條約締結を阻止するといふ手段がまだある、といふことになる。軍令部長の不滿に同調し、條約承認の方針でゐる濱口内閣への糾彈をいはゆる政爭の具にしようと目論んで、當時の野黨政友會は實際にその手に出た。卽ちロンドンでの條約調印の三日後、さきに述べた如く、四月二十五日の帝國議會衆議院本會議の席上で、政友會總裁である犬養毅が代表質問に立つて濱口首相に詰問した。卽ち軍事專門家たる海軍軍令部長がこれでは國防に不安があると公に聲明してゐるのに總理大臣はこれで危險はないと斷言してゐる、いつたいどちらを信用すればよいのか、國民の安心できる様な説明を聞きたい、との理詰めの糾問であつた。

犬養總裁に續いて質問に立つたのが政友會總務の鳩山一郎であり、この鳩山代議士の質問の中に、爾來《じらい》妙に有名になつてしまつた統帥權干犯は國務大臣の失政である、との考へ方が出てくる。そして濱口内閣がこの言ひがかりを適切に處理できなかつた失態が昭和史の大きな禍の因となつたことは、野黨側と政府側と、どちらの言分に道理があつたかとは別の問題として認めないわけにはゆかない。

ところで、ロンドン會議とそれへの對應をめぐつての議會の紛糾や、全權團がロンドンで遭遇した苦衷の體驗、樞密院の諮詢《しじゅん》に向けての政界の樣々の裏工作等の始終を至つてわかり易い讀物的な記述にまとめてくれてゐるのが故江藤淳氏の勞作『昭和の宰相たち』の濱口雄幸を語つた部分、章立てでいふと第四十一「議會解散」、四十二「倫敦會議」から第五十「條約批准」までの計十章である。當《まさ》にすぐれた歴史物語を讀む樣な、人物の會話を十分に取入れて生きた個々人の感情の動きが活寫されてゐる好讀物であり、是非御一讀をとお奬めしておくのだが、唯歴史記述としての讀み易さに重點を置いてゐるため、本稿が主題としてゐる統帥權干犯問題の法理については立ち入つてゐない。

江藤氏は自傳的體驗記『アメリカと私』に詳細に述べてゐる如く、昭和三十年代後半の二年に亙る自身の米國滯在を濃密な知的身體的體驗として省察し、米國と日本との過去・現在を通じての政治的文化的關係について深く、行屆いた考察を重ねた人である。氏の展開するアメリカ觀には個人的な親疎好惡の次元を超えた、冷靜なリアリズムの視線が鮮明に浮き出てくる樣な說得力がある。それだけの眼識を具へた氏の分析によるロンドン會議の動機むしろ下心は、明らかに米國の日本抑へ込みの策謀であり、主催國イギリスはただアメリカに協力させられてゐるだけの脇役であつた。このことを現地に來て交渉の現場で肌身に沁《し》みて實感した若槻代表全權は、ロンドンに赴く途上のワシントンでのスティムソン國務長官との豫備會談、ロンドンでのスティムソン及びリード共和黨上院議員といふアメリカ全權を相手としての交渉を通じて、米國の對日敵意の容易ならぬ險惡さを知つた。それは遠く離れた東京に在つて、積極的な國際協調の姿勢を示す事によつて日本は國際平和の促進に向けての誠實な努力を歐米側に示し、以て日本の國際的地位を更に高めることができる——といつた濱口首相、幣原外相、そしてその背景に居る元老西園寺公望公爵等の觀測がどんなに甘い幻想であるかを痛感させる様な衝擊だつた。

加藤、末次等の海軍軍令部の上層は、折衝の現場に居たわけではないから、若槻全權の如くに米國と米國が主導權を握つてゐる歐米白人諸國の日本に對する敵意の苛酷さを身を以て經驗して、危險を唱へたのではない。唯彼等はやはり軍人特有の計數感覺を以て、米國が押しつけてくる戰力保有量の比率の數字の中に、相手の險惡な底意を嗅ぎ取つたのであらう。そして加藤は文字通りに身を賭して軍縮條約締結への反對の意思を貫いた（五月十九日付の上奏文を以て軍令部長辭職を願ひ出たのだが、六月十日の上奏文奉呈の結果、願ひは聽許されず翌六月十一日付で海軍大臣から更迭處分を受けた）。加藤のこの苦衷を察した政友會の代議士が、謂はば法匪の類の如き姑息な策を弄してまで、あまりにも樂天的で無責任な（と見えた）政府の國際協調外交への攻擊に走つたのも、これも同じく憂國の衷情に出たものと、同情的な理解を寄せる事ができないわけではない。然し彼等の政府攻擊はやはり憲政の常道を外れた、法理的に誤つた手段を選んだのには違ひなかつた。

「干犯」糾問事件の結末

ロンドン海軍軍縮條約に、日本政府を代表する若槻・財部兩全權が、結果として軍令部の意向を無視する形で調印したことが「統帥權干犯」に當る、との政友會總裁鳩山一郎代議士の議會質問に政府が適切に答へられなかつた失態が、この質問を遂に「事件」に發展せしめてしまつた。

それではその時政府はどう答へればよかつたのか、法理の上で、どの様な答を出せば、政友會の下心である攻撃的質問を說得的に處理する事ができたのか。これが本章で著者が扱はうとする主題である。

海軍の軍縮、卽ちこの場合補助艦の保有率を米英兩國との比率に應じて削減するといふ事實は、憲法第十二條に言ふ〈天皇ハ陸海軍ノ編制及常備兵額ヲ定ム〉の行爲で、この文の主語はもちろん天皇である。だから此を第十一條の統帥大權に準じて編制大權と呼び、その決定は天皇の親裁による所とされてゐた。

而して大日本帝國憲法の定めてゐる日本帝國の憲政の大本から言へば、天皇の統治權は憲法の條規に依つて執行されるのであり（第四條）、その執行の責任を負ふのは天皇を輔弼する國務大臣であつて（第五十五條）、天皇自身ではない。だから第十二條が規定する天皇の編制大權といへども、それは國務大臣の輔弼による兵力量の決定を、天皇が親しく裁可されることによつて確定する、といふ構造になつてゐた。ロンドン軍縮條約に卽して言へば、兵力量＝補助艦の對米英保有比率は最終的には擔當國務大臣たる海軍大臣の責任に於いて決定してよい、といふことになる。

それならば何故この海軍大臣による「輔弼」の結果に對して、「統帥權干犯」といふ異議の提出が法的に可能なのか。

故舩木繁氏（陸士47期、陸大59期）に、『日本の悲運四十年――統帥權における軍部の苦惱』（平成九年、文京出版）といふ勞作がある。戰史學界での專門家の評價については詳らかにしないが、本書の著者の私見を以て言へば、標題に謂ふ日露戰爭の終結から大東亞戰爭敗戰までの四十年のみならず、明治新政府による政府直轄軍隊の誕生から說き起して、凡そ國軍に於ける統帥の在り方の歷史を極めて公正な視點から克明に說いてゐる名著である。昭和五年の統帥權干犯論議が發生するに至つた前史について、舩木氏の詳論をどの邊まで遡つて援用すればよいか迷ふのであるが、本稿の紙幅の制約を考へて、ロンドン條約當時の事情に絞つて參考とさせて頂かう。「「統帥權干犯」の妄論」の節の結びに述べた如く、ワシントン軍縮條約の調印は原敬首相と海軍大臣加藤友三郎全權の賢明な思慮に基き、米國の腹黒い策謀を見抜いた上でなほ且つ、現實の必要に則つて實行した軍縮政策だつた。これは海軍兵力量の決定が海軍省の主務として行はれた事のよき前例をなしてゐたのだが、この決定に不滿だつた軍令部にしてみれば、從來の慣行に背いても〈兵力量決定の主導權を（軍令部に）奪回しよう〉（舩木氏）との焦慮に驅られる所以であつた。そこで生じた着想が統帥權干犯の非難を政府にぶつけるといふ術策である。

そこで軍令部はその時、彼等の公式見解として、憲法第十二條は責任大臣の輔弼に依ると同時に軍令部長の輔翼（輔弼との異同は後述する）の範圍に屬する事項を含んでゐる故、軍令部の意向が反映さるべきで、國防用兵上の見地からすれば寧ろ主として軍令部の輔翼の範圍に入るのであり、豫算折衝の段階に進むに及んで、責任大臣の管轄内に入つてくるのだ、との解釋を公表した。これは從來の海軍省の見解とは相容れないものであり、卽ちここで海軍省と軍令部との對立といふ官僚の繩張争ひに等しい事態が生じたわけである。

この對立には內閣法制局が謂はば雙方につき正否の判定を下してよい立場にあるはずなのだが、當時の法制局は十分にその役割を果たせなかつた。その主たる原因は、この様な場合に最も有力な論據を提供してくれるべきはずの『憲法義解』に次の様な曖昧性が存したからである。『義解』の第十二條は、

〈恭《つつしみ》て按ずるに、本條は陸海軍の編制及常備兵額も亦天皇の親裁する所なることを示す。此れ固《もと》より責任大臣の輔翼に依ると雖《いへども》、亦帷幄《ゐあく》の軍令と均《ひとし》く、至尊の大權に屬すべくして、而して議會の干涉を須《ま》たざるべきなり〉

といふのである。先に引いた軍令部見解では大臣の責任について「輔弼」、參謀本部と軍令部の責任について「輔翼」の語を用ゐ、兩者に性格の異同があるかの樣な用法を見せてゐるが、『憲法義解』が〈大臣の輔翼〉と書いてゐる所からも分る通り、唯用字が違ふだけの事で內容は全く同じ事である。つまり「國務大臣の輔弼」、「兩統帥部長の輔翼」は、雙方共に、天皇に責任を負はせることなく、國政の責任は臣下たる大臣、參謀總長及び軍令部長が負ふ、と言つてゐるだけのことである。

それはよいとして、『義解』が、兵力量に關はる天皇の親裁といふのも固より大臣の輔翼に依ることなのだが、これも第十一條の統帥大權と同じく、天皇大權に屬することであつて議會の干涉を受けない、と記した所が問題であつた。內閣法制局の見解は、『義解』の含む曖昧性を曖昧のままに殘して同義語反復に等しい解釋にならぬ解釋を示しただけだつた。つまり、統帥大權に關はる事項は國務大臣の輔弼の範圍からはみ出す部分であるから、その部分については統帥部（參謀本部、軍令部）の輔翼が容喙してくることもあり得る、と讀める樣な齒切れの惡い說明で逃げてしまつてゐる。

この〈國務大臣の輔弼からはみ出す部分〉について、省部の大臣が軍令部の意向を無視して何らかの決定を下すとすれば、なるほど統帥權の干犯といふ非難が的を射てゐる樣に見えないわけでもない。

唯、軍の編制が國務大臣の輔弼の範圍に屬する、といふ『義解』の解說を確認してゐる點で內閣法制局見解は海軍省の得心し同意する所であつたが、陸軍省、參謀本部、軍令部は、第十一條の統帥大權にも國務大臣の輔弼が參畫する部分があるとの解釋を削除せよと要求し、第十二條の編制大權に第十一條の場合と同樣に統帥部が發言する權限がある事の確認を求めた。つまり國務と統帥とが互ひに各自の權限の擴大を競ひ合ふといふ狀況を、內閣法制局の見解で調整し統一することができなかつた。畢竟平時であるとはいへ、國防上のかかる重大な問題の處理に際しても常に己の權限の擴大を最優先事項として事に當る官僚の習性がこの時も禍の因となつた。

昭和五年四月の議會に於ける紛糾は、遂には加藤寛治軍令部長が統帥權問題に就いての上奏文奉讀といふ異例の（といふより職權濫用とみるべき）形での抵抗を敢へてしながらも、結局財部海相から更迭されたことで加藤の敗北に終つた。

統帥權干犯事件は、議會の論争としては、政府が軍令部に對して勝を占めた形で終つたが、實はこの事件以後、兵力量の決定に關しては統帥部の發言權が次第に軍政部に對して優位を占める様になり、陸海軍共に統帥大權を振翳《ふりかざ》して編制・兵額の決定をも己の權限内に取込んでゆくことになる。

二　正統憲法學からの見解

美濃部達吉と佐々木惣一

扨《さて》、統帥權干犯論に於ける、軍令部の代辯者としての政友會代議士の法理的に誤つた强辯、それに對する政府の答辯の不手際、内閣法制局の見解の曖昧さなどが後世に對する禍の因となつた次第を檢討してきたが、それではこの時、政府はどの様な答辯をすればよかつたのか。その答は、内閣法制局にではない、これを官ならぬ民の側と言つてよいであらうか、當時の憲法學界に求めることができる。

当時東京帝大の憲法學を代表してゐたのは美濃部達吉である。美濃部の自由主義的憲法學説は「天皇機關説」として著名であるが、この學説に則つて考へれば、天皇の統治權の二つの大きな柱としての國務も統帥も共に責任大臣の輔弼によつて遂行されるのであるから、軍縮條約の調印をめぐつての議會の紛糾も、海軍省と軍令部との間での意見の相異に過ぎず、所詮は官僚內部での己の權限の優越を主張しての對立でしかないといふことになる。天皇大權の干犯などといふ重大な問題ではない。事實帝大憲法學教授としての美濃部はロンドン條約調印の問題について濱口雄幸首相から諮問を受けた時には、これを當然內閣の權限內の事と看做して、條約の批准を支持した。

京都帝大の憲法學教授佐々木惣一の場合は、統帥の問題に直接ふれての更に明快な學説があつた。佐々木の學説は『日本憲法要論』にまとめられてゐるが、本書の刊行は正に昭和五年の但し年末十二月のことであつた。從つてその年の四月、議會での統帥權干犯糾彈事件に遭遇した一般の國會議員達が直ちに本書によつて佐々木學説を繙《ひもと》いて參考とする樣な條件はなかつたわけであるが、とにかく同時代に既に行はれてゐた學説として、これは內閣法制局あたりの法務官僚の眼には入つてゐたはずである。

統帥についての佐々木學説の要點は次の如きものである。文語體の文章が少々取付きにくいかと思はれるので、可能な限り原文に忠實に口語文にほぐして引いてみる（括弧內は引用者の注）。

——天皇は陸海軍を統帥する（憲法第十一條）と規定されてゐるが、この國軍の統帥といふ事も固より天皇の國務上の行爲である。從つて（憲法第五十五條の規定により）國務大臣の輔弼を以て行はれるべきものである。帝國憲法の性格からして當然、國軍の統帥といふ天皇の國務上の行爲を大臣の輔弼の範圍の外に置いたと解してよい理由はない——。

佐々木學説が右の引用の結びで、統帥が國務大臣の輔弼の圏外に置かれてゐると解してよい理由はない、と强調してゐるのは、現にその樣に解する學說も亦その當時行はれてゐたからであり、これはその所說に向けての反駁の形をとつてゐる。次に続く一節は右の所說の反復强調なのだが、此は表現も明快なので原文のまま引いてみよう。

〈……從來普通ニ天皇ノ陸海軍ノ統帥ヲ以テ國務上ノ行爲ナリトシツヽモ、而モ帝國憲法ハ之ヲ以テ國務大臣輔弼ノ外ニ置クトスルノ說行ハルレドモ、蓋シ是レ一ノ獨斷タルノミ、何等法上ノ根據アルナシ〉

佐々木博士がこの樣に强い語調で反駁してゐるのは、現實に〈帝國憲法ハ之ヲ以テ國務大臣輔弼ノ外ニ置ク〉といふ學說も亦、從來の（極言すれば明治十一年參謀本部の獨立といふ官制改革以來の）長い慣習に基く力を保持してゐて、それが時に表面に出てくることがあつたからである。

現にロンドン條約調印の當事者たる財部彪は、若槻內閣の海軍大臣であつた時、憲法第五十五條に謂ふ所の國務大臣の輔弼の責任は第十一條の統帥權には及ばない、統帥權輔弼の機關は參謀本部及び海軍軍令部である、との議會（貴族院）答辯をしたことがあつた。從つて野黨の代議士から第十二條の編制大權も第十一條の統帥大權の作用を强く受けてゐるとの內閣法制局の見解を楯に取つて詰問されれば、自分自身の前言に照して、統帥權干犯の過失を糾彈されても仕方がないといふ弱味を有してゐた。

結局鳩山一郎代議士の强辯に對しては、濱口首相は、國防の責任は政府が負ふ、軍令部の意向を無視したわけではない、といつた官僚的答辯で突放しただけで終つたのだが、實はさうするのではなくて、この佐々木學說を武器に、帝國憲法の根本的解釋に關はる問題として受けて立ち、堂々たる議論を展開すればよかつたのである。

念の爲に付加へておくと、佐々木博士は第十一條の統帥大權に就いても、是亦國務大臣の輔弼の範圍內にあることを明言してゐる。統帥大權が國務とは性質を異にする特別な權限であることは普通に素人が考へても分る話であつて、それは〈軍事行動ノ機密ヲ尊ビ自由敏活ナルヲ要《えう》ストスルコトハ通常唱ヘラル、コトニシテ固ヨリ異論アルベキニ非ズ〉であるが、軍事行動には天皇による統帥行爲と、軍隊の行動上の技術的行爲との二面がある。統帥行爲には機密を尊ぶ、といふにせよ、それはまさか天皇が他者の輔弼を受けることなく一切を獨斷で決したまふ（などといふことは事實上不可能なのだから）といふ意味ではない。臣下の輔弼を受けて統帥の大任を果したまふといふ以上、その臣下とは武官であると文官であるとの區別は立てる必要がない。もし文官である國務大臣が統帥の輔弼にも參畫するのでは軍事機密の保持が保障できないといふとすれば、それは國務大臣なるものの性質に對する根本的な誤解であり、抑ゝ考ふべきことではない。天皇の統帥行爲とは、天皇が軍事行動上の技術的側面にまで監督權を發揮されて軍隊を指揮するといふことではない。天皇の御意志に依つて全體としての國軍の意思決定が爲されるといふ意味である。さうである以上、天皇の統帥權が軍人ではない國務大臣の輔弼によつて運用され得ることは當然である。もし統帥を國務大臣の輔弼の外に置くとすれば、陸海軍の意思決定に關して國務大臣が責任を負ふことができなくなる。國務大臣が責任を問はれないとしたら、一體それ以外の如何なる機關が國民に對する國政運用の責任を負ふのか。これはおよそ立憲政治の根本要求に背反する重大問題である——。

この佐々木學說は、直接その表現を使つてはゐないけれども、いはゆる〈文民統制〉＝シヴィリアン・コントロールの大原則の定立と、そして軍國主義に向けての嚴然たる否定を說いた洵《まこと》に重要な文字である。（それにしては博士ほどの大學者にして或る種の表現の不備と同義反復の頻發が氣になるのだが、それは筆者が僭越ながら補ふ形で紹介してみた。）

さりながら、佐々木博士は大正末から昭和初年にかけての我が國での統帥をめぐる政・法界の空氣が、既に帝國憲法の規定に違反する慣習が公認のものとして制度化してしまつてゐる違憲的狀況にあることを認識してゐた。卽ち國務大臣以外にも天皇の大權を輔弼する機關が成立してゐること（參謀本部、軍令部）、帷幄上奏といふ特別の機能が上記統帥部と軍部大臣のみに、平時でさへも認められてゐること等である。此等の慣習法の違憲狀態は、これは表現に不備のある憲法自體の改正によらなくとも、通常の法改正を以て是正し得る、といふのが博士の見解であつた。しかしその是正は政治上の力關係に依存することであつて、昭和六年の滿州事變に始まる「昭和の動亂」の時代には現實問題として不可能であつた。

『憲法義解』の役割

大日本帝國憲法の根柢に足を踏まへて自由主義的立憲政治の在るべき姿を描いて見せる、佐々木法學の學說が成熟してきてゐた時機だつたにも拘らず、濱口內閣は、「統帥權干犯」の糾彈といふ程度の低い政治的言ひがかりに足を掬はれて躓いてしまつた。おまけにこの五文字が魔語の如き呪文となり、これに惑はされた無知な沒分曉漢の襲擊を受けて濱口首相は生命を失ふことになる。やはり議會に於いて、憲法問題にまで踏み込んでしつかりと議論をしておかなかつた手ぬかりが崇つたのである。

濱口がロンドン條約批准に向けて美濃部教授にその法理上の是非を諮問した事は先に述べたが、佐々木教授のこの明快な學說に聽く餘裕がなかつたとしても、美濃部氏に依つても帝國憲法に於ける統帥權の在るべき姿についての思索は十分にできたであらう。第一、これは濱口に限らず昭和期の宰相達の何れに向けても言へることなのだが、彼等を一樣に惱ませたらしい國務と統帥との關係について、人々はその最も基本的な參考文獻を省みることを何故か怠つてゐた樣に見える。あまりに基本的であり、初步的なものであるが故に却つて見逼してしまふといふ樣な盲點もあるのかもしれない。それは帝國憲法の發布と同じ年に刊行されてゐる憲法各條項の逐條說明書たる『憲法義解』である。

本書は伊藤博文著といふ名義で現今でも岩波文庫本でよく普及してゐる、おそらく知らぬ人とて無き高名な法典である。文庫本に併載されてゐる『皇室典範義解』と共に、事實上明治二十二年當時の樞密院書記長（翌年樞密顧問官）井上毅の著述であることも周く知られてゐる。憲法編纂の當事者達の代表格の著述である故に、この書がいはゆる立法者意志を最も忠實に反映した解說書であることは言ふまでもないことで、その點後世の憲法學者達の學問史的には十分優れたものである諸種の注釋書に對しても、一種特別な位置にあることも是亦當然である。

そこで問題の統帥・編制大權の解釋について、立法者意志の觀點からの考察を試みるべく『義解』の本文に當つてみることとしよう。第十二條の編制大權についてはその主部を既に先に引いたが、第十一條の統帥大權、かの〈天皇ハ陸海軍ヲ統帥ス〉との簡潔極まる規定について、それはどの樣な說明を與へてゐるか。

〈恭《つつしみ》て按ずるに、太祖《たいそ》實に神武《しんぶ》を以て帝國を肇造《てうざう》し、物部《もののべ》・靫負部《ゆげひべ》・來目部《くめべ》を統率し、嗣後歷代の天子內外事あれば自《みづか》ら元戎《げんじゆう》を帥《ひき》ゐ、征討の勞を親《みづか》らし、或《あるい》は皇子・皇孫をして代り行かしめ、而して臣連二造《おみむらじにざう》はその褊裨《へんぴ》たり。天武天皇は兵政官長《つはもののつかさのかみ》を置き、文武天皇大に軍令を修め、三軍を總《す》ぶるごとに大將軍一人あり。大將の出征には必ず節刀《せつたう》を授く。兵馬の權は仍《すなはち》朝廷に在り。其の後兵柄《へいへい》一たび武門に歸して政綱從《したがつ》て衰へたり。

今上〔明治天皇〕中興の初、親征の詔《みことのり》を發し、大權を總攬《そうらん》し、爾來兵制を釐革《りかく》し、積弊を洗除し、帷幕《ゐばく》の本部を設《まう》け、自《みづか》ら陸海軍を總べたまふ。而して祖宗の耿光遺烈《かうくわうゐれつ》再び其の舊に復することを得たり。本條は兵馬の統一は至尊の大權にして、專ら帷幄《ゐあく》の大令に屬することを示すなり〉

これは國史に於ける軍制の沿革を極めて（餘りにも、といふべきか）簡略に述べた文言である。皇室の太祖《おほおや》たる神武天皇はその謚號《おくりな》の示す通り神の如き武威を以て建國の大業を成し遂げたが、その武力を構成したのは物部《もののべ》と称した軍事・刑事權を業とする氏族集團、靫負部《ゆげひべ》と呼ばれる守衛・警護の役に長じた氏族、又來目部《くめべ》といふのは一種の農兵とでもいふべき壯丁達の集團で、これらを天皇が直接に統率してゐた。嗣後、といふのは卽ち第二代以降の歴代の天皇は一旦有事の際には自ら元戎＝軍勢をひきゐて叛亂勢力の鎭壓・討伐に出征した。天皇親征が不可能な場合は皇子・皇孫が征討軍の統率を代行し、その際臣・連・伴造《とものみやつこ》・國造《くにのみやつこ》といつた當時の支配階級の首長級の者が褊裨《へんぴ》＝副將として隨行した。

天武天皇の名が擧げられてゐるのは、天武天皇十三年（A.D.六八四）・閏四月に〈凡《およ》そ政要《まつりごとのぬみ》は軍事《いくさのこと》なり。是《こ》を以《も》て、文武官《ふみつはもののつかさ》の諸人《ひとびと》、務めて兵《つはもの》を用ゐ、及び馬に乘ることを習へ。則ち馬、兵幷《なら》びに當身《みみ》の裝束《よそほひ》の物を、務めて具《つぶさ》に儲《そな》へ足《たら》せ〉云々の、「文武官に兵馬を修練せしめ給ふの詔」なるものを下されたことを念頭に置いてである。

天武・持統兩帝の皇孫文武天皇は、律令を編纂・完成せしめた方として史上に重要な存在だが、加へて慶雲元年（A.D.七〇四）に〈諸國の兵士《つはもの》は、團別《だんごと》に分けて十番と爲し、番毎に十日、武藝を敎習して必ず齊整《せいせい》ならしめ、令條《りやうでう》以下《いげ》は雜使《ざふし》とすることを得ざれ〉云々の「軍事訓練の勅」なるものを下され、一種の素朴な軍制改革をされたことが想起されてゐる。

〈三軍を總ぶるごとに大將軍一人あり。大將の出征には必ず節刀を授く〉としたのは、元明天皇の和銅二年（A.D.七〇九）鎭東將軍巨勢朝臣麻呂への授與が初例だつた。

この簡略に過ぎる沿革は、然し軍制史を述べることが目的ではない故の短さであつて、冒頭の〈恭て按ずるに〉は、要するに〈兵馬の權は仍朝廷に在り〉を言はんがための枕であり、この略述もこの結論を導き出すための前置きにすぎない。そして更に重要なのが、〈其の後兵柄一たび武門に歸して政綱從て衰へたり〉の一節である。

この短い文言に集約して『義解』はかなり重要な歷史的判斷を述べてゐることになる。卽ち我が國の軍制は神武肇國以來、大化の改新を經て奈良朝に至るまで、天皇の直接の統帥が原則であり、律令制の下で蝦夷征討のため大將軍の任命といふ慣行が生じた時にも、節刀（と軍令）の天皇による親授といふ形で、朝臣を天皇の臨時の代行とした。官制の上に武臣なる官は存在してゐなかつた。征討の行を終へて都に歸還すれば、右大臣巨勢麻呂がさうであつた樣に將軍は武裝を解いて元の文吏に戻つて衣冠束帶をつけた。

『義解』の行文は〈其の後兵柄一たび武門に歸して〉と、甚だ儉約して鎌倉時代に跳び、源頼朝が爾後世襲の征夷大將軍として幕府を開いた段階に說き及んでゐるが、此を以て〈政綱從て衰へたり〉と斷じてゐるところが『義解』の言はんとしてゐる眼目の部分である。

この眼目を受けて『義解』の第十一條の後半部は今上（明治）天皇が中興・維新の君主として、親任を宣言され、大權を總攬し、具體的には兵制を改革されて（薩長土三藩の藩兵を「獻兵」せしめて近衞兵を組織し、その第一・第二聯隊に軍旗を親授され、又徵兵令を發布して鎭臺を置くなど）〈積弊を洗除し〉、帷幕の本部を設けて〈自ら陸海軍を總べたまふ〉ことになつたと强調する。この〈積弊を洗除し〉といふ句は、かの五箇條の御誓文の第四條、〈舊來ノ陋習ヲ破リ、天地ノ公道ニ基クヘシ〉に自づから呼應し唱和する趣旨の文言であると筆者は敢へて解してゐる。〈舊來ノ陋習〉とは、鎖國政策を指してゐるのか、或いは福澤諭吉が親の仇だと呼んで恨みをぶつけてゐる門閥制度の如き次元の社會的因襲の事か、などといくつかの解釋が見られるが、筆者は端的に、國政の全機能が武家政權の手中に歸してゐた事、つまり幕府政治の事である、と捉へてゐる。言つてみれば統帥權が天皇ならぬ臣下の武家一門の手にあつたことが〈積弊〉の根源であつた。それが帝國憲法第十一條を以て〈兵馬の統一は至尊の大權〉であつて、如何なる大勳の功臣であらうとも決して此を臣下に委ねてはならぬ、との鐵則が確立されたことを『義解』は高唱してゐるわけである。

『日本外史』忘却の祟り

それにしても――と、首を傾げる向が多いのではないだらうか。第十一條の文言が簡潔に過ぎて解釋に大きな幅が生じてしまふのを豫防するための『義解』の注釋であらうのに、その注釋文が是亦字句を儉約しすぎた感じで、上に試みた様な注疏をつけない限りこのままではその趣意をも十分に汲みかねるところがあるからだ。

この過剩ともいふべき簡略ぶりには、どうやら以下の様なからくりが仕掛けてある如くである。それは『義解』の第十一條〈恭て按ずるに〉以下の主部はいはゆる下敷のある文章であつて、その下敷といふのは、賴山陽『日本外史』の「巻の一　源氏前記」の冒頭部分、卽ち源賴朝が幕府を創設するに至るまでの武家の擡頭の歴史を語つてゐる、あの長大な史論全巻の導入部分である。『義解』と『外史』の當該部はよく似てゐるといふよりも、特徴的な字句と發想の契合からして、そこに原典と翻案との關係が存する事は、どんな讀者にも一目瞭然の事實である。

下敷きに用ゐてゐる原典の重要な語句、いはゆる字眼を古人に借用して文を綴つてゐるといふことは、當然ながらその詞の文飾的効果のみならず、それが含んでゐる思想に執筆者が強く影響を受けてゐることを意味してゐる。『義解』を纂述した人々、といふことはつまり帝國憲法の制定に携つた人々であるが、彼等の構想する新生明治國家の天皇と軍隊の關係、つまり統帥の在るべき姿の根柢の部分は山陽の『日本外史』を學んだ結果に由來すると看做してよい。

ところで憲法發布直後、この憲法（と『皇室典範』）には逐條の說明書が必要であるとの意見が憲法草案の起草に携つた伊藤博文、井上毅、伊東巳代治、金子堅太郎等の間から出、彼等關係者（但し金子は不參加だつた由）に、穗積陳重東京帝大敎授等法學界の學識者が加はつて共同討議の上『義解』の稿本が成つた、と考へられてゐる。執筆の中心人物だつたとされる井上にせよ、名義上の著者たる伊藤その他にせよ、『義解』稿本の作成に參劃した學識者達はいづれも幕末維新期にその靑年時代を過した人々である。之に加へて我々が漠然と「維新の元勳」といつた呼び方で捉へてゐる、伊藤と竝んでの大物である帝國陸軍創設時の立役者山縣有朋、國民的英雄西鄕隆盛は明治十年に凋落してしまつたがその弟の西鄕從道、山田顯義、黑田淸隆、大山巖、乃木希典、山本權兵衞といつた人々の靑年時代、彼等が政治・軍事の道に志す前途有爲の士として嗜んだ一般的敎養書の代表的なものが『日本外史』である。

といふよりも、大體この高名な史書を讀まない樣な靑年はものにならない、といふ樣な空氣があつた。武士階級のみならず、それは知識人一般にとつての必讀の基礎的敎養書であつた。

さうであれば、『義解』稿本の纂述者達が第十一條の注解に筆を染めた時、そこに『外史』を援用して我が國の兵制と統帥の沿革を略述しようとしたのは實に當然自然の發想である。そこで、誰にでもそれと分るいくつかの字眼を點綴しておけば同時代の『義解』の讀者には直ちにそれが『外史』からの引用だと知れるのだから、むしろ、あとは各自で『外史』の「源氏前紀」を讀んでおけ、といふほどの示唆を與へておきさへすればよいのだと考へたであらうことが優に想像できる。

そこで今度は我々後生も『日本外史』自體から兵制の沿革を述べた當該の部分を讀んでみよう。先づ『義解』が直接下敷とした所は、原典（といつても原文は漢文である。ここでは岩波文庫本になつてゐる賴惟勤氏他譯の國文譯を用ゐる）を引用し、その後の山陽が自らの史觀を語つてゐる部分は筆者の補訂を加味した現代語への翻案で掲げる。

〈蓋し我が朝の初め國を建つるや、政體簡易、文武一途、海內を上げて皆兵にして、天子これが元帥となり、大臣《おほおみ》・大連《おほむらじ》これが褊裨《へんぴ》となる。未だ嘗て別に將帥を置かざるなり。豈に復た所謂武門・武士なる者あらんや。故に天下事無ければ卽ち已《や》む。事あれば則ち天子必ず征伐の勞を親《みづか》らす。否《しか》ざれば、則ち皇子・皇后これに代り、敢てこれを臣下に委ねざるなり。（中略）凡そ征行萬人、乃ち將軍あり、副將軍あり、軍監あり、軍曹あり、錄事あり。三軍を總ぶる每に、大將軍一人。大將の出征するには必ず節刀を授け、軍に臨み敵に對して、首領の、約束に從はざる者は、皆專決（引用者注、出先の軍司令の獨斷專行）を聽《ゆる》し、還るの日に狀を具《ぐ》して以聞《いぶん》せしむ（引用者注、事後報告で濟ませてよい）〉

このあとが、『義解』の著者の、後は各自で讀んでおけと暗示してゐる部分で、本書の著者の翻案文を揭げる。

——昔、大化の改新に至る頃までは、天皇が名實共に大元帥であつた。卽ち天皇親征といふ形で兵馬の權を一手に掌握してゐた。官が文と武とに分れたのは律令制の導入以降であり、將帥の位を定めたのは唐の制度の模倣によることである。當時、朝廷では亂を防ぎ、禍を慮ることに非常に愼重を期してをり、武器の管理は嚴重を極めた。全ての武具は朝廷の所有に屬し、兵器庫に納めて、その出し入れは一定の時刻を定めて行つた。それだけに一朝有事、武具の必要が生じた際には徵集した兵士達に對し、直ちにその武裝を整へてやることができた。兵士は主として農民の壯丁を募つてこれに充てた。彼等は平生農耕に從事してゐたが、一旦募集の令がかかれば直ちに朝廷の帷幄下に馳せ參ずる義務を負ひ、又現實にその義務を守つた。

將軍は文吏から出た。專門の武人なるものは存在しなかつた。その文吏は事が起れば武裝して軍陣に臨むのだが事變が收まれば甲冑を脫いでまた衣冠束帶に戻つた（前記した右大臣巨勢麻呂がその最初の例だつた）。

平安時代の初め、桓武天皇の御代には奥羽の地で頻々と蝦夷の亂が發生する。その鎭定のために大規模の軍團が編成され、派遣される。その軍團の將帥が征夷大將軍と称され、後世にまで有名な坂上田村麿もこれに任じられた。彼が「武將」の名に値する最初の太政官であつた。

專門的武人としての征夷大將軍の出現と時を同じくして、兵士と農民との分離・分業といふ現象が進行した。農業の發達が財の蓄積をうみ、財が蓄積されれば盜賊から財産を守る必要が生じ、土地・財産の守備に當る自衞の士卒が必要とされるのは自然の理である。それがやがて武士と呼ばれることになる職業的武人の階層である。桓武平氏・清和源氏といふ呼び方からも分明である如く、この職業的武人の階層は次第にこの兩武門のどちらかの勢力圏に結集する樣になり、戰士としての自覺が高まつた。彼等は武器を製作・保有する樣になり、武器の管理が朝廷の手を離れて民間の私兵の自由な裁量に委ねられる形となつた。朝廷はこの自由な武力行使集團の危険性に氣付いてゐた。鳥羽院（第七十四代、A.D.一一〇七―二二）は諸國の武士が源・平兩家に服屬することを禁ずるといふ政令を度々出されたが、それはこの兩豪族が强大な武門に成長してゆくことの弊害を正しく見拔いてをられたからである――。

この鳥羽院の禁令のことは、北畠親房が『神皇正統記』に於いて高く評價し、新井白石が『讀史餘論』の中で親房の指摘に注目してゐるが、更に山陽が『日本外史』の中で鳥羽院の炯眼を賞揚したわけである。

武士が政治に介入してくる趨勢への警戒心はこの樣に早い時期に眼覺めてはゐた。但し山陽の論贊によれば、朝廷はその弊害を洞察はしたものの、その由つて來る原因を究めそれを防ぐ手だてを講ずる點では如何にも努力が足りなかつた。そこに政綱紊亂の遠い淵源がある。

元來、兵馬の權は決して國家の手から離れてはならぬものである。〈先王の必ずこれを躬親《みみづか》らせしは、その旨深し〉といふのが山陽の透徹した史眼の結論である。皇室が自ら統帥權を手放してしまはれたのは歎いても歎き足りない痛恨事だつた、といふ山陽の深い慨嘆に我々は或る感慨を禁じ得ない。兵馬の權が朝廷から離れて武士の手に移つたといふことは、裏から見れば軍人の政治權力掌握である。それならば至つて現代的な問題であり、山陽の慨嘆は直ちに昭和史と重なつて見えてくる。次はこの問題性を檢討してみよう。

三　昭和史に於ける國家理性の行衞

昭和天皇の御遺詔

帝國憲法第十一條の所謂天皇の統帥大權についての餘りにも簡潔に過ぎる表現の裏には、實は立法者意志に確たる基盤を有する深い「含み」が有つた。その「含み」については他ならぬ『憲法義解』が責任を以て解說するところだつたのだが、その『義解』の行文も是亦簡潔に過ぎた。それは憲法制定當事者達と世代を同じくする知識人には、その含蓄の在處はすぐに推察できた、といふより立所に聯想に浮かんでくる底のものだつたためにその簡潔で事は足りてゐたからである。ところが物換り星移るにつれて、一時代の人々の間に暗默の諒解事項として共有されてゐた教養の內容にも變化が生ずる。帝國憲法制定時の指導的知識人達にとつて自明の前提であつた賴山陽『日本外史』の說く軍隊統帥の根本思想も、忘れられてしまへば卽ち、現實には何らの規範的意味も持ち得ない死文と化してしまふ。此處に生じた知的傳統の斷絕といふ現象の及ぼす禍を、大東亞戰爭を遂行した世代の指導層の中でも、殊に痛切に感じられ、逸早くその感慨を洩らされたのが昭和天皇である。

昭和二十年九月九日付で、先帝陛下は、當時奥日光湯元の疎開先に休戰成立後も引續いて滯在なさつてゐた皇太子殿下（今上天皇）宛てに一通の書簡を裁して居られる。この書簡の存在と內容は、四十年もの後になつてのことであるが、昭和六十一年の八月に複數の新聞による發掘報道で廣く世間の知るところとなり、その書簡本文も、先帝陛下崩御の後に程なくして出た月刊「文藝春秋」の特別號「大いなる昭和」（平成元年三月十日刊）の誌上に公表された。その中で陛下が「大東亞戰爭の敗因」について、東宮殿下に宛てて、〈敗因について一言いはしてくれ〉と前置きされて率直に感懷を吐露して居られる件りは多くの人の耳目に強く訴へずにはおかないものだつた。

紙幅の制約上（次に掲げる「昭和天皇獨白錄」と重複することでもあり）御書簡を直接引用することを控へるが、そこで先帝陛下が、〈明治天皇の時には〉輔弼の任を全うした人物として、山縣有朋、大山巖、山本權兵衞の三人の名を擧げられ、今次の戰爭に於いては彼等の如き名將の存在が缺けてゐたことが敗因の一つである、といふ意味の判斷を述べてをられることが讀者の注意を惹いた。

「文藝春秋」は更に平成二年の十二月號に於いて「昭和天皇獨白錄」なる前代未聞の祕錄を公表して大きな話題を呼んだ。そこでも陛下は「敗戰の原因」として東宮殿下宛の二十年九月書簡と同じ趣旨のことを述べてをられる。

〈敗戰の原因は四つあると思ふ。

第一、兵法の研究が不十分であつた事、即孫子の、敵を知り、己を知らねば《(ママ)》、百戰危からずといふ根本原理を體得してゐなかつたこと。

第二、餘りに精神に重きを置き過ぎて科學の力を輕視した事。

第三、陸海軍の不一致。
第四、常識ある主腦《（ママ）》者の存在しなかつた事。往年の山縣〔有朋〕、大山〔巖〕、山本權兵衞、と云ふ樣な大人物に缺け、政戰兩略の不十分の點が多く、且軍の主腦者の多くは專門家であつて部下統率の力量に缺け、所謂下克上の狀態を招いた事〉

この御見解の分析的考察にはここでは立ち入らぬこととする。先帝陛下の御念裡には、ここに名を擧げてをられる三人に限定する必要はない、前節で言及した何人かの維新の元勳たちに匹敵する有力な輔弼の臣が、御自身の御治世には不在であつたといふ嘆きが去來してゐたのであつたらう。この陛下の御嘆息は、謂つてみれば先帝陛下が我々平成の御代になほ殘存してゐる戰中派に遺してゆかれた御遺詔の如きものである。それは我等後生に如何なる事を考へておけと仰せられてゐるのだらうか。

〈明治天皇の時に〉として名を擧げられた三人の武將が揃つて登場する歷史の場面といへば當然日露戰爭である。就中、例へば司馬遼太郎の『坂の上の雲』の「退却」の章に描かれてゐる、滿洲派遣軍總參謀長兒玉源太郎が明治三十八年三月末に單身密かに前線から東京に歸つてきた時の、終戰工作に向けての奔走の插話が思ひ出される。

兒玉の隱密裏の急の歸國は滿洲派遣軍總司令官大山巖の意を帶してのことであつた。その意を訴へる相手は、國政上の發言權强大な參謀總長山縣有朋であり、又戰爭收拾の手段としては對米工作が賴みの綱であることを最もよく理解してをり、その點を大山が賴りにしてゐたと言はれる海軍大臣山本權兵衞である。

つまり先帝陛下が記憶に刻んでをられたのは、統帥部、內閣、現地軍を代表する三人が、國民が奉天大會戰の勝利の報に昂然たる戰勝氣分に浮かれてゐる最中に、眞劍に停戰への途を模索し始めた、その戰略眼の確かさと、個人の功名手柄の次元などは夙に超克し、眞の救國の情熱から終戰工作に挺身してゐたその眞摯さである。奉天での勝利は滿洲派遣軍の總力を出し切つての辛勝であつた。敗走したロシア軍にはまだ次の戰闘に備へての餘力がある。然し國際社會の眼から見れば現在僅かに勝者の位置にある日本軍には、實はもう次の一戰に備へるだけの餘力が無い。

山縣も山本も、そして元老の伊藤博文、內閣總理大臣桂太郎も、兒玉源太郎の口を通じて傳へられた大山總司令官の衷情と、政府への懇願とすら呼んでよいほどの終戰工作への切實な要請を眞劍に受けとめ、且つよくそれに應へた。『坂の上の雲』が引いてゐる、山縣有朋から桂首相に宛てた講和交渉開始要請の書簡は、司馬氏が注してゐる通り、戰勝側の參謀總長の文言とは信じられぬほどの苦澁に滿ちたものだつた。山縣は戰爭遂行の最高責任者である以上、まさか、わが軍はもうこれ以上の戰闘は不可能である、戰力は盡きかけてゐる、などとの弱音を吐くわけにはゆかない。參謀總長の弱氣の姿勢が萬が一少しでも外部に漏れ傳はつたら、それは國運に關はる重大事である。だから山縣の內閣總理宛ての講和交渉への督促は、今後の莫大な戰費と兵員の必要を指摘した上で、〈而して諸君（內閣）の最も其の智慮を運らすべき所なりとす〉といふ苦心の末の間接的表現にとどまらざるを得なかつた。然し內閣も伊藤元老も山縣の悲痛な書面の奥にある眞意と戰況の實情を讀み拔いて、それに應へるべく行動を起すだけの判斷力と思考を有してゐた。

昭和天皇が皇太子に宛てて認めた書簡の一節〈今度の時は……軍人が跋扈して大局を考へず進むを知つて退くことを知らなかつたからです〉の嘆きが此處で亦思ひ返されざるを得ない所以である。

山縣も、大山も、大山の知惠袋たる兒玉も、大山に後事を託された山本も、皆戰ひに於いては進むを知ると同様に重要な退くことの知惠を知る人々であり、戰爭目的完遂のためには必須の「退け時」といふ機會を摑むことの肝要さを知つてゐた。昭和天皇が痛恨事とされたのは、昭和の動亂に際して、その「退け時」を知る知將が缺けてゐたといふ、その事である。

立ち入つて考へてみるならば、大東亞戰爭及びその前哨戰であり原因でもあつた支那事變に際しても、「退け時」を見拔くだけの現狀洞察の明を具へた指導的軍人が決してゐなかつたわけではない。問題はむしろ、明察を具へた少數の指導的軍人・政治家がゐたにしても、その明察を現實に生かし、機能せしめるだけの神經脈絡に相當する體質が、昭和の日本の國政組織には缺けてゐたといふ、そのことだつた。その神經脈絡に相當するものが、名づけて言へば國家理性である。

さうとすれば、〈明治の時〉には健全に機能し、結果として戰爭の完遂・國難の克服に決定的役割を果した國政の裝置としての國家理性が、〈昭和の時〉には機能不全に陷つてしまつてをり、然るべき段階での戰爭收拾の機會を摑むことが遂にできなかつた。敗因はそこにあつた――と、その樣に考へてよいであらう。

ここにいふ或る「國政の裝置」としての國家理性が發揮され、運用に當るべきであつたのが所謂文民統制といふ機構であり、この裝置の健全な運轉こそが、戰爭をあの樣な破滅的な事態に至るのを防ぐための元來の政府の使命であつたはずである。この裝置を本來の目的に沿つて運轉しうる力量の政治家が昭和期には缺けてゐた。それが昭和天皇のあの痛恨の種となつた。

さうなると、先帝陛下の御遺詔の一斑とも看做し得る大東亞戰爭の敗因究明の一項目として我々の前に浮上する課題は、所謂文民統制の政治原則、及びその原則からの逸脫にして背反の如くに考へられたことで思はぬ惡名を帶びてしまつた「統帥權の獨立」といふ事態への歷史的・學問的再檢證の試みだといふことになつてくる。

E・ライシャワー vs.福田恆存

「統帥權の獨立」と呼ばれてゐる帝國憲法時代の憲政運用への或る偏つた見解について、司馬遼太郎氏に代表される一部の史家の誤解の顚末は、既に度重ねてふれた。同じ脈絡で一言論及しておきたいのが、昭和三十年代の駐日アメリカ合衆國大使として高名だつたエドウィン・ライシャワー氏（昭和三十六年―四十一年在任）の見解と、それに對する福田恆存氏の批判である。議論は日本の近代化運動一般についての歴史的評價といふ、廣い分野に亙つての大きな問題に關はつてゐるのだが、此處で言及するのは、その中での統帥權といふ特殊な脈絡のみに限つてであることを御諒承頂きたい。

ライシャワー氏が大使として日本に着任した昭和三十六年以降、日本の學界・論壇にその一員として參加し、積極的に發言を續けた、その活動ぶりはなか〳〵に眼覺しいものがあつた。その一に昭和三十八年六月『日本フォーラム』に載つた數人の日本人學者との座談會『日本の民主主義』での發言があり、その中でライシャワー氏は――近代日本の民主主義化は自由民權運動に始まつた日本固有の自然發生的なものであり、明治憲法の民主主義的要素はこの動きに由來する正統的な所産であつた、それがアメリカを含む西歐的價値觀を西側諸國と共有するものであるが故に、日本は今や世界に於ける普遍的な民主主義的文明の一員となり得たのだ、との論旨を展開した。

これは左翼の歷史家達の掲げる近代化論、卽ち明治維新は市民革命としては至つて不十分なものであつたから、日本の近代には封建時代の遺制を今猶引きずつてゐる「歪み」が到る所に殘つてをり、その民主主義は歐米からの借物の衣裳であつて日本人の身についてをらず、その眞の進步は今後の自分達の社會主義的路線の上を行かなくてはならないのだ、とする見方に對しての明快な反措定であつた。

ライシャワー氏の日本近代史觀は、慥かに昭和三十六年の日米安保條約改定による爾後の日米關係の緊密化への期待に論理的根據を與へる政治的性格を有してゐたから、福田恆存氏によれば〈左翼の間で、米帝國主義の捲き返し政策とかライシャワー攻勢とかいふ言葉が一時使はれる〉様になつたのも事實だつた。その様な學界・論壇の空氣については當時新米の歴史研究者だつた筆者にも明白な記憶がある。

所で福田氏は「ライシャワー攻勢といふ事」と題する一篇で始まる昭和三十八年十月から翌三十九年六月に至る「文藝春秋」誌所載の連續評論の中で、このライシャワー氏の日本近代史觀を基本的には肯定しながらも、他方では、〈アメリカと日本とを問はず齊しく進行してゐる近代化といふ現實の等質性を强調するよりも、寧ろ兩者を比較して見逃し得ぬ差異に目を附けねばならぬ〉ことを、敢へて言へばライシャワーに對する「否」の一斑として説いた。日米の近代化過程が孕んでゐるその「差異」に着目すべしとする立論の契機の最重要の部分が、本章の主題である天皇と軍隊の關係についての日本固有の問題なのである。

福田氏は上記「文藝春秋」連載論文の第五回目「軍の獨走について」の中で、ライシャワー氏が座談會「日本の民主主義」に於いて、〈もし明治憲法が日本の軍隊に文民政府から殆ど獨立した地位を與へなかったならば、日本が實際に辿った道とは違った道を辿ったであろう〉云々と述べてゐる件りに注目する。

これは當時の多くの讀者が特に疑問を覺えることもなく讀み過したか、或いはこの發言が英文法的に言へば假定法過去完了の形をとつてゐるために、その様な見方もできるか、といつた程度の輕い反應でやがて忘れてしまつたのではないか。そこを鋭敏に捉へてすかさず疑問を呈したのはもちろん福田氏の論理的炯眼の然らしめるところであるが、もう一つ、福田氏には、戰時中（昭和十七年秋）旅順・奉天などの日露戰爭の戰蹟を視察して廻つた經驗があり、この時の觀察と感想から、この戰爭に於ける明治日本の實に苦しい立場を、就中旅順攻略の任に當つた第三軍の司令官乃木希典の苦衷と重ね合せて眞劍に考へてみたことがあつたからである。

福田氏の思索の跡自體は、幸ひに氏の生前に出た「全集」（文藝春秋刊）と現在刊行されつつある「評論集」（麗澤大學出版會刊）のどちらに據つても讀むことのできる一篇「軍の獨走について」に當つて頂くこととして、本書の著者が此處で取り上げたいのは、〈軍隊に文民政府から獨立した地位を與へた〉といふ明治憲法の問題性（ライシャワー氏は、缺陷とか失敗といふ表現を用ゐてゐないが、おそらくそのつもりであらう）とは、我々が既に十分考察してきた「統帥權の獨立」と呼ばれる一面觀を指してゐるのだといふことである。それは、多くの日本人學者が犯した誤解をライシャワー氏も亦犯したといふだけの話であり、米國人である氏が日本の史學界の通說を踏襲して物を言つたまでとすれば、此は氏の立論に於ける大きな瑕疵といふほどではない。或いは氏のアメリカ合衆國民としての例の普遍主義的憲法感覺が、文民政府から獨立してゐたと映ずる軍隊の存在に違和感を覺えしめたのだとすればそれも無理もないことで、氏の淺見（それは統帥權條項の理解の淺薄を示すには違ひないことなのだが）をそれほど咎めるにも當らないとは思ふ。

而して鋭敏にもこの一點を捉へての福田氏の反論の內容は見事なものである。卽ちライシャワー氏が、（もし帝國憲法にこの缺陷がなかつたならば）日本は「實際に辿った道とは違った道を辿ったであろう」と言ふ時、彼が期待してゐるのは、要するに近代日本の國家的發展の究極の結末としての日米戰爭は起らずに濟んだであらう、との推論にならざるを得ない。それでは、統帥權が日本をほろぼした、といふ俗論中の俗論と結局五十步百步の淺陋な結論に墜ちてゆくより他ない――。これに對する福田氏の反論は多くの日本人研究者にとつても意外な、開き直りに近い印象を與へるものだつたかもしれない。氏は、〈事の善し惡しは別として、日本の近代化は、殊にそのうちでも近代工業化は、いや、政治社會制度上の民主主義體制さへ、たとへ條件附、限界附のものとは言へ、やはり或る程度まで日本の軍隊に獨走を、卽ち「文民政府から殆ど獨立した地位」を許すことによつて可能になつたのではないか〉と言ひ切るのである。

福田氏は〈日本の近代化は軍に獨走の危險を許す態勢を前提として始《ママ》めて可能であつた〉といふのが、自分の日本近代化に關する「第一定理」である、と揚言する。これは或る意味で「統帥權の獨立」を容認する見解である。その論據は、解りやすい順から言へば、第一に外敵の脅威である。此は歴史の如何なる素人讀者と雖も否定することのできない、必然にして自明の事態である。第二として福田氏の擧げるのは明治政府が內敵に對して感じてゐた脅威である。これには案外に氣がつかぬ人が多いのではないか。本書の著者の觀點から付加へて言ふならば、幕末維新期の內戰に於ける幕府軍側の戰死者が靖國神社に祀られてゐないのは、怨親平等觀といふ古來の佛教理念（それは慥かに日本人の民族信仰にもなつてゐた來世觀の一面だと看做してよいのだが）に背馳する、との說に固執する一部の靖國信仰論者が見落してゐる明治の國內事情であつた。

福田氏のライシャワー批判の最も重要な視點は、〈大半の社會科學者達が無視してゐるのか、氣附かずにゐるのか〉と思はれる一點に關してなのだが、ライシャワー氏は明治政府を何の留保もつけずに自明の事實の如くに「文民政府」と呼ぶ。だがこの定義は果して正しいか。福田氏は明治政府を〈歴とした軍事政權〉であると看做す。〈當時の政治家は殆どすべてが武士であり、軍人であつた〉からで、さういふ狀況の下で文官と武官との分離を求めることは、ブルータスやアントニウスが政治家だつたか軍人だつたかを判定しようとするのと同じくらゐ難しい、或いは意味がない。〈寧ろ文民的な組織や仕事が武官によつて造上げられ、推進められたと考へるべきで、それ故に私は明治政府を軍事政權と名附けるべきだ〉と思ふ、といふのが、福田氏の斷案であり、ライシャワー說の〈軍隊に文民政府から殆ど獨立した地位を與へた〉帝國憲法（の失敗）といふ立論への反駁の眼目である。

福田氏は「明治政府＝軍事政權」論を提出するに際し、先にも引いた通り〈事の善し悪しは別として〉といふ前提を置いてゐる。つまり、ライシャワー氏もそれを缺陷とまでは明言してゐない事は、此も先に引いた通りだが、帝國憲法に軍の獨走を認める樣な性格が存した事の是非を福田氏は論じてゐるのではない。唯、その樣な性格があつたが故に日本の近代化は成功したのだ、との歴史的現實を、淡白に肯定した上で論を立てたものである。善惡は別として、と言つても結果を肯定してゐるのであるから、憲法に於いて慥かに曖昧な、獨走の危險を孕んでもゐる統帥權條項を、も、やはりそれでよしとして肯定した事になるであらう。日本の近代化に果した軍の役割は、結果として他に掛替へのない重要なものだつた。日本の軍隊は〈單に戰術や兵器の近代化といふ職業的責任を果したばかりでなく、「近代人」教育においてもまた文部省などの及びもつかぬ成果を擧げてゐたのではないか〉といふのが福田氏の評價である。

この樣な日本の軍隊が國家の近代化に果した重要な役割と、憲法の規定した統帥大權の尊嚴との間にはどの樣な關係があるのか。福田氏がそこまでは論及しなかつたこの問題について、本稿の主題設定に沿つて、ともかくも以下の考察を試みることとする。

『武家諸法度』の道統

明治政府は形式的には文民政府であるが實態は歴とした軍事政權である、との福田氏の判定に筆者は同意見である。では、事實上の軍事政權であつたが故に、その制定した憲法に於いて統帥大權の規定にあの樣に簡潔すぎる曖昧性を持たせ、軍の獨走といふ危險が發生する可能性を默認してゐた、との因果關係がそこに存するのか。斷じて否である。明治政府は實は軍事政權の性格の濃い組織であつたが故にこそ、軍の獨走といふ危險な事態に對する警戒心が殊の外強く、軍隊に文民政府（形式的には太政官制、內閣制度共にもちろん文民政府である）から獨立した地位を與へようなどとは夢にも思つてゐなかつた。

それは維新の元勳たちの一般的教養が賴山陽の『日本外史』によつて決定的に基礎づけられてゐたのと恰度同じくらゐに、彼等の政軍關係についての制度的把握は、德川幕府の家康以來の祖法たる『武家諸法度』によつて嚴しく箝制せられてゐたからである。その事の意味を以下に説明したい。

前節に論及した山陽の說、兵馬の權は決して國家の手から離れてはならぬものであり、〈先王の必ず躬《み》親《みづか》らせしは、その旨深し〉との考察は、現代用語を以て言へば、シヴィリアン・コントロールの崩潰を慨嘆した揚句の感慨だつた。そのことを『憲法義解』は〈兵柄一たび武門に歸して政綱從て衰へたり〉と表現した。この意味での政綱の紊亂は源平時代に始まり、鎌倉幕府の成立によつて紊亂が恆常の狀態となり、承久の變での朝權回復の試みが挫折するや、紊亂は固定化し、朝廷直屬の軍隊といふものは消失した。南北朝の動亂期に於ける楠木正成の義兵の旗擧げが、朝廷軍といふ意味での官軍が實戰に活躍した最後の機會だつた。以後室町時代の百八十年はそのまま全期間が戰國亂世の時代、「下剋上」の標語で知られた秩序崩潰の時代である。織田信長と豐臣秀吉が約三十年をかけて達成した秩序回復の後を受け、德川時代に至つて我が國の政軍關係は或る重要な成熟を遂げる。卽ち文民統制の思想の確立である。

德川幕府自體が、賴朝以來の傳統を逞しく再興した典型的な武家政權であり、霸道政治ではないか、何處に文民統制の實があるのか、との疑問が直ちに出るであらう。元來征夷大將軍なるものは全國の武家の棟梁であるのみならず、幕府政治の樹立によつて日本全國に及ぶ政權を武力を以て掌握した霸者である。つまり〈兵柄が武門の手に歸した〉狀態は賴朝に始まり、家康によつて完成された。これでは德川幕府の成立は〈政治の紊亂〉の更なる固定化であるかの如く見える。

然しながら、所謂元和偃武の秩序完全回復以降、武士達は明らかに文民化の途を辿り始める。武士は言葉の字義通りの戰士であるよりも、むしろ士族といふ支配階級に屬する知識人集團となる。或いはこれを官僚豫備軍と呼んでもよい。幕閣に於ける御用儒者・御用坊主は明らかに武家政府の中の文官であるが、彼等は特別として度外視しても、文官の數と地位の增大もさることながら、戰時・平時の雙方に適應できる樣に構成された幕府の職制は、平時の態勢が續くにつれて、行政の性格自體が次第に文民政府化してゆく。

法制史學者として高名な瀧川政次郎氏は主著『日本法制史』の中で、幕府の職制に於ける「役方《やくかた》」といふのが文官、「番方《ばんかた》」が武官である、と明確に定義してゐるが、「表勤《おもてづとめ》」として重んじられた番方も、一朝有事の可能性の乏しい平時が續けば出番が乏しくなり、文官である役方が重要な役割をより多く受持つ樣になるのは自然の理である。

地方と中央の關係にしても、德川幕府は國內に大小多數の州兵軍團を抱へた聯邦政府と似た樣なものになる。この地方軍團は各領主を軍團長に戴いた、ある程度の自治權を持つ武裝集團である。從つてこれらの武裝集團、卽ち諸國大名配下の武士團が軍事的動機を以て何らかの實力行動に出るのを看過してゐたら、この軍事力がいつどこでどんな口實を構へて中央政府に叛旗を翻へすかわからない。この危險な存在をいかに統制してゆくか、中央政府の苦心が專らそこに向けられるのも當然である。

德川幕府は、早く家康在世時（死去の前年）の慶長二十年（元和元年、A.D.一六一五）に『武家諸法度』（同時に『禁中竝公家諸法度』十七箇條、『諸宗諸本山諸法度』＝『寺院法度』も）を公布し、武士集團を統制するための法的基準を定める。二十年後の寛永十二年、三代將軍家光による『武家諸法度』大改定のことがあり、ここに德川政權下での統帥大綱が完成するわけだが、この寛永の『改定武家諸法度』は德川政權の文民統制思想を集約的に表現した重要な文獻である。改めて記すまでもないことだが、念の爲に付記しておくとすれば、文民統制とは、國政上の政治的判斷が軍事作戰上の判斷に優越するといふことである。文官が武官より優位である、などといふことではない。今日現在の我が國の防衞省筋に依然としてこの基本的原則に對する大きな誤解が見受けられるのは、實際に驚くほどの無知蒙昧の現象である。朝鮮半島の歷史では、李王朝期の政治に於いて、誤つた文官優位の思想が大きな弊害をもたらしたといふことだが、德川幕府の文民統制は正しい意味でのシヴィリアン・コントロールであつて、役方が番方の上に立つてゐたといふ樣な意味ではない。家康もその子の秀忠も、戰國亂世の時代を覇道の哲學を奉じて生き拔いてきたしたたかな覇者である。それだけに軍事力の行使といふ權能が孕んでゐる危險性についての深刻な認識があつた。さうであれば又、嚴しい法秩序を以てしての武力の統御・管理に十分の意を用うべきことをよく認識してゐた。

三代家光になると、彼は自身が武力を以て覇權を樹立したといふ經驗を有してゐない。謂はば戰後派將軍である。祖父家康以來の家法である、法秩序による軍事力管理、つまり文民統制の法制的確立は政權維持のためには必須の重要課題だつた。

慶長二十年の『武家諸法度』の初案公布以來そのままの形で歷代傳はつてゐるその第一項を讀んでみる。

〈文武弓馬の道專ら相嗜むべきこと。左文右武は古の法なり。兼備せざるべからず。弓馬はこれ武家の樞要なり。兵を號《なづ》けて凶器となす。已むを得ずしてこれを用ふ。治に亂を忘れず。何ぞ修練を勵まざらんや〉

ここに興味を置くのは〈兵を號《なづ》けて凶器となす〉との命題を明白に打ち出してゐることである。この一句は元來〈兵は凶器なり〉といふ簡潔な形で『史記』『國語』『淮南子』『說苑』『韓非子』その他の漢土の古典に出てゐるものである。『法度』本文の起草に携つたのは、南禪寺の金地院崇傳とその周邊とされてゐるのだが、この古來の成句を借り用ゐたのは此等の幕政最高顧問格の碩儒でもあつた佛僧の敎養に由る所だつたらう。その古典の權威を背景に有する執筆者の稿案に、公布責任者たる將軍もおそらくはよく納得した上で承認を與へたものであらう。武家の制定する法度としてよくぞそこまで言ひ切つたものと思ふが、實は家康、秀忠父子共に、この命題の言ひ當ててゐる眞實を身を以て體驗し、己自身の認識として同感してゐたはずである。

『法度』の改定は秀忠も行つてゐるが、それは內二箇條の削除といふ程度に留まる。三代家光の改定が注目すべきものであつた。參覲交代の制度はこの改定を以て明確に成文化された。諸國大名に五百石積以上の大船を建造することが禁じられた。元來大名領主の統制規則であつたこの法度を、諸國に於いてその藩士達にも適用すべきものと命じ、卽ちこれが凡そ武士といふ階層の全員が遵奉すべき法制であるとされた。かうなると、法令であると同時に明治の『軍人勅諭』にも相當する武士一般の道德規範とも看做されることになる。

その意味でも、就中第四項として新たに追加された一條の趣旨が最も興味深い。

〈江戸竝に何れの國に於いても、假令何遍の事これ有りと雖も、在國の輩はその所を守り、下知を相待つべき事〉

つまり、天下に如何なる非常の事態が出來しようとも、各藩は幕府の命令なき限り、一兵たりとも私の意志を以て軍を動かすことはまかりならぬ、との嚴命であり、これこそシヴィリアン・コントロールの思想の精髓を言表した一句である。

例へば、「いざ鎌倉」といふ標語が古來有名であるが、これは鎌倉に於いて大事出來との情報が傳はつた時は、幕府の直接の下知を待つまでもなく、諸國の武士は自ら武裝を整へて中央政府の幕下たる鎌倉に馳せ參ずるといふ不文の約束があつたことを意味する。傳說的故事として傳はつてゐる、執權北條時賴と下野の落魄武士佐野源左衞門常世の逸事はこの思想の象徵的表現である。

『改定武家諸法度』の公布の翌々年寛永十四年に島原の亂が起る。實に皮肉な話であるが、あの邊境の叛亂があそこまで焦げついてしまつた原因の一つは明らかに發生初期の對應の不備によるもので、それはこの法度に新たに付加へられた武士に對する嚴しい出動制限に由來する。

よく知られた話であるが、九州の重鎭細川家は、寛永九年に豐前中津から肥後の熊本に移封されて五年目といふ時期に、島原で一揆發生との報に接した。これが例の「いざ鎌倉」の世であつたならば、當主細川忠利は天下の一大事とばかり武器を執り軍勢を催して程遠からぬ現地に驅けつけたであらう。ところが、幕命のない限り決して兵を動かしてはならぬ、との法度が定められたばかりの時である。細川は傍觀を決めこんで全く動かうとしなかつた。近隣の諸大名も皆之に倣つて靜觀してゐた。細川忠利の〈明日城落ち候とも、御下知なき以前は見物にて御座候〉といふ書簡の一節は、德富蘇峰が『近世日本國民史』に〈何たる腑甲斐なき文句〉かとして慨嘆の口調で引いてゐるのだが、蘇峰の糾彈は的外れである。この場合の細川は「義を見てせざるは勇なきなり」の輩だつたのではなく、法度の禁令を謹直に遵奉したまでのことだつた。

島原の亂が辛うじて鎭壓された後、法度の第四項がこのままであつては、一旦緩急の際、有事の現地に間近の大名でさへ拱手傍觀を決めこむより他ないのだとの反省が生じ、本文は直ちに再修正を受ける。結果は、〈此以前御法度書に、何遍之事之有りといふとも、其處を守れと仰出されの段は、國所に於いて面々私之事に候。公儀に違背仕り候もの、盜賊等之事などは格別、以來其旨を心得申すべし。若し國法をそむくもの之有らば、隣國の面々早速申付くべし〉云々との付加訓令の發出となつた。又一朝有事の際の軍需物資輸送のことを考へて、五百石積以上の船の建造も〈商賣船は御許しなされ候〉といふことになつた。

然しこれは規制緩和といへるほどの變更ではない。城の新たなる造營は固く制禁、壞れた箇所の修理にしても、補修計畫の詳細を豫め奉行所に屆け出て許可を得なくてはならない、或いは武士相互の間の徒黨の結成は固く禁ずる、武士の日常生活は質素儉約を旨とせよ、等々、『軍人勅諭』を思はせる規律の統制の嚴しさは、「兵は凶器なり」と斷じた元和元年の初案以來一貫して緩められてゐない。代々將軍の代替りの度ごとに多少の細部の修訂はあつても、大筋としての法度の趣旨は家光の改定以來十五代將軍慶喜の代に至るまで約二百三十年、決して形骸化することなく、現役の法制として、文民統制の思想の典範として、むしろ確乎たる傳統を形成するの姿勢を以て維持されてゆくのである。

維新の元勳と呼ばれる人々の一般教養の根柢が賴山陽の『日本外史』であつたことは前節の「『外史』忘却の祟り」の項で强調した。その山陽が既成の體制に對する異端の反逆兒の如き側面を屢々垣間見させながら、基本的にはこの德川文民統制思想の枠內に確乎と根を据ゑて、それを內から補强する樣な思想を熟成させてゐたことは、精神史の現象として興味ある一事である。つまり維新の元勳達は內面的にも外面的にも德川文民統制の思想が言葉の眞の意味で身についてゐた人々であつた。

さうであるからには、明治政府が福田恆存氏の指摘する如く實質的に軍事政權であつたとすれば、その政權の擔當者達は紛れもなき『武家諸法度』の傳統に生きる人々だつた。卽ち、兵は凶器にして、まことに已むを得ざる場合のみこれを用ゐるのである、從つて中央政府（大政奉還以前は幕府、維新以後は帝國政府）の命令なくしては一兵たりとも私に兵を動かしてはならない、卽ち軍事は絕對に國務の統制に服すべきものである、との思想に徹してゐた。これは家康以來二百五十年に亙つて遵守されてゐた鐵則であり、不動の傳統となつてゐた。從つて、凡そ軍人の將たるもの、國務大臣の統制から逸脫して、況んや大元帥である天皇の御意向を蔑ろにして濫りに兵を動かすことなどはあり得ない、と考へられた。もしその樣な事態があり得るとすれば、それは端的に國家叛逆の內亂であり、官軍を以てしての討伐の對象以外のものではない。だから、その樣な事は特に憲法に記載するまでもない當然自明の法理である、との前提があつた。この當然自明の法理も亦國家理性に內在するものである。統帥權の名を僭称して勝手に軍事行動を起す様な軍人の出現は此の國家理性への悖逆であり、憲法制定者達の想像を絶する不祥事なのだつた。

四　結語・統帥權の在るべき位置

紙幅の制約上、少しく論じ足りぬままにこの邊で敢へて結論をつけねばならない。本章の問題設定の振出しに戻つて言へば、〈天皇は、……國政に關する機能を有しない〉と規定された現憲法下に於いて、統帥權の所在は何處であるか、との問にどう答へるか、といふことである。

考へてみれば、現在の日本の國は憲法上實に驚くに堪へたる異常事態下に置かれてゐる。周邊諸國の武力による我が國土の領略が現實に進行しつつある状況の中で、肝腎の日本國憲法が國の交戰權を認めてをらず、自衛隊を國軍として認知すらしてゐない。國防軍の規定がないのであるから、憲法に統帥權の規定がない。自衛隊の最高指揮官は内閣總理大臣であるが、この最高指揮官たるや、現實にはいづれも到底その任に堪へ得る器量の持主ではない。天下周知の事實として、平和條約締結・國家主權回復以降歴代の數十人の首相の中の誰一人として、明治維新と憲政確立當時の先人達の刻苦勉勵・苦心慘憺の經營の所産である文民統制と統帥權法制化の沿革についての知識と教養を具へた者はゐなかつたし現にもゐない。

最高指揮官はどこまで行つても所詮軍隊の指揮官である。統帥權の行使者ではない。統帥權者は最高指揮官より何段階かの上位にあつて、國家主權の發動者としてこの意志決定を下さねばならぬ立場にある者だが、その様な存在は現在の憲法下では端的に無い。

統帥權の所在は何處であるべきか。紙幅の制約上種々の意を盡し得ぬ所はあつたが、本稿の此迄の論述を以て間接的には既にそれを指摘し得たと思ふ。然しそれは何處までもその「在るべき様」であつて、現實に「在る」姿も、目下の狀況で「在り得る」姿も、その在るべき様とは程遠い。而もその距離は、解消どころかその可能な極限までの短縮にさへ、いつたいあと何年くらゐの歲月を消費すればよいのか、考へただけでも氣の遠くなる思ひである。

統帥權の行使は國家最高の權限のみに委ねられるべきものである。何しろその行使の結果は、直接には不特定多數の國民の生死に關はり、間接的には國民全體の生命と名譽の安危に關はる事態に繫がるからである。所で國家最高の權限、といふと一般的に思ひ出されるのは現憲法第四一條「國會の地位・立法權」の文言であらう。曰く〈國會は、國權の最高機關であつて、國の唯一の立法機關である〉と。而してここにいふ〈國權〉には、此が現憲法の條規である以上、凡そ國家といふ組織體に自然權として具はつてゐるべき交戰權が含まれてはゐない、といふ異常事態に氣がつく。國權が交戰權を含んでゐない以上、現憲法の文脈による限り、統帥權の所在を國權の最高機關たる國會に求めることは不可能である。それを可能にするためには、論理の必然として現憲法（少なくともその第九條）を破棄し、交戰權を國家の自然權として認容する憲法を制定しなくてはならない。ところが交戰權の認容によつて現憲法に云ふ「國權」の內包として統帥權も含まれる、といふことになると、第四一條にも破棄の宣告が下されない限り、法理の自然として國會が統帥權の所在だといふことになつてしまふ。輓近の、殊に平成二十一年秋以來の民主黨が多數與黨の地位を占めてゐる國會の運營狀況をみてゐると、政治的利權亡者の集合體であるあの様な機關に、一國の安危が懸つてくる國軍の統帥權が委ねられるのかと考へただけで、大東亞戰爭での敗北どころではない最終的な亡國の惡夢が眼前に髣髴としてくる。

贅言は省くとして、統帥權を掌握して然るべき存在とは、やはり國民の總意の集約としての國家元首以外には考へられない。國家元首ならば、現憲法の文脈を以てしても、それは日本國民の統合の象徴としての天皇だ、といふことになる。統帥權の所在はやはり天皇でなくてはならない――。これは〈天皇ハ陸海軍ヲ統帥ス〉及び〈天皇ハ戰ヲ宣シ和ヲ講シ及諸般ノ條約ヲ締結ス〉と規定した帝國憲法の法理を恢復せしめるだけの、論理的には至つて簡單な話である。だが、論理的には簡單でも、さきにも記した如く、この「在るべき樣」と現に在る姿との間の距離は餘りにも遠い。その短縮は考へれば考へるほど意氣阻喪してしまふほどの難事である。然し、この難事業を、それが困難だといふだけの理由でいつ迄も解決の先延しをしてゐるうちに、我等の次の世代にはもう、取返しのつかぬ破局が迫つてくるかもしれない。

本書の著者は一先づここで筆を擱くことにするが、ここから先に我々がなほ續けて考へておかなくてはならない諸問題について、一篇の參考書を擧げて結びとしておきたい。

それは、實は昭和四十八年といふ早い時期になされた講演の筆錄で、高崎經濟大學の學長を務めてをられた憲法學者三潴《みつま》信吾敎授の『統帥權について――デモクラシーと國防軍』なる一書である。昭和五十九年に八幡書店なる出版社から改訂版が出た、百八十頁の新書版であり、この難問題を基本部分から至つてわかりやすく說いてゐる好著なのだが、現在はもちろん品切・絕版であらう。さきに紹介した舩木繁氏の勞作『日本の悲運四十年――統帥權における軍部の苦惱』とともに覆刻・再刊が願はしいのだが、望み薄であらうか。

後記

本書をその第一章の見出しそのままに「「國家理性」考」と標題したのだが、この「考」の字について一言、その學用の根據を述べておきたい。古來「考」の字を標題に用ゐた研究論文や學問的隨筆は數多くある。思ひつくままに擧げてみても賀茂眞淵に「國意考」「語意考」あり、本居宣長に「眞暦考」あり、史學の領域では新井白石に「本佐錄考」、伊達千尋に「大勢三轉考」あり、森鷗外に「帝謚考」「元號考」がある。此等の論著に共通して窺はれる性格から歸納的に考へてみれば、この「考」はつまりは「考證」の簡約であらうとの見當も又つく次第なのだが、それでは「考證」とは抑〻如何なる作業を言ふのだらうか。

「考證」に當る單語を西洋近代語の中に探し求めてみると、どうやらドイツ語の Kritik が最もそれに近いやうだ。Kritik に對應する英・佛語は語形の上からは critique だが、この方は周知の如く「批評」が定譯で且つどちらかと言へば貶斥的な意味合ひで使ふことが多い。だから辭書によつては「あらさがし」といふ譯語を掲げてゐるものもある。ドイツ語の Kritik も、語尾に少し手を加へると、「あらさがし」「けちをつける」の意味になり、このままでも（特に左翼的政治的文脈で）非難・貶責・難詰の意味に使はれることがあるが、正面からみての代表的邦譯語は批評・批判・論評であらう。

そこで我々は Kritik を標題に用ゐた著作物の中の最も高名なものとしてI・カントの *Kritik der reinen Vernunft*『純粹理性批判』以下のいはゆる三批判書の存在を思ひ出すことになる。この邦譯の題名に於ける「批判」はどの様な付帯的意味合ひを帯びてゐるのだらうか。

批判の「批」は、二つのものを竝べて、つき合せて比べてみる、であり、「判」は當否優劣を判斷し判定を下す、の意味である。だが、今、漢字の字義にこだはることはさて措いて、カントがその代表的哲學書の中で、理性能力一般の批判と呼ぶ作業を以ていつたいどの様な知的操作を行つたのか、を檢證してみればよろしいであらう。それならば、それは格別難しい話といふわけではない。この哲人が行つた理性の批判といふのは、凡そ理性の營みとして形而上學といふ學問は成立し得るのか否か、この學問の源泉は何なのか、譬へて言へばその家柄と系圖は如何なるものか、この學問が有効であり得る範圍はどこまでで、又その限界は奈邊にあるか、といつた課題を一定の、一貫した基準に基いて吟味し判定を下すことである。

さうとすれば、批判とはその所謂批判の對象とした物や思想や現象の正體・本質を明らかにすることを究極の目的とする、手段を盡しての吟味と檢證の作業である。實體の究明である。それが往々「あらさがし」といつた芳しからぬ名で理解されるのも、その對象の限界をつきとめるといふ一面の動機が表に出てくる場合があるからであらう。そして國學や史學で「考」と名づけてゐる知的作業は、（殊に新しい價値の創出・定立を目標とした「研究」=Forschung と對比的に扱ふ場合）畢竟對象の出自や沿革に吟味と檢證を加へてその正體を明らかにしてゆく過程のことなのだから、我々はそれを「批判」と呼んでもよいわけである。但この樣に見てくる時、我々はむしろ「考」の貶議的意味合ひのない中立的視覺を宜しとして、カントのもはや動かし難い定譯となつてゐる三批判書の譯名を、敢へて「純粹理性考」「實踐理性考」云々と呼び換へてみたい誘惑を覺えもするのである。

＊

扨、いささか氣障な「考」字の考證で後記を書き始めてしまつたが、本書の標題とした一篇は、決してカントの顰みに倣つて「國家理性批判」と呼んで然るべき様な高遠な動機に出たものではない。國家理性なるものの正體をつきつめて明らかにするといつた、遺漏なき吟味と檢證の作業を企てて稿を起したわけではない。日本人の精神史の領域には、我々が（といふ一般化した表現は同學の士に對して失禮であるとすれば少くとも本書の著者である私が）平生とかく忘れたり輕視したりしてゐる事項の中に、それを忘却のままに放置しておくには忍びない、改めての再檢討に値する題目が多く潛んでゐるのではないかと思ふことあり、それ等への想起を促すといつた、むしろ氣輕な發想から出發したものである。これには又、著者の舊著『日本に於ける理性の傳統』（平成十九年、中央公論新社）で扱つた主題の落穂拾ひといふ性格もある。

第二章以下も全く同じ發想から取り上げた主題群であつて、慣例法、神道の根據、維新といふ概念、教育に於ける道徳と宗教、戰爭裁判法廷に生じた異文化差別の壁、統帥權及び文民統制の思想等々、いづれも執筆當時の著者に論集等の編輯者から與へられた課題といふ性質を有してゐて、それに對して學生が答案を草するやうな初心に歸つて書いてみたのが本書の各章の考察である。

一見整合性を缺いた寄せ集めの如きものに映るかもしれない各章の主題は、然し實際は或る一貫した動機に支配されてゐる故にこの一書にまとめてみる氣になつたのであり、その動機とは簡單に言へば國家への關心と憂戚である。そしてこの關心を著者に喚起してくれたのは早逝した若き學友坂本多加雄氏であつた。

坂本氏は平成十四年十月末に五十二歳といふ働き盛りで多くの人に惜しまれつつ急逝した。氏の高邁な志と學者としての豊かな力量を知る同學の人々は心底からその早逝を悼んだものだが、定命、如何とも爲す術がなかつた。氏が平成十三年秋に刊行し、著者にも恵與せられた『國家學のすすめ』（ちくま新書）は、だから最晩年の著作で、實質上遺言の書といふべきものかもしれない。主題の上では直接觸れ合ふところがないので、本書には該書からの引用も言及もないが、本書各章に貫流する國家といふものへの關心、坂本氏の言葉を借りて言へば〈國家を私たち自身の心のあり方として改めて捉へ直す〉（上記の書の序文より）といふ姿勢は、謂はば亡友の〈すすめ〉に應へる一つの試みとして著者が常に意識してゐたことである。その意識の結果が、別個に誕生した諸章を、この一書にまとめ得る共通の性格をなした、と考へてゐる。

各章の配列は、標題作たる首章は別として、概して扱つてゐる主題の發祥・關與の時代順に置いてみた。初出一覽に示す如く、發表誌は明治聖德記念學會の「紀要」掲載が過半を占めてゐるので、この學會紀要の發行を擔當されてゐる錦正社の中藤政文社長に、その御緣で本書の總括・刊行をお願ひしてみたところ、凡そ商品として歡迎を受けられさうもない硬い論集であるにも拘らず、御快諾を得た。加へて各章編纂上の様式の統一等について入念懇篤な校閲を忝うしたことに對し中藤社長への心からの謝意を表して後記としておく。

平成二十三年四月花祭の日に

小堀　桂一郎

初出一覽

一　「國家理性」考　拓殖大學日本文化研究所「新日本學」季刊第五號、平成十九年六月、展轉社發賣。

二　慣例法の生成過程　「明治聖德記念學會紀要」復刊第四十六號、特集「日本の法制度・法文化」平成二十一年十一月、錦正社制作・發賣。

三　神道の根據としての「聖なるもの」（原題は「神道の根據について」）「明治聖德記念學會紀要」復刊第四十三號、特集「近現代の神道・日本文化」平成十八年十一月、錦正社制作・發賣。

四　維新と傳統　「明治聖德記念學會紀要」復刊第四十五號、特集「維新と傳統」平成二十年十一月、錦正社制作・發賣。

五　教育に於ける道德と宗敎　「明治聖德記念學會紀要」復刊第四十七號、特集「近代日本の教育と傳統文化」平成二十二年十一月、錦正社制作・發賣。

六　東京裁判「鵜澤總明最終辯論」考　拓殖大學日本文化研究所「新日本學」季刊第七號、平成十九年十二月、展轉社發賣。

七　統帥權と文民統制原理　海上自衞隊幹部學校・兵術同好會「波濤」第三十六卷一―三號（隔月刊）所收、原題は「天皇と軍隊」、平成二十二年五・七・九月。

付記。一のみは「新日本學」初出稿後半部にかなりの加筆を、七にはその「序」に若干の補訂を施してあるが、他は單行書に收錄する際の慣例である樣式上の統一を施した程度で、內容はほぼ初出誌のままである。

著者略歴

小堀　桂一郎（こぼり　けいいちろう）

昭和8年東京生まれ。昭和33年東京大學文學部獨文科卒業。昭和36～38年舊西ドイツ・フランクフルト大學に留學。昭和43年東京大學大學院博士課程修了、文學博士、東京大學助教授。昭和60年同教授、平成6年定年退官。平成16年まで明星大學教授。東京大學名譽教授。比較文化・比較文學、日本思想史專攻。

著書に『若き日の森鷗外』（東京大學出版會、昭和44年讀賣文學賞）、『鎖國の思想――ケンペルの世界史的使命――』『イソップ寓話――その傳承と變容――』（中公新書）、『宰相鈴木貫太郎』（文藝春秋、同文庫、昭和57年大宅壯一ノンフィクション賞）、『森鷗外――文業解題』翻譯篇・創作篇、『森鷗外――批評と研究』（岩波書店）、『戰後思潮の超克』『昭和天皇論』正・續（日本教文社）、『鏡の詞・劍の詩――反時代的考察』（展轉社）、『東西の思想鬪爭〈叢書比較文學比較文化4〉』（中央公論社）、『靖國神社と日本人』『昭和天皇』（ＰＨＰ新書）、『東京裁判　日本の弁明』（講談社学術文庫）、『皇位の正統性について』（明成社）、歌集『靹乃音』（近代出版社）など。

平成15年以降、「新日本學」連作として『和歌に見る日本の心』（明成社）、『日本に於ける理性の傳統』（中央公論新社）、『日本人の「自由」の歴史』（文藝春秋）。

「國《こっ》家《か》理《り》性《せい》」考《こう》 ―國家學《こっかがく》の精神《せいしん》史的《してき》側面《そくめん》―

平成二十三年六月二日　印刷
平成二十三年六月八日　発行

著者　小堀桂一郎
発行所　錦正社
発行者　中藤政文

〒一六二―〇〇四一
東京都新宿区早稲田鶴巻町五四四―六
電話　〇三（五二六一）二八九一
ＦＡＸ　〇三（五二六一）二八九二
ＵＲＬ　http://www.kinseisha.jp/

印刷　㈱平河工業社
製本　㈱ブロケード

ISBN978-4-7646-0290-8